U0804616

法大诉讼法学博士文库
总主编　卞建林

定罪证明标准研究

张　璐　著

中国人民公安大学出版社
·北　京·

图书在版编目（CIP）数据

定罪证明标准研究/张璐著．—北京：中国人民公安大学出版社，2016.11

（法大诉讼法学博士文库/卞建林主编）

ISBN 978-7-5653-2810-7

Ⅰ.①定…　Ⅱ.①张…　Ⅲ.①刑法—定罪—标准—研究—中国

Ⅳ.①D924.1-65

中国版本图书馆 CIP 数据核字（2016）第 284110 号

定罪证明标准研究

张　璐　著

出版发行：中国人民公安大学出版社
地　　址：北京市西城区木樨地南里
邮政编码：100038
经　　销：新华书店
印　　刷：北京兴华昌盛印刷有限公司

版　　次：2016 年 11 月第 1 版
印　　次：2016 年 11 月第 1 次
印　　张：9.875
开　　本：880 毫米×1230 毫米　1/32
字　　数：265 千字

书　　号：ISBN 978-7-5653-2810-7
定　　价：35.00 元

网　　址：www.cppsup.com.cn　www.porclub.com.cn
电子邮箱：zbs@cppsup.com　zbs@cppsu.edu.cn

营销中心电话：010-83903254
读者服务部电话（门市）：010-83903257
警官读者俱乐部电话（网购、邮购）：010-83903253
法律图书分社电话：010-83905745

总 序

21 世纪的中国诉讼法学将向何处去？这是每一位诉讼法学者都应当关心的重要问题。历史是昭示未来的一面镜子。我们不妨先从历史的角度来考察一下我国诉讼法学发展的轨迹和趋势。

我国近代诉讼法学肇始于一百多年前的清末修律。1906 年，清政府创办了京师法律学堂，由沈家本亲自制定的法律学堂章程将刑事诉讼法与民事诉讼法均列为主要课程，这标志着诉讼法学作为一门新兴的学科开始独立存在。之后，夏勤、陈瑾昆、蔡枢衡、熊元襄、石志泉、邵勋、邵锋等学者在翻译和介绍日本、德国等国诉讼法律与诉讼理论方面都作出了杰出贡献，并在此基础上对诉讼法学基本原理进行了可贵的探索。至 20 世纪 40 年代，旧中国的诉讼法学理论体系得以初步形成。

新中国成立以后，随着旧中国的“六法全书”被废除，原有的诉讼法学理论体系和研究成果也被抛弃。受当时的政治环境影响，中国的法学理论工作者开始将目光转向苏联。在 20 世纪 50 年代，伴随着苏联法学教授来华授课，一批苏联的诉讼法学著作被翻译推介到我国。我国学者开始在学习苏联诉讼法律制度与法学理论的同时，结合中国无产阶级专政的实际经验与需要，尝试创建我国的诉讼法学理论体系。然而，不久后的“反右”运动和“文化大革命”动乱，法律虚无主义甚嚣尘上，诉讼法学研究长期陷入停滞。这种状况一直持续到 20 世纪 70 年代末期。

1978 年改革开放以来的 30 余年，是我国诉讼法学的恢复和迅速发展时期。随着1979年中国第一部刑事诉讼法的颁布实施，我国诉讼法学开始全面“复苏”。在“解放思想、实事求是”方针的指引下，诉讼法学的学术研究变得活跃起来，关于刑事诉讼、民事诉讼、证据理论、司法制度方面的多本专著先后问世。特别是20世纪80年代初、中期，国家统一组织编写刑事诉讼法学、民事诉讼法学、证据法学教材。这些统编教材，发行量大，适用面广，读者群众，影响力巨，基本确立了诉讼法学与证据学的理论框架与教学体系。诚然，此时的诉讼法学仍不够成熟，大多停留在注释法学的阶段，教学和研究的目的主要是解释法律、宣讲法律，先进的诉讼理念尚未确立。至20世纪90年代，此种状况得到很大改善。“刑事诉讼法学的研究登上了一个新的台阶……在理论方面，对刑事诉讼基础理论的研究开始起步并初有成就。”① 其标志性成果是一系列有关诉讼目的、诉讼构造、起诉制度、审判原理等基本理论问题的学术专著陆续出版。随着我国政治、经济、社会、文化等各个方面日新月异的发展与进步，随着“依法治国，建立社会主义法治国家”基本治国方略的确立与实施，我国社会主义民主与法治建设取得巨大成就。在此大背景下诉讼立法进程加快，诉讼制度日臻完善，诉讼法学理论研究也在不断深入。“程序正义”、“人权保障”等先进的诉讼价值观念得到大力弘扬和广泛传播，公平、正义、人权、自由、秩序、效率等价值观不仅是诉讼理论界热衷探讨的命题，并逐步得到立法和司法实务部门的理解和认同，甚至成为普通百姓耳熟能详的大众话语。进入21世纪以来，诉讼法学研究方面最显著的进展莫过于研究方法的转型。不仅实证研究方法受到重视，多元化、跨学科的研究方法也得到了提倡，哲学、社会学、逻辑学、经济学等多学科的研究方法被广泛地应用于诉讼法学和证据法学研究。甚至文理汇聚、社会科学与自然科学交融的现象

① 陈光中、卞建林：《刑事诉讼法学研究现状与发展趋势》，载《法学家》1996年第2期。

也已出现，国家自然科学实验基地中国政法大学证据科学研究院的成立就是明证。通过研究方法上跨学科、多学科的融通交汇，我国诉讼法学研究的广度和深度得到进一步拓展。

不同于单纯的理论法学研究，诉讼法学研究还具有时代性和实践性的鲜明特点，在研究基础理论的同时，应当及时反映司法现实、回应社会关切。随着“全面建成小康社会、全面深化改革、全面依法治国、全面从严治党”战略布局的提出与落实，政治、经济、社会、文化、军事等各个领域的全面改革成为我国现代化进程中的主旋律。司法体制改革是全面深化改革的重要一环，是全面推进依法治国的主要抓手。一系列司法改革重大举措的制定并落地，推进中国特色社会主义诉讼制度和司法体系日趋成熟完善。在此背景下，我国诉讼法学研究也愈加关注司法体制改革与社会现实问题，探求司法规律，彰显中国特色，研究成果更加务实、更加中肯、更具实际参考和应用转化价值。

回顾历史，笔者在为我国诉讼法学发展历程的艰难曲折而感叹的同时，也为当前诉讼法学研究所取得的巨大成就感到欢欣鼓舞。然而，值得注意的是，从历史上看，我国诉讼法学的成长始终伴随着对外来法律文化的学习：从萌芽与初创阶段对日、德等国诉讼理论的借鉴，到重建与停滞阶段对苏联诉讼理论的模仿，再到恢复与提升阶段对美、英等国诉讼理论的引入。达马斯卡曾经告诫我们：“与私法领域相比，程序法的意义和效果更加依赖于外部环境——尤其是直接依赖于所在国家司法制度运行的制度背景。”① 诉讼法对其制度背景的依赖使得这门学科较之其他学科具有更强的地域性特征。所以，我们需要思考的一个问题是：我们仿效外国经验而建构起来的理论，我们从西方国家那里所引入的理念以及我们参考国外做法而采用的研究方法，是否真的适合于我国？即使这些理论、

① ［美］米尔吉安·R. 达马斯卡著：《比较法视野中的证据制度》，吴宏耀等译，中国人民公安大学出版社 2006 年版，第 231~232 页。

理念和方法能够适合于我国，中国学者对人类法治文明的独特贡献又何在？

笔者认为，21 世纪的中国诉讼法学应当以创建中国特色、中国风格的诉讼法学理论体系为努力方向。回首过去的一个多世纪，中国诉讼法学在对国外诉讼理论持续不断的“效仿”过程中渐渐迷失了自我，始终未能确立起自身的独立品格。因此，我国学者应当从中国实际出发，在了解和借鉴他国诉讼理论的同时，着力构建具有中国特色、中国风格的诉讼法学理论。这是一项艰巨而长期的历史任务。其艰巨性在于，曾经在世界法制发展史上占有一席之地的中华法系早已风光不再，一百多年来我国所进行的各项法制改革大多是跟在西方国家后面亦步亦趋，我国法学理论缺乏自主发展的传统。其长期性在于，我国民众存在着根深蒂固的“重实体、轻程序”观念，而观念的转变绝非一朝一夕可以实现的。昂格尔就曾经针对我国古代法律评论道，与其他非欧洲的法相比较，中国法是离“法治”（rule of law）理念最为遥远的一极。[①] 当然，伴随着我国全面推进依法治国和大力深化司法体制改革，我国诉讼法学研究已经开始摆脱西方话语体系、西方逻辑的研究“窠臼”，逐步走向自醒自觉，探索建立符合中国国情和司法规律二元目标的社会主义诉讼法学理论体系已经起步。同时也要认识到，建成体现中国特色、中国风格的具有独立思维和独立话语体系的社会主义诉讼法学理论体系非一时之功，可能需要几代学人的共同努力。

历史的经验告诉我们，对于任何事业来讲，人才都是关键。从我国京师法律学堂的创办与诉讼法学的诞生可以看出，诉讼法学学科的发展与诉讼法学人才的培养是分不开的。因此，针对我国诉讼法学研究任务的艰巨性和长期性，我们应当进一步加大对青年诉讼法学高级人才，尤其是对诉讼法学博士生的培养力度。法学博士生

---

① ［日］滋贺秀三：《中国法文化的考察——以诉讼的形态为素材》，载《明清时期的民事审判与民间契约》，王亚新等编译，法律出版社 1998 年版，第 3 页。

群体是一支重要的科研力量。博士生们大多风华正茂，正处于人生创造力最为旺盛的时期，有可能提出富有原创性的学术观点；博士生们思维活跃，较少受到成见的束缚，有利于发掘新思维、新视角，不断推陈出新；博士生们拥有最有利的学习环境和条件，有足够的时间和精力就某些专门问题深入钻研。也正是基于这些原因，有人认为，博士学位论文常常能够代表学者一生的最高学术成就。

中国政法大学是全国最早获得诉讼法学博士学位授予资格的高等学府，由于师资队伍、培养模式、图书资料、学术交流等诸多方面的优势，法大培养的诉讼法学博士人数众多，质量上乘，为我国诉讼法学的学科发展作出过重要贡献。早在20世纪80年代末期，中国政法大学前校长、诉讼法学学科带头人陈光中先生就呼吁学界进一步加强对刑事诉讼法学基本理论的研究和创新，并引进自然科学和其他社会科学中的相关学科的成果，开拓刑事诉讼法学研究的新领域。[①] 在法大导师们的指引下，一批优秀的法大诉讼法学博士生开始对诉讼法学基础理论进行了大胆探索，取得了很多填补空白的开拓性研究成果。我国诉讼法学界在20世纪90年代出版的具有代表性的基础理论著作大多是在他们的博士学位论文基础上完成的。曾经取得的辉煌成就使中国政法大学的诉讼法学学科在全国享有盛誉。1999年，中国政法大学诉讼法学研究中心（2006年更名为中国政法大学诉讼法学研究院）成立，这是诉讼法学专业唯一入选全国普通高等学校人文社会科学百所重点研究基地的研究实体。2013年，由中国政法大学牵头，以中国政法大学诉讼法学研究院和证据科学研究院为科研依托平台，联合吉林大学理论法学研究中心（教育部人文社会科学重点研究基地）和武汉大学环境法研究所（教育部人文社会科学重点研究基地）申报的司法文明协同创新中心顺利通过教育部和财政部的认定，成为全国首批14家“2011计划”协同创新中心之一。自此，中国政法大学在诉讼法学

① 陈光中：《中国刑事诉讼法学四十年（下）》，载《政法论坛》1989年第5期。

学科建设和人才培养方面掀开了新的一页。

“法大诉讼法学博士文库”是中国政法大学诉讼法学研究院主持编选并组织出版中国政法大学诉讼法学专业（含刑事诉讼法学、民事诉讼法学、行政诉讼法学、证据法学）博士学位论文的系列丛书。这套丛书旨在搭建学术平台，推出诉讼法学新人新作，营造百家争鸣的学术氛围。此外，由于博士学位论文不仅能够反映博士生个人的勤奋和智慧，还常常凝聚了博士生导师们的辛劳和心血。因此，这套丛书的出版也是对法大诉讼法学教学成果的集中展示。我们希望能够通过丛书的出版，进一步培养和造就高素质的诉讼法学博士生，推动诉讼法学年轻学者之间的互动和交流，促进我国诉讼法学的繁荣和发展。

中国政法大学诉讼法学研究院院长　卞建林

2016年11月16日于北京

目 录

序

张璐博士的专著《定罪证明标准》即将出版，值得纪念和祝贺。作者嘱我作序，我欣然为之。

《定罪证明标准》一书是作者在其博士学位论文的基础上修改而成的。张璐在中国政法大学攻读十年，先后取得学士、硕士和博士学位。她在校期间认真学习、刻苦钻研、勤勉工作，表现优异，在攻读硕士学位期间即对证据问题产生了浓厚的研究兴趣，最终选择定罪证明标准作为博士论文选题，可以说做好了充足的准备，并在写作过程中不断学习、勤于思考，最终获得评审与答辩老师的一致称赞。

证明标准是诉讼证明的基本问题之一，在证据制度中居于显要位置。而刑事诉讼中的证明标准不仅关系到案件的处理结果，更可能决定一个或多个具体的人的切身权利。国内外有关定罪证明标准的探讨由来已久且从未停歇，产生了大量成果。

人类司法活动的证明标准大致经历了从无到有，从不合理到合理，从不文明到文明的发展过程。就我国而言，刑事定罪证明标准的发展也经历了从古代的首领擅断，到神明裁判，再到“法定证据”等阶段，直到发展为现行法律中的定罪证明标准，即“犯罪事实清楚，证据确实、充分，达到排除合理怀疑的程度”。这个证明标准有对证据的客观要求，也有对裁判者确信程度的主观要求，是我国刑事司法定罪证明标准发展过程中的重要成果。人类探索真理的过程永远不会终结，刑事司法及证明标准也永远处于完善的过程中。定罪证明标准应当是什么？为什么要证明？证明给谁看？证明到什么程度？证明需要相关证据达到形式上和数量上的要求，还是应当是指其强度足以使裁判者内心确信或曰“排除合理怀疑”?不同类型的案件应当遵行统一的证明标准，还是相应有所不同?这些问题永远值得人们持续深入探讨。

对证明标准的探讨不仅在证据学方面有理论价值和实践的指导意义，而且涉及到整个诉讼制度，特别是侦查、起诉和审判者的分工问题。例如，如果刑事诉讼中证明是给审判人员看，要达到审判人员确信的程度，那么，审判人员自身不可以是证明者，也不能对诉讼的任何一方有所偏倚，而应当是中立的裁判者；如果证明是给被指控人看，则被告人可以放弃证明的要求；如果证明是给群众看，则群众应当有其代表参与诉讼裁判之中，否则无法使每个群众表态；如果证明给领导看，则许多诉讼制度的设置实际并无必要存在。再如，定罪证明标准与“无罪推定”原则息息相关，而无罪推定不仅是刑事司法诸原则的基础，是被诉人权利保障的重要原则，也是对社会上每一个不特定的权利的保障。

自上个世纪50年代起，学界对刑事证明标准问题展开讨论，并逐渐进入热议期，有关证明标准能否设立、证明标准的认识论基础、刑事证明标准的设置与表述等问题均引发了一定争议。尽管立法自1979年刑事诉讼法即明确并坚持了“事实清楚，证据确实、充分”的标准，但对定罪证明标准问题的研究从未停止。总体而言，当前研究主要致力于哲学层面上的探讨，就立法层面上如何更加准确合理地对定罪证明标准进行表述，以及在司法实践中如何进行准确把握，虽有所涉及，但仍需要进行深入探讨。2012年刑事诉讼法修改引入“排除合理怀疑”作为我国刑事诉讼证明标准的组成部分。由此，应当如何理解其在理论研究上的革新意义与司法实践中的指导作用，成为一项重要议题。可以说，以定罪证明标准作为研究对象，具有重要的理论意义与实践参考价值。

本书结合2012年刑事诉讼法的修改，对定罪证明标准的概念和发展予以认真梳理，对证明标准的影响因素做出了深入分析，对新规定的“排除合理怀疑”进行了详细的解读，对实践中定罪证明标准的施行关键与疑难问题加以探讨分析，为确保定罪证明标准的准确理解和正确实施建言献策，贡献才智。以第四章与第六章为例，其中关于我国定罪证明标准的理解与适用，作者提出的观点很有创新性，找出的对策具有合理性。综观全书，不仅理论性很强，且概念严谨、结构清晰、资料详实、论证充分、间接合理，有理论深度与创新观点，反映出作者具有较好的理论基础与专门知识，具备相当的科研水平。

本书的出版对张璐而言，是其求学生涯的一个小结，更是科研工作的新的开始。张璐在读研究生和博士生期间，我在该校任教，也曾经给她讲过课，我们经常探讨刑事司法的问题，其中包括证明标准问题。我也曾经参与她博士论文时开题论证和论文答辩，对她的论文印象较深。作为她的博士论文答辩委员会主席，为她的第一部专著面世感到高兴，欣然作序，衷心希望她继续努力、毫不懈怠，在今后的学习与研究中取得更好的成绩！

是为序。

杨宇冠

中国政法大学教授

二〇一六年十一月

引 言

证明标准是诉讼证明的基本问题之一，在证据制度中居于显要位置。任何诉讼都必须对证明结果作出判断，故法律文本与法学理论亦须提供可供判定的尺度与标准。而在刑事诉讼中，定罪证明标准关系的不仅仅是案件的处理结果，更可能决定一个或多个具体的人的切身权利。正如电影 12 *Angry Men* 中所展现的，在 11 名陪审员认定被告人有罪的情况下，8 号陪审员 Mr. Davis 列出五项合理疑点并且据此力争，最终说服其他陪审员改变立场，从而扭转了被告人的命运。

国外司法实践对定罪证明标准的关注由来已久，并相应地反映在立法与理论研究之中。经过长期的发展与演进，大陆法系最终确立了“内心确信”标准，而英美法系的经典表述则为“排除合理怀疑”。在理论研究方面，总体而言，英美等国研究的重心集中于“排除合理怀疑”的来源、定义等方面。① 大陆法系国家则比较关注证明标准的客观性问题。例如德国学者对盖然性与经验法则进行了详尽的研究。在盖然性理论方面，区分了主观盖然性、客观盖然

① 重点著作包括：Guilty Beyond a Reasonable Doubt：Effects of Concept Definition and Assigned Decision Rule on the Judgments of Mock Jurors（Kerr, Atkin, Stasser, Meek, Holt & Davis, J. Personality & Soc Psychology, Vol. 34, 1976）, Reasonable Doubt：to Define, or not to Define（Henry. A. Diamond, Colum. L. Rev. Vol. 90, 1990）, “Beyond Reasonable Doubt and Probable Cause-Historical Perspectives on the Anglo-American Law of Evidence（Barbara J. Shapiro, University of California Press, 1991）, Reasonable Doubt：An Argument against Definition（The Harvard Law Review Association, Harv. L. Rev. Vol. 108, 1995），以及 The Reasonable Doubt Jury Instruction：Giving Meaning to a Critical Concept（Jessica N. Cohen, Am. J. Crim. L. Vol. 22, 1995），等。

性和逻辑盖然性。[①] 对经验法则，学者则通过研究将其区分为“不能直接检验的生活性经验法则”与“能够直接检验的实验性经验法则”。此外对“内心确信”进行“间接主观追证可能性”审查机制亦是近年来较为重要的研究领域。[②] 日本学者则集中于研究定罪证明标准的概念构成，同时亦肯定，对具体案件的事实认定必须根据个案具体情况作出判断。此外，日本学界还试图根据不同罪名与行为样态进行类型化研究从而为某种或某类行为的认定建立一种“中范围”的客观判断标准。[③]

我国在20世纪50年代，结合对自由心证的讨论对刑事证明标准进行了初步探讨。黄道先生于1956年撰文提出：“审判员之心证必须达到内心确信，即对证据与案件事实的结论有正确性与可靠性的信念。此信念是主体意识对客观事物的反映，而主体之立场、观点与方法对心证结果有着决定作用；审判员只有站在无产阶级立场之上，以唯物主义观点与辩证的方法判断证据，才能得出符合客观事实的正确结论。”[④] 但在20世纪90年代之前，证明标准问题在我国并未受到重视。对于1979年刑事诉讼法规定的“事实清楚，证据确实、充分”标准，学界基本认同其为“客观真实”理念下对刑事诉讼证明程度的要求，并不存在争议。但随着证据立法成为焦点问题，证明标准亦开始引发激烈争论。1993年有学者提出：高度盖然性原理不仅有其存在的合理根据，而且有其实际运用的价值，应当成为司法人员运用证据认识案件事实的指导原理。[⑤] 龙宗

---

① See W. Kasser, Wahrheit forschung im Strafprozess, D. T. Verlag, 1974, S. 91.

② 参见［日］中川孝博著：《超越合理性怀疑的证明——刑事审判中证明标准的功能》，现代人文社2003年版，第111~195页。

③ 参见王亚新：《关于自由心证原则历史和现状的比较法研究——刑事诉讼中发现真相与抑制主观随意性的问题》，载《比较法研究》1993年第2期。

④ 参见黄道：《怎样判断刑事诉讼中的证据》，载《华东政法学院学报》1956年第1期。

⑤ 参见林劲松：《论运用证据的高度盖然性原理》，载《争鸣》1993年第1期。

智教授紧随其后，对刑事案件证明标准及盖然性理论作出了进一步探讨。[①] 而2000年樊崇义教授的《客观真实管见——兼论刑事诉讼证明标准》的发表则将我国对证明标准问题的研究带入了热烈讨论时期。[②] 总结而言，我国学界对证明标准问题的争议主要集中在：

其一，证明标准能否设立。有观点认为，设立一种抽象而又具有可操作性的证明标准是不可能的，为证明建立标准本身就是无意义的。对此，另外的观点进行了反驳，但就无法设立绝对精确的证明标准亦达成了共识。[③]

其二，证明标准的认识论基础。主要集中在“客观真实”与“法律真实”的争议问题上。持“法律真实说”的学者对传统客观真实观点进行了批判；而部分学者坚持传统的“客观真实说”，但同时吸收了法律真实说的部分观点，对传统观点进行了改良；另有学者在客观真实与法律真实的基础上，提出了“相对真实说”。[④]

其三，刑事证明标准的设置问题。主要议题包括是否应当设置不同层次的证明标准以及应当如何进行设置，普遍的观点是：应当

---

① 参见龙宗智：《试论我国刑事诉讼的证明标准》，载《法学研究》1996年第6期。

② 参见樊崇义：《客观真实管见——兼论刑事诉讼证明标准》，载《中国法学》2000年第1期。

③ 参见张卫平：《证明标准构建的乌托邦》，载《法学研究》2003年第4期；王敏远：《一个谬误、两句废话、三种学说》，载王敏远主编：《公法》（第4卷），法律出版社2003年版；刘金友：《实践是检验司法证明真理性的唯一标准——与何家弘教授商榷》，载《法学研究》2003年第4期；何家弘：《司法证明标准与乌托邦——答刘金友兼与张卫平、王敏远商榷》，载《证据学论坛》2004年第6期。

④ 参见樊崇义：《客观真实管见——建立刑事诉讼证明标准》，载《中国法学》2000年第1期；陈光中、陈海光、魏晓娜：《刑事证据制度与认识论——兼与误区论、法律真实论、相对真实论商榷》，载《中国法学》2001年第1期；卞建林、郭志媛：《诉讼证明的相对性》，载《中国法学》2001年第2期；何家弘：《司法证明的目的是客观真实，司法证明的标准是法律真实》，载陈光中、江伟主编：《诉讼法论丛》（第7卷），法律出版社2002年版。

根据诉讼阶段、证明主体以及证明对象的不同，设置相应的层次性证明标准，形成完整的证明标准体系。①

其四，刑事证明标准的表述与重构。主要集中于对刑事诉讼法确立的“事实清楚，证据确实、充分”标准的阐释，以及如何对现行标准进行修正等问题。②

总结而言，当前的研究成果主要集中在从哲学层面上对刑事证明标准的探讨，在立法层面上，如何更准确合理地表述刑事证明标准以及司法实践中如何进行把握亦有所涉及，但仍需深入研究。而2012年刑事诉讼法修改引入了英美法系“排除合理怀疑”的表述作为定罪证明标准的组成部分，对此在理论上如何进行理解、实践中如何把握运用则成为当前亟待解决的问题。本书将在总结相关理论成果与实践经验的基础上，对相关问题作出回应，主要目的在于：

其一，通过对主要国家定罪证明标准历史变迁的梳理，为理解我国定罪证明标准及其现实问题提供系统的资料借鉴。

其二，通过对定罪证明标准影响因素的分析，为我国定罪证明标准的确立与实施提供理论支持。

其三，通过对“排除合理怀疑”标准的基本原理、实质内涵与实践经验进行总结与解析，为我国实践中正确理解与适用“排除合理怀疑”之新规定提供参考。

其四，通过对定罪证明标准适用过程中的重要环节与主要问题

---

① 参见陈光中：《构建层次性的证明标准》，载陈光中、江伟主编：《诉讼法论丛》（第7卷），法律出版社2002年版；李学宽、汪海燕、张小玲：《论刑事证明标准及其层次性》，载《中国法学》2001年第5期。

② 参见龙宗智：《“确定无疑”——我国刑事诉讼的证明标准》，载《法学》2001年第11期；何家弘：《论司法证明的目的和标准——兼论司法证明的基本概念和范畴》，载《法学研究》2001年第6期；陈卫东、刘计划：《关于完善我国刑事证明标准体系的若干思考》，载《法律科学》2001年第3期；熊秋红：《对刑事证明标准的思考——以刑事证明中的可能性和确定性为视角》，载《法商研究》2003年第1期；陈瑞华：《对证明标准问题的一点思考》，载《人民检察》2003年第5期。

进行梳理与分析，寻找问题存在的原因并试图提出相应的解决之对策。

其五，通过对定罪证明标准相关保障机制的分析与总结，为我国定罪证明标准的正确与有效适用提供参考。

本书主要研究方法包括：

第一，历史研究的方法。运用历史研究的方法对英美法系、大陆法系以及我国定罪证明标准的历史沿革进行系统整理与总结，分析各主要标准的产生原因与发展历程，以实现更为系统、深入的认识。

第二，比较研究的方法。通过收集相关著述与调查报告、法条文本对当今主要国家，包括英国、美国、德国、日本、俄罗斯等国的理论研究、立法现状及司法实践进行考察与比较，为我国的立法改革与实践适用提供参考与借鉴。

第三，实证研究的方法。通过收集各类案例、研究报告与实地考察，积累一定的实证材料，总结实践中存在的问题与取得的经验，推动理论研究的深化。

第四，案例分析的方法。通过列举案例，将理论阐述与实际案例相结合，借用案例说明理论问题，通过理论分析案例，力求做到论述充分而直观明白。

第一章 定罪证明标准概述

第一节 证 明

一、证明的概念

探讨定罪证明标准首先应对诉讼中的证明进行正确认识。

"证明"是人们较为熟悉的词语，无论是专业研究抑或日常生活均有使用。《现代汉语词典》对动词"证明"的解释是"用可靠的材料来表明或断定人或事物的真实性"。[①]《大不列颠百科全书》的定义则是："一种确定命题正确性的逻辑论证，尽管证明也可以基于归纳逻辑，但这个术语一般意味着严格演绎。在逻辑和数学的形式公理系统中，一个证明是否合乎公式（按照公认的规则生成）的一个有线序列，其中：（1）每个公式是一个公理或者是从前面一个或若干个公式通过正确推理推导出的公式；（2）最后一个公式是待证明的公式。"[②] 概言之，"证明"即是指由已知推出未知、确认为真。

而对作为法律术语的"证明"，《布莱克法律词典》中将"prove"定义为："建立确信；通过令人满意的证据确认事实或假说的真实性。"[③]"proof"则为："运用证据以确认某一事实是否成

① 《现代汉语词典》（第6版），商务印书馆2012年版，第1663页。

② 《大不列颠百科全书》，中国大百科全书出版社1999年版，第111页。

③ "To establish or make certain; to establish the truth of (a fact or hypothesis) by satisfactory evidence." *Black's Law Dictionary* (*Ninth Edition*), Thomson West, 2009, p. 1345.

立的活动；证据对事实裁判者的说服效果。”① 美国学者认为“证明”是“证据产生的确信或说服的最终结果”。② 《加利福尼亚州证据法典》第190条规定：“证明是通过证据在事实裁判者或法庭心中建立对某一事实的必需信念（的过程）。”③ 德国证据法中的“证明”是指“职权机关与参加人按法定范围、程序、方式和标准探明、阐明或说明特定事实的行为”④。日本学者的观点包括：“证明者，即使审判官对于某种事实之真否具有完全确信之作用也。”⑤“一般地说，指明确某种情况和命题是准确无误的。诉讼上，以使审判官确信争执事实之有无的当事人努力（举证），并且据此，审判官得到确信的状态，谓之证明。”⑥ 以及“要作出裁判，法官必须对认定为判决基础的事项取得确信，这是一个原则。而达到这种确信状态时，就叫做该事项已被证明。当事人为了得到证明而提出证据的努力叫做举证或立证”⑦。我国台湾地区学者则较为简洁地解释为：“提出证据，而使法官获得完全之确信者，即为证明。”⑧ 大陆地区学者对证明的定义主要分为三类：（1）司法机关的诉讼行为，如“诉讼证明是指司法机关在当事人、诉讼参与人参加下，

---

① “The establishment or refutation of an alleged fact by evidence; the persuasive effect of evidence in the mind of a fact-finder.” *Black's Law Dictionary*(*Ninth Edition*), Thomson West, 2009, p. 1334.

② ［美］约翰·W. 斯特龙主编：《麦考密克论证据》（第5版），汤维建等译，中国政法大学出版社2004年版，第648页。

③ 何家弘主编：《外国证据法》，法律出版社2003年版，第196页。

④ 何家弘主编：《外国证据法》，法律出版社2003年版，第428页。

⑤ ［日］松冈义正著：《民事证据论》，张之本译，洪冬英勘校，中国政法大学出版社2004年版，第13页。

⑥ ［日］我妻荣等著：《新法律系辞典》，董璠舆等译，中国政法大学出版社1991年版，第501页。

⑦ ［日］兼子一、竹下守夫著：《民事诉讼法》，白绿铉译，法律出版社1995年版，第101页。

⑧ 林山田著：《刑事程序法》（增订2版），台湾五南图书出版有限公司1998年版，第207页。

依据查证属实的证据资料，按照法定程序，查明案件事实和有关事实的诉讼活动”①。(2) 司法机关与当事人的诉讼行为，如“刑事证明是指司法机关或当事人依法运用证据阐明或确定案件事实的诉讼活动”②。(3) 区分“自向证明”与“他向证明”，即证明是司法人员或其他参与者运用证据明确或表明案件事实的活动，其中包括提出事实主张的当事方运用证据向法官表明案件事实存在与否的活动，即他向证明，以及法官运用证据查明和认定案件事实的认识活动，即自向证明，而狭义的证明仅指前者。③ 可见，诉讼中的证明是确认事实存在与否的活动或心理状态已经成为共识，而各种解释的分歧主要在于证明主体、阶段等方面。因此，要进一步厘清证明的概念，需要对相关内容作出分析。

二、证明阶段

对证明是仅限于审判阶段，还是覆盖刑事诉讼的全过程，相关学说与立法例的内容并不一致。在英美法系国家，证明仅发生在法庭上。而俄罗斯则将整个刑事诉讼过程中诉讼主体所实施的证据收集、审查与评定的活动均纳入司法证明的范畴。④ 我国学界就证明存在广义说与狭义说两种不同的观点。广义说认为，“为更加全面地对刑事证明活动加以规范”，⑤ 证明活动应贯穿于刑事诉讼始终，而不应以审判阶段为限，即将侦查、起诉与审判三个阶段查明案件事实的活动均纳入司法证明的范畴，使之接受诉讼程序与制度的规制，以确保其正当性与科学性，进而保证证明过程与结果的公正性。狭义说则首先对“查明”与“证明”进行了区分。有学者指

---

① 裴苍龄著：《证据法学新论》，法律出版社 1989 年版，第 145 页。

② 巫宇甦主编：《证据学》，群众出版社 1987 年版，第 77 页。

③ 参见何家弘：《论司法证明的目的和标准——兼论司法证明的基本概念和范畴》，载《法学研究》2001 年第 6 期。

④ 参见《俄罗斯联邦刑事诉讼法典》第 73 条、第 85 条。

⑤ 陈光中主编：《证据法学》，法律出版社 2011 年版，第 357 页。

出：如果说证明具有一种“回溯性”，旨在对已知的事实或主张的真实性加以验证的话，那么，查明则带有一种“探知性”，属于对未知事实和主张的积极发现。[①] 侦查以假定犯罪嫌疑人实施了犯罪行为为前提，通过证据的收集与审查判断，运用逻辑推理，以完整地发现犯罪事实和犯罪嫌疑人为结束。而审判则是“在控辩双方参与下，运用证据事实对某个已知命题（犯罪事实）的真实性进行当庭验证和判断的过程”[②]。刑事诉讼中典型的查明活动主要发生在侦查阶段，而真正意义上的证明则存在于审判过程中。

诉讼的实质是当事双方将争议提交裁判者进行裁决。而诉讼中各方进行证明活动的目的是“阐明诉讼中的争议事实，论证己方诉讼主张，以便说服裁判者确认或接受己方所主张的事实，最终获得于己方有利的判决”[③]。刑事诉讼中，尽管在侦查、起诉与审判阶段均包含查清案件事实、证据的活动，但从认识的角度看，侦查、起诉阶段的收集证据、查清案件事实是对案件事实逐渐认识的过程，而审判阶段则是对已知的事实与已被掌握的证据进行核查的过程；从程序的角度来看，侦查起诉阶段是运用职权对案件事实、证据的积极探查、收集过程，审判阶段则是法院在诉讼各方参与下对已知的事实及掌握了的证据进行核查的过程。相关证据只有在庭审中经控辩双方质证、查证属实后才能作为定案根据，只有在审判阶段才能对被告人的罪责作出最终认定，而侦查、起诉中的证据收集活动属于国家机关的职权行为，是为法庭证明活动进行准备，其所作出的事实认定仅具有相关的程序意义而并无判定被追诉人有罪

---

① 参见陈瑞华主编：《刑事证据法学》（第 2 版），北京大学出版社 2014 年版，第 254 页。

② 参见陈瑞华主编：《刑事证据法学》（第 2 版），北京大学出版社 2014 年版，第 255 页。

③ 卞建林、郭志媛：《论诉讼证明的相对性》，载《中国法学》2001 年第 2 期。

的法律后果。因此，“严格意义上的诉讼证明只存在于审判阶段”①。

我国传统的证据理论一般将证明活动等同于主观对客观世界的认识活动，认为刑事证明的目的即在于查明案件事实真相。在此种理念的指导下，公安机关、人民检察院与人民法院在办理刑事案件过程中对案件事实的认识即成为一种前后递进、接力互补的关系，证明自然被看作贯穿于刑事诉讼全过程的认识活动。但随着诉讼模式与诉讼目的的转变，多元价值理念的确立等因素的推动，相关观念及具体制度也应当随之变化，以促进以法庭审判为中心、进行有效对抗的实现。

三、证明主体

证明主体的概念与诉讼主张、证明责任密切相关，指“在诉讼活动中，提出自己的诉讼主张并有义务承担证明责任的诉讼主体”②。证明主体的基本构成要件包括：（1）有自己的诉讼主张；（2）承担证明责任，包括提供相关证据（行为责任）与在未尽证明责任时承担诉讼之不利后果（结果责任）的责任。据此，证明主体应当限于负有证明责任的当事人的范围。正如英国学者所言：“几乎所有案件中原告或公诉人都必须证明大量的事实……所谓争议事实，即所有为赢得诉讼而由民事诉讼案件中的原告或刑事诉讼案件中的公诉人必须加以证明的事实，及所有遭到控诉的被告人为进行有效辩护而必须进一步证明的事实。”③ 故刑事诉讼中的证明主体即为公诉机关与诉讼当事人。我国传统的证明主体理论有广义

---

① 卞建林主编：《刑事证明理论》，中国人民公安大学出版社 2004 年版，第 16 页。

② 卞建林主编：《刑事证明理论》，中国人民公安大学出版社 2004 年版，第 107 页。

③ Cross and Wilkins, *Outline of the Law of Evidence* (*Fifth Edition*), London Butterworths, 1980, p. 1.

与狭义之分。广义观点泛化了证明主体范围，认为“证明的主体包括公安司法机关及其办案人员、当事人以及诉讼参与人”；狭义观点则仅指“公安司法机关及其办案人员”①。而大陆法系的德国证据法中将证明看作职权机关与参加人的共同行为，认为：“法院在诉讼中承担探明义务，应依职权将证据调查延伸至一切对裁判有意义的事实，故在职权原则和探明义务的范围之内，法院是证明的主体；而当事人或参加人是最重要的证明主体，承担证明责任。”②可见，关于刑事证明主体的分歧主要在于法院是否为证明主体之问题。

此分歧的根源可以归结于诉讼模式的区别。在当事人主义模式中，根据“谁主张、谁举证”原则，由主张者对自己的主张提出证据进行证明。而在职权主义模式中，证明的前提被设定为法律赋予的职权职责与诉讼主张，即在当事人对其诉讼主张进行证明之外，还有国家专门机关依职权收集、审查判断证据的内容。因此，传统观点认为，所有在探求案件事实真相活动中起主导作用的国家专门机关与诉讼当事人均为证明主体。但根据证明责任原理，其本质是行为责任与结果责任的统一，故是否提出诉讼主张并在证明不力时承受不利后果是判断证明主体的唯一标准。侦查机关的侦查行为是协助公诉部门履行控诉职能、为后者在庭审中进行证明作准备，但其本身并不能成为证明主体。而法院的职责在于居中裁断，其本身既无诉讼主张亦无须承担败诉风险，同样不可能成为证明主体，否则将有悖于现代诉讼“控审分离、不告不理”原则。③有学者认为，我国传统证据理论的缺陷还在于未对自向证明与他向证明作出区分。诉讼活动中的自向证明主体是就事实问题作出某种认定或裁断的人，包括侦查人员、检察官、法官等；自向证明一般属于

① 陈光中：《刑事证据制度与认识论》，载《中国法学》2001年第1期。

② 参见何家弘主编：《外国证据法》，法律出版社2003年版，第428~429页。

③ 参见卞建林、郭志媛：《论诉讼证明的相对性》，载《中国法学》2001年第2期。

主体的职权行为，是为满足主体行使职权的需要，如侦查阶段侦查人员对侦查结果作出判断，检察官审查起诉时的决策与法官在审判中对案件事实的认定。他向证明的主体则为提出某种事实主张的人，刑事诉讼中即为控辩双方；他向证明属于主体的义务行为，目的在于满足他人的认知需要，即为实现自己的诉讼主张必须满足法官认定案件事实之需要而进行证明。①

因此，从严格意义上来看，“刑事证明仅指与证明责任密切相关且只限于审判阶段的他向证明”②，在我国，则具体指国家公诉机关与诉讼当事人在庭审中依法定程序与要求向审判机关提出证据、运用证据证明争议事实、论证其诉讼主张的活动。

四、证明对象

证明对象，又称证明客体、待证事实，即对诉讼主张的成立或裁判的作出具律意义而需要运用证据加以证明的事实。③ 明确案件证明对象范围，有利于明确证明目标，既不疏漏应当加以证明的事实，亦不至于纠结无关或枝节问题。证明对象与证明标准共同构成了证明的目标、方向与内容。

我国学界关于证明对象范围的观点主要有：

其一，案件事实说，认为证明对象是证明主体运用证据进行证明的与定罪量刑有关的一切事实以及某些程序法事实。④ 其中实体法事实主要为：（1）有关犯罪构成方面的事实及区别罪名的事实；（2）有关排除行为刑事责任的特殊事实；（3）处刑相关事实，即

---

① 参见何家弘：《论司法证明的目的和标准——兼论司法证明的基本概念和范畴》，载《法学研究》2001年第6期。

② 卞建林主编：《刑事证明理论》，中国人民公安大学出版社2004年版，第9页。

③ 参见卞建林、谭世贵主编：《证据法学》（第2版），中国政法大学出版社2010年版。

④ 参见刘金友主编：《证据法学》（新编），中国政法大学出版社2003年版，第190页。

刑法规定的应当或可以适用从重、从轻、减轻及免除处罚之事实；(4) 犯罪嫌疑人、被告人个人情况、犯罪后的表现等。① 程序法事实则包括回避、管辖、审判组织组成、期限延长、采取强制措施及申请证据保全等。该观点属于广义的理解。

其二，争议事实说，认为证明对象是证明主体运用一定的证明方法所欲证明的系争要件事实；而由于严格意义上的诉讼证明活动仅发生在庭审阶段，故只有诉讼中的争议事实才属于证明对象范围，而与诉讼主张无关及双方无异议的事实则应被排除在外。②

其三，法律要件事实说，该观点指出传统的“案件事实说”之表述过于宽泛，而“争议事实说”则又稍为狭窄，认为证明对象范围应为“法律要件事实”，包括实体法事实、程序法事实与证据法事实三部分，具体为：（1）指控行为是否存在、是否构成犯罪、是否为被告人所为；（2）行为的时间、地点、方法、手段、结果、行为与结果间的因果关系；（3）被告人身份情况；（4）被告人责任能力、主观方面及行为的动机、目的；（5）有无依法不予追究刑事责任的情况，及从重、加重、从轻、减轻及免除处罚的情节；(6) 法律规定的其他事实。③

从刑事证明的原意来理解，证明对象的范围应当受到证明主体诉讼主张的约束，证明主体只需围绕其诉讼主张对相关要件事实作出证明即可。英美法系当事人主义诉讼模式中，证明对象实际范围直接由控辩双方主张或请求决定，自不存在问题。而大陆法系实施职权主义诉讼模式，法院有发现真实的义务，故证明对象的确定一定程度上还受到法院的干预（但在现代控审分离原则的约束下，

---

① 参见刘金友主编：《证据法学》（新编），中国政法大学出版社 2003 年版，第 190 页。

② 参见刘金友主编：《证据法学》（新编），中国政法大学出版社 2003 年版，第 130~133 页。

③ 参见熊秋红：《刑事证明对象再认识》，载王敏远主编：《公法》（第 4 卷），法律出版社 2003 年版，第 12~18 页。

亦不得将证明对象范围扩展至诉讼主张之外)。因此，我国刑事证明对象的范围应限定于诉讼中的争议事实，其不等同于案件的全部客观事实，而是由控辩双方诉讼主张直接决定并受实体法归责要件及程序法、证据法限制的，包括案件事实与法律事实。

而在争议事实的具体内容问题上，同样存在实体法事实之外是否包括程序法事实与证据事实之争议。① 考察域外的立法与实践，各国对证明对象具体内容规定不一。如《意大利刑事诉讼法》第187条明确的证明对象范围包括：(1) 与控告、可罚性、刑罚或保安处分的适用有关的事实；(2) 与适用诉讼规范有关的事实；(3) 如设立了民事当事人，与因犯罪而产生的民事责任有关的事实亦为证明对象。②《俄罗斯刑事诉讼法典》第73条规定，在刑事案件的诉讼中，应该证明的情况有：(1) 犯罪事件（实施犯罪的时间、地点、方式和其他情节）；(2) 刑事被告人实施犯罪的罪过，罪过的形式和犯罪动机；(3) 说明刑事被告人个人身份的情况；(4) 犯罪所造成的损害的性质和大小；(5) 排除行为有罪性质和应受刑罚性质的情节；(6) 减轻和加重刑罚的情节；(7) 可能导致免除刑事责任和免除刑罚的情节。此外，还应查明促成犯罪的情况。③ 而在日本，需要证实的事实则由实体法上的事实和诉讼法上的事实组成。其中实体法上的事实包括犯罪事实（构成要件事实、处罚条件事实）和犯罪事实以外的事实（影响法律上构成犯罪的事实、法律上加重减免理由的事实、酌情减轻处罚或缓期执行条件的事实)；诉讼法上的事实包括作为诉讼条件的事实、作为诉讼行为要件的事实、证明证据能力和证明力的事实和其他诉讼法

---

① 参见陈光中主编：《中华法学大辞典》，中国检察出版社1995年版，第763页；何家弘主编：《证据调查》，法律出版社1997年版，第47页。

② 黄风译：《意大利刑事诉讼法典》，中国政法大学出版社1994年版，第67页。

③ 参见黄道秀译：《俄罗斯联邦刑事诉讼法典》，中国政法大学出版社2003年版，第63页。

上的其他事实。[1] 我国《最高人民法院关于适用〈中华人民共和国刑事诉讼法〉的解释》第64条规定的应当运用证据证明的案件事实有:“(一)被告人、被害人的身份;(二)被指控的犯罪是否存在;(三)被指控的犯罪是否为被告人所实施;(四)被告人有无刑事责任能力,有无罪过,实施犯罪的动机、目的;(五)实施犯罪的时间、地点、手段、后果及案件起因等;(六)被告人在共同犯罪中的地位、作用;(七)被告人有无从重、从轻、减轻、免除处罚情节;(八)有关附带民事诉讼、涉案财物处理的事实;(九)有关管辖、回避、延期审理等的程序事实;(十)与定罪量刑有关的其他事实。”

界定证明对象具体内容,应如前文所述联系证明责任概念加以考虑:证明对象范围以争议事实为限,争议事实包括案件事实与法律事实,而争议的法律事实自然覆盖实体法、程序法与证据法,故程序法事实与证据法事实同样应当成为证明之内容。在此意义上,对证明对象之定义,前述“法律要件事实说”较为适当。

五、证明特性

根据所属领域不同,证明活动可划分为自然领域(如数学、物理学、化学、天文学等)和社会领域(如社会学、人类学、心理学等)的证明。前者多使用论理证明,即以真实本身为目标而不允许反证的存在;后者则属于历史证明,只需达到“高度盖然性”,即证明到一般人不会怀疑的程度即为真实,并且可对其进行反证。[2]

诉讼中的证明属于专业领域的活动,自然有别于日常生活;但相对于自然科学与其他社会科学中的证明,亦存在重大区别:

---

① 参见[日]田口守一著:《刑事诉讼法学》,张凌、于秀峰译,中国政法大学出版社2010年版,第15页。

② 参见[日]田口守一著:《刑事诉讼法学》,张凌、于秀峰译,中国政法大学出版社2010年版,第271页。

其一，诉讼证明具有相对性。诉讼中的证明是对已经发生的案件事实的进行真实性判断的回溯性证明活动。由于案件事实一经发生即不可重现，故不能单纯依靠科学实验加以证明，而是由相关人员收集、运用证据，根据经验法则与逻辑法则进行推理判断而得，这一过程不可避免地受到各种主客观因素的影响，而无法实现绝对性的认识。同时，诉讼证明的结果是否与案件的客观事实相符亦无法通过科学实验等方法进行检验，故而是不确定的。

其二，诉讼证明不仅属于一般的认识活动，还是具体的诉讼行为，其最终目的在于解决纠纷。自然科学与其他社会领域的证明目的一般是为了揭示或者概括该领域中的客观现象与规律，或者可以统称为追求客观真理。而诉讼中进行证明活动，对证明主体而言是为维护己方诉讼主张从而获得对己有利的诉讼结果，对诉讼整体而言最终目的是定分止争。“审理不是抽象地寻求真情，而是试图在两个人之间不经过武斗解决争端。”[①] 尽管证明的结果一般表现为查明争议事实，但当事双方对争议事实的证明、裁判者对争议事实的认定只需达到法定的可以解决争议的程度即可，故诉讼中对事实的认识，实际上是法律认可的事实，即诉讼真实。[②]

其三，诉讼证明受法律规范的限制与约束。其他领域的证明属于认识活动，一般仅须遵从客观规律，较少受到限制。而刑事证明不仅是一种认识活动，还是具体的诉讼行为，受到各类法律规范的限制与约束，还包含了一系列法律价值的实现与选择过程，故而不可能如其他领域的证明为获得终极认识而不惜一切代价；

总结而言，从诉讼中的证明，从行为上来看，是双方当事人（或国家公诉机关与诉讼当事人）为阐明争议事实、论证己方主张，而通过提出证据的方式，说服裁判者接受己方提出的主张事

① 沈达明著：《英美证据法》，中信出版社 1996 年版，第 6 页。

② 参见卞建林主编：《刑事证明理论》，中国人民公安大学出版社 2004 年版，第 43 页。

实、获得有利于己的判决的活动；从状态上来看，是指裁判者对提出的事实确信为真。

第二节 证明标准

一、证明标准的概念

多数国家的立法并没有明确规定证明标准的概念。《布莱克法律词典》对“standard of proof”的解释是：“在某一特定案件中要求证明达到的程度或水平，如‘排除合理怀疑’或‘盖然性的证据优势’。”[①] 英国学者认为：“证明标准即指证明责任承担者卸除证明责任所须达到的范围或程度（extent or degree），是证据在事实审理者心目中应当达到的确定性或盖然性的尺度（measurement），是承担证明责任的当事一方要赢得诉讼而必须运用证据说服事实审理者的标准，或是为获得有利于己的认定而对争议事实进行证明所应达到的标准。故从证明责任卸除的角度来看，证明标准即为证据的质量与说服力所应达到的尺度。”[②] 德国学者指出：“如果说证明评价仅仅限于检测证明是否成功，即法官可以否认个案中的某个事实已经被证明，那么证明尺度（有时也称证明标准、证明额度或证明强度）则是一把尺子，衡量什么时候证明成功了；证明尺度也决定对某个具体内容的法官心证，它决定着法官必须凭什么才算得到了心证。”[③] 日本学者认为，诉讼中当事人要获得有利于己的

① “The degree or level of proof demanded in a specific case, such as‘beyond a reasonable doubt’or‘by a preponderance of the evidence’.” *Black's Law Dictionary* (*Ninth Edition*), Thomson West, 2009, p. 1535.

② Peter Murphy: *A Practical Approach to Evidence* (*4th ed.*), Blackstone Press Limited, 1992, p. 104.

③ ［德］汉斯·普维庭著：《现代证明责任问题》，吴越译，法律出版社 2006 年版，第 90~91 页。

裁决而提出证据证明到特定的法官心证程度或特定的事实、证据状况，该程度或状况称为“证明标准”，又称“证明程度”或“证明度”。[①] 我国学界亦认可：“证明标准是法律关于负有证明责任的诉讼主体运用证据证明争议事实、论证诉讼主张所须达到的程度方面的要求”；[②]“证明标准是衡量是否符合法律规定的证明要求的具体尺度，而证明要求是法律要求证明案件事实所要达到的程度”。[③] 可见理论界对证明标准的表述并无重大分歧，基本认同证明标准的实质即诉讼证明所应达到的“度”，与“证明要求”、“证明程度”相通，对证明主体而言是其需要运用证据证明待证事实所需达到的程度要求，对裁判者而言是其对案件作出结论时所应形成的确信程度要求。因此，本文所讨论的定罪证明标准即为刑事诉讼中控诉方履行证明责任与裁判者作出有罪判决应当达到的证明程度。当前主流的定罪证明标准有英美法系国家适用的“排除合理怀疑”，大陆法系国家的“内心确信”，而我国刑事诉讼法的规定则为“事实清楚，证据确实、充分”。

二、证明标准设置之可能性

关于证明标准设置的可能性问题存在一定的争议。有观点认为，为证明设置标准是无意义的，建构抽象且同时具有可操作性的证明标准是不可能的。“标准”是指“衡量事物的准则”，证明标准即能够判断具体个案之证明度的衡量标准，其必须是一种具体的、外在的尺度。然而对证明度的测量却是无法具体化与客观化的，即便可以将裁判者的心证程度细化为若干层次，在具体案件中也仍然无法排除裁判者的主观判断。因此对具体个案无法适用统一

---

① 参见［日］小林秀之：《证据法》，弘文堂1996年版，第66页。

② 卞建林主编：《刑事证明理论》，中国人民公安大学出版社2004年版，第235页。

③ 参见陈光中主编：《刑事诉讼法学》（新编），中国政法大学出版社1996年版，第165页。

的衡量规范。而对证明度，只能在某种理念或原则指导下，依靠法官的良心与知识，根据案件的具体情况进行判断。[①] 更有学者直接指出，“事实是硬邦邦的”是“一个谬误”，“认识符合事实”与“事实胜于雄辩”都是“两句废话”。无论“法律真实说”还是“客观真实说”都不可能为这种根本不存在的具有可操作性的证明标准提供正当性基础。[②]

解决此争议，可以从证明标准设置的目的着手。诉讼证明是通过证据对待证事实进行认知。从哲学的角度来看，证明标准是法律规定的裁判者的主观认识与客观事实相符合的程度。对具体案件而言，由于事实真相已经成为过去，故不可能存在完全确定的参照标准，最终的判断中或多或少都带有一些不确定成分。而证明标准的认知意义正是告诉人们在最终判断中可以容忍多少这样的不确定性。[③] 确定证据达到何种程度时对被告人作出有罪判决属于对诉讼规律及人类认识规律的把握与运用，是可以通过长期的诉讼实践进行总结的，故从该角度而言，证明标准设置是具备可能性的。

三、证明标准与证明责任

现代对抗制中，法庭审判被设计成一种由三方组合的通过一定程度的对抗来发现案件真实、实现定分止争的司法程序。裁判者与双方当事人及案件解决无利害关系，而依靠法庭对抗所形成的证据进行裁判。当事人在趋利避害心理的支配下，一般会尽其所有提供有利于证明己方主张或驳斥对方主张的证据材料，以获得对己有利的裁判。在此背景下，当事人追求的是“法律效果发生与否，不在于事实的存在或不存在，而在于事实之获得证明或不能获得证

---

① 参见张卫平：《证明标准建构的乌托邦》，载《法学研究》2003年第4期。

② 参见王敏远：《一个谬误、两句废话、三种学说——对案件事实及证据的哲学、历史学分析》，载王敏远主编：《公法》（第4卷），法律出版社2003年版，第123页。

③ 参见张斌：《论英美刑事证明标准的神学渊源及启示——以“怀疑”的道德蕴涵为中心》，载《清华法学》2009年第5期。

明”。而“在审判上，并不产生法官不能判断的情形。因主张权利的人，如果不能证明事实，则视为该事实不存在”。根据司法最终裁决原则与程序终结性原则，“法官不得因为他对案件事实没有进行充分的澄清就拒绝作出判决。他总是必须作出判决。对此，不需要对有争议的主张的真实与否作出积极的确认。对事实问题真假不明并不意味着对法律问题也真假不明。避免这一点恰恰是证明责任规范的任务。因此，某主张的不确定性不是使得判决不可能，而是使法官作出不利于承担证明责任的当事人的判决。”① 因此，《布莱克法律词典》将“burden of proof”定义为：“当事人一方证明争议主张或指控的义务，包括说服责任与提供证据的责任。”②

证明责任与证明标准之间存在着紧密联系。“举证责任一经确定由谁负担，便随之产生这样的问题：为了履行证明责任，当事人必须达到什么证明标准。”③ 可以说，关于承担证明责任的主体证明到何种程度方能卸除负担的问题便是证明标准问题。

美国加州证据法典修订委员会则直接指出：“证明责任是指当事人一方有义务在事实裁定者姓名中建立关于某事实存在与否的特定状态……如果关于某一特定事实存在的确信的必要程度没有达到，事实裁定者必须认为该事实不存在。通常证明责任要求当事人一方使事实裁定者确信：某一特定事实的存在比不存在更可能——通过优势证据证明的证明程度。然而，在有些情况下，证明责任要求当事人一方在事实裁定者心目中就事实的存在建立一个实质更大的信赖程度——要求当事人必须提供清楚并令人信服的证明的责

---

① ［德］莱奥·罗森贝克著：《证明责任论》，庄敬华译，中国法制出版社2002年版，第14页。

② “A party's duty to prove a disputed assertion or charge…includes both the burden of persuasion and the burden of production.” *Black's Law Dictionary* (*Ninth Edition*), Thomson West, 2009, p. 223.

③ ［英］罗纳德·沃克著：《英国证据法概述》，王莹文、李浩译，西南政法学院诉讼法教研室1983年印，第77页。

任，或在刑事案件的起诉中提供超越合理怀疑的证明。”[①] 就刑事案件而言，“检察官对于犯罪事实，同时负有提出证据及说服之责任。就提出证据而言，只要检察官所提出之证据，不足为被告有罪之积极证明，法院即应为被告无罪判决，原则上无须再为调查。就说服责任而言，检察官必须说服法院形成被告有罪之心证，否则法院必须为无罪判决。”[②] “证明标准既是证明主体对案件事实的证明所应达到的标准，又是事实认定者作出裁判是被这些证明说服的程度。”[③] 证明标准与证明责任息息相关，我国有学者总结，证明责任是从诉讼主体角度观察的证明标准，实质上是证明标准的主体化；证明标准是从诉讼客体观察的证明责任，实质上是证明责任的客体化。[④] 因此，证明责任是诉讼证明达到特定证明标准的一种证据责任，证明标准则是当事人履行证明责任所要达到的分界线，是法定证明责任的卸除标准。

四、证明标准之意义

设置证明标准的意义主要在于：

其一，决定案件的实体处理结果。作为用于衡量、评判诉讼主体认识效果的标准，“在证据量及其证明力不变的情况下，证明标准设置和实际掌握的宽严在一定情况下决定案件的实体处理”。[⑤] 诉讼中，裁判者根据双方当事人提出的证据在内心形成对案件的认识，而证明标准则是其对案件事实作出判断时应当达到的程度要求。因此，证明标准的设置对保证案件得以正确处理、实现诉讼结

---

① 何家弘、张卫平主编：《外国证据法选译》（下卷），人民法院出版社 2000 年版，第 954 页。

② 王兆鹏著：《美国刑事讲义》，台湾元照出版有限公司 2010 年版，第 672 页。

③ ［美］罗纳德·J. 艾伦著：《艾伦教授论证据法》（上），张保生等译，中国人民大学 2014 年版，序言第 10 页。

④ 汤维建、陈开欣：《试论英美证据法上的刑事证明标准》，载《政法论坛》1993 年第 4 期。

⑤ 龙宗智：《我国刑事诉讼的证明标准》，载《法学研究》1996 年第 6 期。

果公正有着重要作用。另外，裁判者对证明是否达到法定标准的判断不能排除主观意志因素，故其在实践中对法定证明标准掌握的宽严状况在一定程度上亦会对诉讼结果的公正产生影响。

其二，推动诉讼进程。对待证事实的证明达到法定标准是证明主体之证明责任得以卸除的前提，故证明责任承担者可以根据证明标准衡量己方已有认识效果的程度，判断己方举证能否达到法定证明要求，以此促使其积极取证、举证，进而推动诉讼的进行。

其三，实现诉讼平衡。刑事诉讼中控辩双方力量对比悬殊，为实现武装平等，立法通过明确规定由控方承担证明责任并设置了很高的证明标准对控方追诉权力加以约束；而对辩方承担证明责任的情况则设置相对较低的证明标准，以实现对控方的倾斜，维持诉讼结构的平衡，实现诉讼程序的公正。

其四，抑制国家的司法权力，保障被告人人权。刑事诉讼中，证明标准是对国家刑事司法权力作用范围划定的界线。从神示证据制度中的神明裁判，到法定证据制度中的机械化标准，及至现代各国适用的各类标准，其主旨均明确对未达证明标准的案件不得作出有罪判决。可见，“权力制约是刑事证明标准的首要功能”。① 而在证明标准得以恰当设置并被严格实施的基础上，可以最大限度地保证被告人在刑事审判中不被错误定罪，从而实现对被告人人权之实质保障。

五、证明标准之特征

研究证明标准之特征，对合理设置证明标准有重要意义。总结而言，证明标准的主要特征表现为主观性与客观性的结合。

（一）主观性

证明标准的主观性表现在：

① 封利强：《论刑事证明标准的人权保障功能》，载《广西政法管理干部学院学报》2008 年第 1 期。

首先，证明标准的适用不能排除主观判断。无论适用何种证明标准，最终都需要由裁判者从主观上对诉讼证明是否达到法定要求作出判断，故证明标准不可避免受到裁判者主观因素的影响从而带有主观性。大陆法系的“内心确信”与英美法系“排除合理怀疑”标准的主观性自不必言。而我国“事实清楚，证据确实、充分”通常被认为属于客观标准，但应当明确，案件事实本身并无所谓的“清楚”与否，证据本身亦不存在是否“确实、充分”的问题，“清楚”与“确实、充分”实质上都属于主观判断范畴。因此，在这一层面上，“事实清楚，证据确实、充分”与“排除合理怀疑”或者“内心确信”并无本质之区别，都是进行主观判断的标准。[①] 除非适用神明裁判或法定证据制度，否则即使适用同一证明标准，对同一案件是否达到证明标准在不同的判断主体之间也仍然可能产生分歧，因为不可能排除主观因素。

其次，对证明标准的理解具有主观性。无论是“排除合理怀疑”，还是“内心确信”，乃至我国的“事实清楚，证据确实、充分”，均属于抽象性的表述，在具体适用中需要裁判主体进行理解与掌握。以排除合理怀疑标准为例，其在立法中多无具体解释，理论研究者与司法实务者对之进行了不同的阐释，如认为“排除合理怀疑”意味90%至95%的可能性；或以评分表示，排除合理怀疑的证明只需达到九分（十分满分）即可等。[②] 而对我国“事实清楚，证据确实、充分”标准，同样也有着“排他性”、“确定无疑”等多种理解。

（二）客观性

承认证明标准具有主观性并不能否认证明标准的客观性。证明标准本身是客观存在的。“……在任何制度化的司法实践中，长期

① 参见王敏远：《死刑案件的证明“标准”及〈刑事诉讼法〉的修改》，载《法学》2008年第7期。

② 参见陈永生：《排除合理怀疑及其在西方面临的挑战》，载《中国法学》2003年第2期。

的经验积累总会导致法院内部就要求认定事实而必须达到的证明程度产生并形成某种普遍基准或标准。这种基准大部分情况下都不一定加以表达言明，或者就其性质而言很大程度上其实不一定能够表达出来，至少是不可能完全言明的……不过，由于是在特定的专业及实务范围内长期逐渐形成的基准，从而能够成为一种在主观性上的客观存在。”① 另外，证明标准还有其客观基础。可将证明标准分为两个层面，一层面是法官的心证标准，即证明使法官达到的主观心理状态，另一层面则是通过证明所达到的事实与证据状况，其中作为证明对象的案件事实是客观存在的，而作为证明手段的证据亦是客观的。

我国传统证据理论只强调证明标准的客观性而否认其主观性，认为主观性是与主观唯心主义相联系的错误观念。但随着理论研究的深入，学界对证明标准的主客观特征的认识已经发生了重大变化。“坚持不坚持客观真实的基本主张与确立内心确信或者排除合理怀疑的主观证明标准没有两者不可兼得的关系。坚持客观真实的基本主张，也不妨碍确立内心确信或者排除合理怀疑的主观证明标准。换句话说，确立内心确信或者排除合理怀疑的主观证明标准与法律真实度没有必然的联系。”② “证明标准的设置和判断都是裁判者主观判断领域的事，超出人的主观认识领域，任何旨在将证明标准导向‘完全客观化’的努力，都将归于失败。”③ 学者认为，证明标准包括：（1）证明主体提出证据论证案件待证事实所达到的真实程度，一般通过所提出的证据及其论证的效果进行衡量，带有一定的客观性，是证明的确定性方面；（2）证明主体对待证事实的证明而使裁判者对该事实存在与否在内心形成的相信程度，是明

① 王亚新著：《对抗与判定：日本民事诉讼的基本结构》，清华大学出版社 2002 年版，第 214~215 页。

② 张建伟：《证明标准研究中的模糊视阈》，载《政法论坛》2005 年第 6 期。

③ 陈瑞华著：《问题与主义之间——刑事诉讼基本问题研究》（第二版），中国人民大学出版社 2008 年版，第 381 页。

显的主观标准，是证明的可信度方面。若仅强调确定性方面，则会如我国传统理论那样因偏向证明的外在目标而忽略其说服效果；而过于重视裁判者的内心确信程度则又有可能走向唯心主义，使待证事实的可信度无法建立在确实可靠的证据之基础上，有纵容裁判者滥用自由裁量权的嫌疑。[①] 因此，正确的做法是，正视证明标准的主观性与客观性两方面特征，并在此基础上正确设置并适用证明标准。

① 参见陈瑞华：《刑事诉讼中的证明标准》，载《苏州大学学报》（哲学社会科学版）2013 年第 3 期。

第二章 定罪证明标准溯源

“法律史学家和人类学家很久以前就揭示出，对证明问题存在两种不同的态度。有一种原始、陈旧的制度，其中，人类的调查、审慎的检验和推理作用甚微，并且为了解决罪否、是非这样的难题，法庭更期望审视自然界的元素，如水、火，或者神灵、上帝。我们可以称之为非理性的方法……另一种方法，我们可以称之为理性方法，它直接依赖于人类的心智，并且，凭借人类智慧所能及的所有调查、推理手段，强迫法庭解决谜题，包括讯问证人，直接观察，间接信息，审查书面记录，听取供认，从各种迹象和痕迹进行推理，尸检结果等。”① 而定罪证明标准同样经历了从非理性到理性的发展历程。

第一节 非理性时代的定罪证明标准

一、氏族社会中的定罪证明标准

尽管没有直接的文献记载，但根据人类社会发展规律及相关的考古发现可以推断，人类社会最初在解决社会成员之间的纠纷时大抵是由裁判者（多为部落或氏族首领或长老）通过听取当事人与目击者的陈述并根据自己的经验与良知作出裁断。此时的证明模式属于自由证明，即对证明活动没有规定限制，裁判者可自由地采纳

① R. C. van Caenegem, The Birth of the English Common Law, 2nd ed.（Cambridge, U. K.: Cambridge University Press, 1988）, p. 63.

证据、认定案件。因当时主要的证据形式是当事人陈述与证人证言，而对此类证据的判断极易受到裁判者个体主观因素的影响，经常出现相同证据在不同裁判者面前得到不同认定的情况，故司法实践相当混乱。

二、神示证据制度下的定罪证明标准

随着社会生活的发展，各类纠纷逐渐增多亦日趋复杂，而因为当时人类认识能力低下，错误裁断随之增多，引发了社会成员的不满，进而对裁判者的权威提出质疑。在人的权威无法维持裁判权威的情况下，神明裁判便应运而生。神明裁判指当诉讼中出现事实不明的情况时，通过求诸神明，请求神明给出神圣证言（divine testimony），根据神明指示的结果作出判断。神明裁判起源并盛行于亚欧各国奴隶制社会与封建制社会的前期，主要形式包括：（1）宣誓，即若双方陈述发生冲突而无法辨明真伪时，裁判官则要求双方向神明发誓以证明所作陈述的真实性，对不敢宣誓或宣誓过程中神态慌乱或出现神明报应迹象的，则认定其所作为虚假之陈述而判定其败诉。如公元5世纪西欧墨洛温王朝的《萨利克法典》中规定："控告者与被告人都必须在法庭上严格按照规定的形式与姿势进行宣誓并作出陈述，如其中一方在宣誓时出现错误，或在陈述过程中出现口吃等有罪表现的，则可判其败诉。"① 此外，公元9世纪时，英国"盎格鲁—撒克逊法律"还对宣誓用语作出了明确规定，如在索赔被窃财物时，控告人应作如下誓词：我在上帝面前宣誓，指控他就是盗窃之人，这并非出于仇恨、嫉妒或其他非法目的，也非基于不实的传言或信念；而被告人的誓词则为：我在上帝面前宣誓，对于他的指控，我在行为与意图上都是无罪的。②（2）肉体考验，即通过让当事人（多为被指控人）接受某种肉体折磨（包括

① See William Andrew Noye: *Evidence: Its History and Polices*, 1991, p. 3.

② See William Andrew Noye: *Evidence: Its History and Polices*, 1991, p. 5.

水审、火审、热铁审等形式）进行考验，通过考验者则证明为清白。《汉谟拉比法典》中规定，如果自由民的妻子被告发通奸而其本人否认的，法官则命人将其投入水中，如下沉则认定有罪，上浮则为无罪。而公元9世纪的《麦马威法》中则规定，对犯盗窃罪的人要在审判中接受火审，被灼伤的则认为不能通过考验而处以死刑，未被灼伤的则可允许代付罚金而免处死刑。（3）决斗，即由诉讼双方进行决斗，根据决斗胜负认定案件事实。（4）其他方式，还包括卜筮、十字形证明等。[①]

神明裁判是人类社会最早的明确的裁判方法，形成了较为体系化的神示证据制度。但神示证据制度并未对证明标准问题作出专门的规定。一般而言，在事实清楚、没有争议的情况下，法官可根据其内心判断直接作出裁决；在证明困难、事实认定出现争议时则求诸神明，神明裁判就是定罪的标准，裁判者不得违背神明旨意。神明裁判具有明确、统一的事实认定标准，一方面有效控制了因人而异的混乱的裁判状况，另一方面因为当时人们对公平、正义的理解是基于对神明的信仰，故也由此提高了司法裁判的权威性，实现了很好的社会效果，有利于维护社会的稳定。

但在公元1000—1250年，随着社会发展与知识的积累，以及制度的变革，神明裁判日渐衰微而最终被废止。究其原因，主要有如下几方面：首先，城市的发展对审判方式产生了重要影响。“虽然神誓法与助誓法在其得以产生的那种人际关系密切的社会中可能有效，但是对遍布于弗兰德、荷兰、法兰西南部和意大利北部的新兴城市来说，尤其是对靠商业为生的职业罪犯来说，已经无法产生作用了。”[②] 同时，人类知识的增长与宗教信仰的变化也冲击了神明裁判的实用性。古希腊哲学家柏拉图评价道：“在这当今世界

① 参见［英］萨达卡特·卡德里著：《审判的历史——从苏格拉底到辛普森》，杨雄译，当代中国出版社2009年版，第17~20页。

② See William Andrew Noye：Evidence：Its History and Polices，1991，p. 10.

上，神秘方法已不盛行，人们对于神的信仰已经变化，于是法律也必须变化。”① 英国学者指出：“在古代日耳曼人的宗教信仰消失之后，仍然使用审批裁判证明法的地方，公众对审判结果的信任就受到了极大的威胁。神明裁判中的神学思想与古日耳曼人的宗教信仰是一致的，但是它很难在基督教神学中找到自己的位置。1100年之后，神明裁判不断遭到教会改革者的攻击，其中的两大罪状包括：（1）神明裁判是企图不当地试探上帝显灵；（2）参与神明裁判的相关人员沾染了血污。② 而到1215年，第四次拉特兰圣会颁布了第18条教规，宣布神明裁判为‘血腥审判’（Judgements of Blood），很快，英国便以陪审团审判代替了神明裁判，以民意（vox populi）代替了天意（vox dei），用民众的声音代替了上帝的声音。③ 事实上，在第四次拉特兰会议废除神明裁判之后，罗马教会法程序便促进了证明活动的世俗化。只有证人宣誓的做法仍然保留了神明裁判的色彩。”④ 进入13世纪，欧洲大陆的神明裁判进入加速衰落时期，发展出包括刑讯在内的一套要求更为严格的调查手段，即纠问制程序。而到13世纪末，西欧各国的教会法庭与世俗法院均相继废止了神明裁判。

---

① ［英］乔纳森·科恩：《证明的自由》，何家弘译，载《外国法译评》1997年第3期。

② See John W. Baldwin, The Intellectual Preparation for the Cannon of 1215 against Ordeals, Speculum 36 (1961), pp. 613~636.

③ R. C. van Caenegem, The Birth of the English Common Law, 2nd ed. (Cambridge, U. K.: Cambridge University Press, 1988), p. 71.

④ R. C. van Caenegem, The Birth of the English Common Law, 2nd ed. (Cambridge, U. K.: Cambridge University Press, 1988), p. 71.

第二节　大陆法系定罪证明标准发展史

一、过渡阶段的自由证明

神明裁判被废止后，诉讼证明逐渐走上理性发展的道路。但在新规则正式建立之前，证明活动又还原为没有限制的自由证明模式。

大陆法系在诉讼模式由弹劾式转向纠问式转变的过程中，证明活动一度陷入混乱。以德国为例，其在中世纪后期（900—1450年）开始以纠问方式进行的职权诉讼程序代替公诉程序，法官一人同时担任原告及审判者，被害人成为证人，而被追诉人则沦为侦查之客体；证据调查目标在于发现实体真实；以陈述自己之感觉、认知的证人代替辅助宣誓之人，证人证据制度开始出现；自白成为证据调查的重要方面；诉讼程序变得秘密且书面。[①] 法官集追诉与审判职能于一身、犯罪嫌疑人成为没有任何诉讼权利却有招供义务的诉讼客体，在此种诉讼结构中，法官自不再需要借助神明力量判断案件之真伪，[②] 但同时也没有关于认定案件事实的法定标准，而完全由法官根据其个人的知识、经验及倾向等作出判断，属于绝对自由的裁判，“纠问官吏搜集、审查证据的活动出现了无形式、无条件的倾向。只要纠问官认为能够发现真实，一切方式方法都委诸他的自由裁量，即几乎不受任何程序制约的纠问。其结果是导致了事实认定上的恣意性。”[③]

---

① 参见［德］克劳斯·罗科信著：《刑事诉讼法》（第24版），吴丽琪译，法律出版社2003年版，第614页。

② 参见汪建成著：《理性与现实——形势证据理论的新探索》，北京大学出版社2006年版，第51页。

③ 王亚新：《刑事诉讼中发现案件真相与抑制主观随意性的问题》，载《比较法研究》1993年第2期。

二、法定证据制度中的形式化证明标准

由于具有无可置疑权威的神明裁判者由普通的人取代，首先面临的挑战就是裁判的可接受性问题，即如何说服人们接受职业法官的裁决。完全自由的证明因为缺乏统一的规则与标准而导致了司法实践中的混乱局面，相同情况在不同法官面前得不到相同对待显然与人类基本的正义观相左。因此，法官自由裁量权的限制成为客观需要。同时，欧洲大陆各国在实现政权统一与稳定后，司法活动规范化自然被提上日程，规范法官在审判中对案件事实的认定则成为其中的重要环节。而在当时的欧洲大陆，权威崇拜渗透于社会生活的各个领域，自然亦包括司法证明。因此，在各种因素的合力之下，法定证据制度应运而生。

该制度最早起源于罗马帝国时期，经 12 世纪注释法学派的阐释与系统化而得以在意大利半岛的城市国家以及教会法中得到确认，并从 13 世纪开始向西欧大陆主要国家扩散，最终在 16 世纪达到顶峰，此后一直延续到 19 世纪。其中的典型代表有 1532 年德国《加洛林纳法典》、1670 年法兰西王国《刑事裁判王令》、1853 年《奥地利刑事诉讼法》与 1857 年《俄罗斯帝国法规全书》等。

法定证据制度，又称为形式证据制度，是指由法律预先规定证据的证明力及其取舍与运用，法官认定案件事实必须严格遵守法律规定而不得进行自由评判。法定证据制度的最显著特征是排除了法官的自由裁量，试图通过严格的法定性寻求司法裁判的确定性，从而为法官裁判取代神明裁判提供可接受的理由。[①] 如《加洛林纳法典》中规定，只能根据以下情况认定有罪并科处刑罚：“（1）有两名以上目击证人作出的关于犯罪主要事实的一致证言；（2）经合法程序获得的被告人自白；（3）现行犯在实现犯罪过程中被当场

① 参见邱福军著：《刑事证明标准研究》，中国人民公安大学出版社 2012 年版，第 3 页。

捕获并持有凶器或赃物，且经过刑讯仍不自白的。”[①] 法国1670年《刑事裁判王令》则将证据分为完全证据、半证据和不完全证据，完全证据可单独据以认定判处死刑，其范围限定在两名以上目击证人关于犯罪主要事实的一致证言及被告人的自白（需要一定的补充证据）；半证据包括一名目击证人关于犯罪主要事实的单独证言或两名证人关于间接事实的证言等，半证据不能单独认定死罪而只能据以对被告人进行刑讯以强制自白，但一些涉及罚金或体罚的轻罪可据此认定；不完全证据包括风闻、被告人的可疑表情、态度等一切嫌疑或间接证据，只能据以对被告人进行传唤讯问，在达到一定量时可拘禁被告人并开始侦查，但不得作为刑罚判决或刑讯拷问的根据。[②] 1853年《奥地利刑事诉讼法》规定，必须有两个相同的证人证言才能使某种事实得到完全证明，且同时须符合以下条件：（1）证人所作陈述为其亲自感知；（2）证人是完全善意的；（3）证言是证人经过宣誓所作的陈述。[③] 英国证据学家Julius Stone总结了法定证据制度的七项基本规则，包括：（1）有了完整的证明就必须作出判决；（2）没有完整的证明就不能作出判决；（3）最好的完整证明是两个可靠的证人，其证言内容的统一是认定被告人有罪或者无罪的结论性证明；（4）无论多么可靠，一个证人证言都只能构成半个证明，而且其本身永远不足以作为判决的依据；（5）如果除证人之外还有另外半个证明，那就足以作为判决的依据，其他可以构成半个证明的证据包括通过刑讯获得的供述、商人账册中的记录、专门为一方当事人的诚实性或其主张之事实所做的誓言、能够证实前半个证明的传闻证据或名声证据；

① 参见王亚新：《关于自由心证原则历史和现状的比较法研究——刑事诉讼中发现案件真相与抑制主观随意性的问题》，载《比较法研究》1993年第3期。

② 参见王亚新：《关于自由心证原则历史和现状的比较法研究——刑事诉讼中发现案件真相与抑制主观随意性的问题》，载《比较法研究》1993年第3期。

③ 参见汪建成著：《理想与现实——刑事证据理论的新探索》，北京大学出版社2006年版，第53页。

(6) 任何两个半个证明加在一起都可以构成完整的证明；(7) 其他证据可以构称 1/4 或者 1/8 的证明，两个或者四个相应的证据相加可以等于半个证明。①

法定证据制度预先规定了各种证据的证明力，并在此基础上提出了对证据运用的要求——有罪判决必须在存在法定的证据形式时方可作出，且法官并无选择的余地，在存在此种证据时，无论其主观上是否认为被告有罪，均须作出有罪判决。因此，法定证据下的证明标准是形式化的、外在于主体的，可称之为形式化证明标准，或形式真实的证明标准。

在以形式化证明标准为核心的法定证据制度下，有罪认定只有在存在符合法定要件的证据时才能作出，属于一种明确、外在的客观标准，纠正了前述收集、审查证据活动的无形式、无条件倾向，消除了证据运用的混乱性与事实认定的恣意性，从诉讼结构上来看，与当时兴起的纠问式诉讼程序相适应，还回应了新兴中央集权制国家打破地方封建割据而限制地方司法权力、创设统一司法体系的需求，具有积极的意义。有学者指出，虽然“法定证据制度是武断、粗放并有失公正的，但它的采用却对司法程序产生了人道主义影响，并为审判程序转向对事实进行理性调查迈进了一大步”，且在当时法官权威不足、难以抵御外界压力（包括外界的游说、贿赂、威胁）的情况下，“为法官提供了隔阻此类压力的屏障”②。

但其对定罪所需的证据质量与数量进行严苛而僵化的规定，割裂了证据内容与形式的联系，将审理个案的局部经验当作适用于一切案件的普遍规律，将一些证据的形式特征当作证明力评价的绝对标准，并以立法形式进行预先规定，实际上束缚了法官的主观能动性，使其不能从个案的具体情况出发运用证据查明事实真相。此

① 何家弘主编：《外国证据法》，法律出版社 2003 年版，第 34~35 页。

② ［美］约翰·亨利·梅利曼著：《大陆法系》，顾培东、禄正平译，法律出版社 2004 版，第 124~125 页。

外，立法还将被告人口供规定为“证据之王”，导致了实践中刑讯逼供的盛行，[①] 也是与人权保障理念格格不入的。俄罗斯 1864 年刑事诉讼条例废止法定证据制度的立法理由即为：“……这种理论完全不考虑法官个人的确信……法定证据理论的效果是极不能使人满意的。很常见的，虽然受审人的罪过完全确凿，并为人们所完全确信，但是因为没有法律所认为的完善的证据，法院就只好把显然的犯罪人当作或多或少程度的嫌疑犯……除此之外，不可不指出单纯建立在形式基础上的证据理论，不仅有使老奸巨猾的恶徒逃避审判这一缺点，而且这个理论也不能预防不公正的判处刑罚。”[②] 贝卡利亚也指出法定证据制度下刑讯逼供对事实发现的危害：“痛苦的影响可以增加到这种地步：它占据了人的整个感觉，给受折磨者留下的唯一自由只是选择眼前摆脱惩罚最短的快捷方式，这时候，犯人的这种回答是必然的，就像在火与水的考验中所出现的情况一样。有感性的无辜者以为认了罪就可以不再受折磨，因而称自己为罪犯。罪犯与无辜者间的任何差别，都被意图查明差别的同一方式所消灭了。”[③] 自 17 世纪后期起，法定证据制度遭到了不断的质疑与抨击，开始走向消亡。

三、自由心证制度下的“内心确信”标准

（一）“内心确信”标准的确立

17 世纪后期，资产阶级启蒙运动的发展推动了司法制度的变革。人道主义与理性主义对自由权利、个人认识能力的推崇不可避免地与限制法官自由裁量权及实施刑讯逼供的法定证据制度产生了

① 参见陈光中、徐静村主编：《刑事诉讼法学》，中国政法大学出版社 1999 年版，第 233 页、第 243 页。

② ［苏联］安·扬·维辛斯基著：《苏维埃法律上的诉讼证据理论》，王之相译，法律出版社 1957 年版，第 165 页。

③ ［意］贝卡里亚著：《论犯罪与刑罚》，黄风译，中国大百科全书出版社 1993 年版，第 32~33 页。

激烈冲突。18 世纪后期，在总结了法定证据制度漠视裁判者对证据进行主观评价的能力与因实行僵硬且过分苛刻的证明标准而导致刑讯盛行的两大弊病后，人们开始认识到："对证据的证明力及证明犯罪所需证据的最低数量与质量不应由法律预先规定，对是否达到证明标准的问题应由事实裁判者在不受任何法律限制的状态下依据其内心确信作出判断。"[①] 1764 年，贝卡利亚的《论犯罪与刑罚》出版，书中提出的惩罚人道化、罪刑法定、罪刑相适应、无罪推定等人权保障理念带动了刑事司法制度变革的思想浪潮，反对刑讯逼供的社会运动随之展开，并促使法国统治者于 1780 年宣布废止拷问制度。同时出现的"法定证据消极理论"提出了在不具备法定的完全证据时不得作出有罪判决，"大大减轻了形式证据理论的畸形弊害"[②]。

"大陆法系的自由心证思想是通过法国大革命中对旧证据制度的批判逐渐发展起来的。"[③] 这一时期，"主权在民"的思想被引入司法，革命者们希望以普通公民取代政治立场不可靠的职业法官担任事实的裁判者，而除去证明活动中的"法律枷锁"则被看作是平民参与司法的必要前提。尽管引入的陪审团制度很快开始衰落而被混合式法庭取代，但自由证明却由此占据了大陆法系的证据法理论。自由心证制度是指法律不对证据的价值和证明力作出事先规定，而由裁判者自由评断的制度。大陆法系将心证分为四个等级——微弱的心证、盖然的心证、盖然的确实心证与必然的确实心证，作出有罪判决必须达到必然的确实心证，即内心确信。"内心确信"是对自由心证的结果表述，表达的是认定事实（达到证明

① 参见［美］米尔吉安·R. 达马斯卡著：《比较法视野中的证据制度》，吴宏耀、魏晓娜等译，中国人民公安大学出版社 2006 年版，第 213 页。

② ［苏联］安·扬·维辛斯基著：《苏维埃法律上的诉讼证据理论》，王之相译，法律出版社 1957 年版，第 90 页。

③ ［苏联］安·扬·维辛斯基著：《苏维埃法律上的诉讼证据理论》，王之相译，法律出版社 1957 年版，第 212 页。

标准）所应达到的认识程度或状态为“自认为真”，故在自由心证制度下，作出有罪判决的证明标准即为“内心确信”（intime conviction）。

1790年，法国资产阶级革命家、法学家杜波尔（M. Duport）代表立法与刑事司法委员会向当时的制宪会议提交了一份革新草案，指出法定证据制度预先规定各种证据证明力与判断证明力的规则，既不符合案件真实情况，也不要求法官的内心是否确信，是一种危害社会的荒诞做法，主张以自由心证取代法定证据制度。他认为：“当事实成为法院研究对象的时候，全部的注意应当集中在判明真实的一点上。是不是有过这个事实——问题就在这里。认识这一点的手段是什么呢？这种手段有两种：预先规定出来，什么样的证据是可以用来认识真实的，不论法官的确信如何，强使法官根据这种证据区作裁判；把这些证据作为固定不变的尺度加以采用或是把那些用来认识真实情况的一切资料都精密地收集起来并在法官面前阐明，听凭法官去理解和进行内心判断。第一种手段——法定证据，第二种手段——道德证据。我可以肯定地说，法定证据制度——它的本身就是一种荒诞的方法，是对被告人、对社会都有危险的方法。”① 该提议尽管遭到了保守议员的反对，但法国宪法会议最终在1791年1月18日通过了该草案，并于同年9月29日发布训令宣布：“法官必须以自己的内心确信作为裁判的唯一根据。”② 1795年法兰西国民议会制定的《罪刑法典》第372条明确规定：法律不要求陪审员说明他们是如何获得心证的。法律也不规定他们必须遵守的关于证据的规则。法律命令他们以真挚的良心问自己：为了证明被告有罪而提出的证据和被告方面的防御给了他们的理性以何种印象……法律只是向他们提出一个能够概括他们职务

① 赫利著：《刑事诉讼法》，1845年版。转引自［苏联］安·扬·维辛斯基著：《苏维埃法律上的诉讼证据理论》，王之相译，法律出版社1957年版，第160~161页。

② 毕玉谦：《民事证据法及其程序功能》，法律出版社1997年版，第93页以下。

上全部尺度的问题——你们是真诚地确信的吗？[①] 1808年的《法兰西刑事诉讼法典》沿袭了上述表述，明确规定："法律不计较陪审官通过何种方法认定事实，也不为其规定任何据以判断证据是否完全和充分的规则，而仅要求其深思细察并本着良心诚实推求对被告人有利与不利的证据在他们理智上产生了什么印象。"[②]

法国的"内心确信"标准对大陆法系各国产生了深远影响，意大利、德国、比利时、荷兰、西班牙、奥地利、瑞士等国相继在立法中确立了该证明标准。如德国于1877年在《刑事诉讼法》第260条规定："法院应根据从全部法庭审理中所得出的自由心证来确定调查证据的结果。"而1892年沙俄《刑事诉讼条例》第119条则规定："治安法官应根据建立在综合考虑法庭审理时所揭露的情况基础上的内心确信，来裁判受审人有无罪过的问题。"此后，苏联同样适用"内心确信"原则，认为其"与社会主义法律意识同为全部证据过程中最重要的因素"[③]。受法、德等国的影响，日本在1876年根据司法省的通知，"依证据断罪时仅凭法官之理念"，开始采用自由心证，并在后来的刑事诉讼法中坚持了此原则。

自由心证制度的确立是为将法官从法定证据规则下解救出来，使之凭借理性，根据案件情况合理地评价证据，意在求得心证的合理。

（二）"内心确信"标准的发展

"法国大革命废弃了法定证据主义而改采自由心证主义。由于相连均单纯地要求完全证明，大陆法系自然地使用一个内在的确信

① 王亚新：《关于自由心证原则历史和现状的比较法研究——刑事诉讼中发现案件真相与抑制主观随意性的问题》，载《比较法研究》1993年第3期。

② 王亚新：《关于自由心证原则历史和现状的比较法研究——刑事诉讼中发现案件真相与抑制主观随意性的问题》，载《比较法研究》1993年第3期。

③ ［苏联］安·扬·维辛斯基著：《苏维埃法律上的诉讼证据理论》，王之相译，法律出版社1957年版，第161页。

(intimate conviction) 的证明度于所有的案件中，不论系民事的或刑事的案件。"[①]"内心确信"证明标准最初是排除认识盖然性理论的。因为"事实发现的盖然性本质会造成不舒服的观感……'内在的确信'，此一标准巧妙地暗示当事人及社会大众，法官不会依不充分确定的证据即认定某一事实为真实"。"内心确信"的表述则被借助以培育社会关于审判员所作裁判是绝对正确与公平之信念，是用来达成对司法裁判加以正当合法化的重要目标。当时的证明标准是向裁判者内心信念寻求最终的事实认定，主要依赖于裁判者个人甚至其情感上的信念。"确信"的形成是否有客观的证据基础之支持并不重要，关键在于裁判者个人须以诚挚的感情在良心上对案件事实产生道义上的确定。法国 1795 年《罪刑法典》关于内心确信之规定即是建立在对"人民司法"的信赖及陪审官的事实认定必然是直观、全人格的浑然一体认识之观念基础上的。[②]"自由心证原则被理解为非常极端的形式，它不仅要让司法者从法律'锁链'中获得分析证据价值的自由，而且还要从规范事实认定结论的所有可以超越个体主观意志而确定的标准中获得这种自由。只要裁判者内心确信事实已被证明，就可以作出判决。"[③]因此，当时的自由心证属于绝对的自由，虽然使法官摆脱了法定证据制度的束缚而得以根据其个人的理性与信念作出判断，为查明案件真相创造条件，但同时"也为法官主观擅断开了方便之门"[④]。

因此，随着理论研究与司法实践的不断发展，自由心证原则摒弃了传统的非理性因素，从最初的绝对自由逐步向相对自由过渡，

---

① ［美］Clermont，Sherwin：《证明度——比较法下之观点》，黄国昌译，载《法学丛刊》第 188 期。

② 参见王亚新：《关于自由心证原则历史和现状的比较法研究——刑事诉讼中发现案件真相与抑制主观随意性的问题》，载《比较法研究》1993 年第 3 期。

③ ［美］米尔吉安·R. 达马斯卡著：《漂移的证据法》，李学军等译，中国政法大学出版社 2003 年版，第 23 页。

④ 《中国大百科全书·法学卷》，中国大百科全书出版社 1984 年版，第 835 页。

对“内心确信”标准的理解亦随之发生了变化。“在没有证据支持的情况下，刑事法官不能仅依据自己对被告有罪的‘内心确信’来进行定罪。”①1808年《法兰西刑事诉讼法典》即在1795年《罪刑法典》规定的基础上明确要求裁判者应在已经提出的不利于被告人的证据之基础上形成确信。现代法国立法中已非常明确法官的内心确信不是凭空得来的，而是法官依据其经验与能力对证据和辩护理由进行综合判断的产物。法国现行《刑事诉讼法》第353条规定：“在重罪法庭审判中，法律不追究法官形成自我确信所依据的理由，也不规定其必须依赖的以认定某项证据是否完备、充分的规则，而只要求其本着诚实之良心，按照理智，根据被告人所提出的证据以及被告人的辩护理由对案件事实形成印象；法律只向法官提问：你已有内心确信之决定吗？”而第427条则规定，在轻罪与违警罪法庭审判中，除法律另有规定外，犯罪得以任何证据形式认定，且法官得依其内心确信作出判决。法官可通过现场勘验取得的物证、讯问被告而得的供述以及初步调查或预审中收集到的各项材料而形成内心确信，但必须是“提交庭审辩论并经各方当事人自由争论的材料”；如对被告人是否有罪未形成内心确信，但认为可进行更加深入的调查的，法庭可命令进行补充侦查。②法国立法与司法实践不断对“内心确信”的标准作出限制，强化其客观性基础，如要求法官必须对其决定作出解释，否则可能会导致判决无效或被撤销；法官形成内心确信所依据的证据必须是依法取得的而不得侵犯辩方权利等。③

德国的自由心证制度经历了相似的过渡过程。1877年德国刑事诉讼法典改采自由心证主义时，是“立于法官之教养、诚实即

---

① ［法］米海依尔·戴尔玛斯—马蒂：《刑事证据研究》，载《诉讼法学研究》（第10卷），中国检察出版社2006版，第403页。

② 参见［法］卡斯东·斯特法尼等著：《法国刑事诉讼法精义》（下），罗结珍译，中国政法大学出版社1999年版，第772~773页。

③ 参见何家弘主编：《外国证据法》，法律出版社2003年版，第354页。

独立性之假设命题下，因此所谓证明度，自然取决于法官主观的确信"①。但很快，"一个相对来说不太扩张的自由心证概念出现了并开始传播。按照这一新的观点，自由证明被认为是只将事实认定者从有关证据价值分析的法律规则中解放出来。它不再意味司法者获得了无视关于有效推定之超越法律教条的许可证"。② 人们开始认识到人的认识能力之有限性，盖然性概念开始被接受。1885 年帝国法院指出："由于人们的认识方法受到若干限制，无法就要件事实获得确实真实的认识。因此，若以彻底的良心尽其所能理由实际生活中现有的认识方法已获得高度盖然性时，即视为真实。将这样获得的高度盖然性称为获得了真实的确信就是十分妥当的。"③ 由此，德国逐渐形成了"高度盖然性"的理论，认为有罪认定的作出除要求法官的内心确信外，还需要通过证据质与量的积累使待证事实达到客观方面的"高度盖然性"。④ "高度盖然性"不仅强调法官的确信程度，还包括证据在质与量上的客观状态所反映出的待证事实的明白性与清晰性，由此，"内心确信"标准由纯粹的主观性转向了主客观相结合，不再只侧重于主观之确信，而强调必须是建立在证据基础上的有根据的确信。尽管之后一段时期出现了反复，但高度盖然性理论最终得到了广泛认可。1993 年德国联邦法院判示明确："法官为得到确信而形成的心证应以客观基础为前提，而该客观基础必须能够使根据合理理由认定的事实具有高度的盖然性，能够得出与真实相一致的推理，并可通过上告法院进行审查。故判决理由应使人认识到证据评价可靠且基于能够理解的事实

① 雷万来著：《民事证据法论》，瑞星图书股份有限责任公司 1997 年版，第 86 页。

② ［美］米尔建·R. 达马斯卡著：《漂移的证据法》，李学军等译，中国政法大学出版社 2003 年版，第 28~29 页。

③ 雷万来著：《民事证据法论》，瑞星图书股份有限责任公司 1997 年版，第 88 页。

④ 参见王亚新：《关于自由心证原则历史和现状的比较法研究——刑事诉讼中发现案件真相与抑制主观随意性的问题》，载《比较法研究》1993 年第 3 期。

基础，法院之推论并非仅是确认或最终怀疑的理由假设。”①

自由心证制度与内心确信标准符合人类的认识规律并且与社会发展的客观规律相适应，有其产生的必然性。但作为一项较为稳定的法律原则，其不可避免地会与不断发展变化的社会需求相冲突。因此，“必须不断地检查与修改法律，以适应由法律所调整的实际生活是变化。若要寻求原理，则既要探索稳定性原理，亦要探索变化性原理”。② 在自由心证制度中，主观方面与客观方面，即准确发现真实与制约裁判者主观随意性的矛盾是不可避免的，故其自诞生之初即开始进行不断地调整。如我国台湾地区“法律”明确规定了自由心证，但有学者指出：“多年以来，不独为一般人所误解，且在实务上亦流于草率擅断，以致仅凭臆想推测，或未被日常生活上之经验法则或伦理法则者，屡见不鲜。此于历来判牍反复纠正之情形，可以见之。”③ 现代意义上的自由心证一方面继承了传统制度强调法官心证自由之合理成分，另一方面又否定心证的绝对性，并为此进行了诸多改良：（1）通过确立相关法律规则限制法官自由裁量权；（2）强调“对等的自由”，在法官心证自由之外，还应保障当事人的权利及社会公众的“旁听自由”；（3）实行心证公开，建立判决书说理制度，等等。④ 应当明确，裁判者的自由是一种有限的自由，“心证系指合理的心证、科学的心证，即裁判官应本其健全之理性而为合理之判断，并非许裁判官任意擅断，亦非纯粹的自由裁量”⑤。日本学者就此提出了“合理心证主义”的概

---

① 参见［日］光藤景皎：《自由心证主义的现代意义》，肖承海译，载《诉讼法学研究》（第10卷），中国检察出版社2006年版，第416页。

② Roscoe Pound, *Interpretations of Legal History*, Cambridge Mass., 1923, p. 1.

③ 李学灯著：《证据法比较研究》，台湾五南图书有限责任公司1992年版，第704~705页。

④ 叶自强：《从传统自由心证到现代自由心证》，载陈光中等主编：《诉讼法论丛》（第3卷），法律出版社1999年版，第383~385页。

⑤ 陈朴生著：《刑事讼诉法实务》，台湾海天印刷厂有限公司1992年重订第7版，第256页。

念，即限制法官的恣意判断，强调根据经验法则与逻辑法则进行合理的心证，并指出，为此应当通过建立回避制度、采取合议制、实行证据排除规则以及判决书说理制度等加以保障。①

第三节 英美法系定罪证明标准发展史

一、“排除合理怀疑”产生前的定罪证明标准

英国早期对犯罪案件的审判与欧洲大陆一样采用神明裁判或共誓涤罪程序。1116 年《克拉伦敦法》与 1176 年《北安普顿法》中规定：“那被指控犯有严重罪行并成功通过冷水神裁（因而被认为是清白的）者，如果许多守法民众曾公开表示其名誉不佳，他们依然会被逐出英格兰。”“亨利二世对神裁之证明无罪的效能表现出了如此的信念！显然这些国王不准备允许在他们和惩罚罪犯之间存在这样一种靠不住的神裁和决斗。”② 1290 年，英国颁布法律明文废止了神明裁判，同时，陪审团审判模式开始出现。早期的陪审团是知情陪审团，由了解案情的 12 名当地居民组成，陪审员既是审判者又是证人，在法庭上根据自己所了解的情况与自身的知识、经验对案件作出裁判。学者认为，知情陪审团的裁决只是“指称性”的，即报告谁有犯罪嫌疑，而非“证明性”。③ 在这种裁判制度下，裁判者对案件事实的认识来源于自己的直接经历，其自身就

① 参见［日］松尾浩也著：《刑事诉讼法》（下卷），张凌译，金光旭校，中国人民大学出版社 2005 年版，第 6~7 页；［日］田口守一著：《刑事诉讼法学》，张凌、于秀峰译，中国政法大学出版社 2010 年版，第 273~274 页。

② ［美］约翰·亨利·梅利曼著：《大陆法系》，顾培东、禄正平译，法律出版社 2004 年版，第 125 页。

③ 参见何家弘：《西方证据法的历史沿革（代序）》，载《外国证据法选译》，人民法院出版社 2000 年版，第 14 页。

是“法庭所要查明之事实的自然权威”,① 因此，证明标准并没有存在的必要，自然此时亦没有任何法令对证明方法与手段作出限制。

随着社会的发展，人口的增加与流动使寻找知情人担任陪审员变得越来越困难，审判者与证人开始分离。此外，随着人类公正意识的觉醒，裁判者应与纠纷事实无涉的诉求开始被提出。到 14—15 世纪，知情陪审团逐渐向不知情陪审团转化，不了解案情成为对陪审员的基本要求。1352 年，法律赋予了被告人要求了解案情的陪审员回避的权利，以保障陪审员参加审判时没有任何事前偏见。1563 年，立法确立了强制证人当庭作证制度，证人证言成为认识案件事实的重要来源。随着证据使用的日益频繁，审查、采用证据遇到的问题也越来越多，如何减少证据运用的混乱状况成为需要考虑的问题，由此产生了对证明标准的最初需求。据考证，早期陪审团通常要求达到排除怀疑的程度，才能判定被告人有罪。从当时的法学著述中可以探知一二。如 *Mirror of Justice* 一书中有这样的引述：“Alfred 国王因 Freburne 在陪审团对案件事实存在疑问时判决 Harpin 死刑，对有疑问的案件，应当释放被告人而非对其进行惩罚。”②

二、“排除合理怀疑”标准的确立

到 17 世纪，陪审团被明确要求必须依据在法庭上出示的证据以认定案件事实，据此，法官则须在对证据要点进行总结时向陪审团指示应当适用何种证明标准。③ 而自 17 世纪晚期到 18 世纪早

---

① ［英］乔纳森·科恩：《证明的自由》，何家弘译，载《外国法译评》1997 年第 3 期。

② A. Horne, *The Mirror of Justice*, trans. W. H. of Gray's Inn, Efq, His Majefty's Law Printer, 108 (1320).

③ See Willian Searle Holdswoth, *A History of the English Law 7th ed.*, The Aberdeen University Press, 1956, pp. 334-336.

期，法官的指示用语多为“若你相信”、“若你从证据中得到满足或不满足”、“满足良心”等，其中“满足良心”的使用最为频繁。[①] 17世纪后期出现的决疑论（casuistry）认为，良心是理性思考的结果，其功能在于判断是非黑白。[②] 良心作为一种实践理性，能使人理性地分析道德行为。[③] 满足的良心要求通过理性分析达到完全信服的程度，但由于良心的满足建立在不同证据的基础上，故并非任何时候都能够达到完全同意的地步，只有在证据充分、清楚明了并通过理性所获得而不留有疑问时，陪审团才能够达到完全的信服即满足良心。[④] 学者认为，“满足良心”与“排除合理怀疑”所表达的陪审团应达到的确定性等级是相同的，“满足良心”是“排除合理怀疑”的另一种表述；“任何怀疑”并不意味着陪审团可以根据琐碎的怀疑作出无罪判决，“道德的确定性”应理解为“排除合理怀疑”，“排除合理怀疑”不是“排除任何怀疑”的替代品，而是用于明确道德确定性和满足相信理念，诸多表明无罪应根据排除合理怀疑标准作出判决的案件中均采用了“如果你相信”、“如果你的良心得到满足”或“如果你能基于证据得到满足”等措辞，故将满足良心的标准理解为“排除合理怀疑”更为恰当。[⑤]

---

① See Anthony A. Morano, *A Reexamination of the Development of the Reasonable Doubut Rule*, 55B. U. L. Rev. 507, 511 (1975). Barbara J. Shapiro, “*Beyond Reasonable Doubt*” *and* “*Probable Cause*”: *Historical Perspectives on the Anglo – American Law of Evidence*, University of California Press, 14 (1991).

② See William Perkins, *His Pionner Works on Casuistry*: “*A Discourse of Conscience*” *and* “*The Whole Treatise of Cases of Conscience*”, ed. Thomas F. Merrill, De Graff, x (1996).

③ See Robert Sanderson, *Several Cases of Conscience*, Tho. Leech, 24 – 25, 28, 29 (1660).

④ Henry Sacheverell, *The Nature, Obligation, and Measures of Conscience*, Bookfellers of London and Waltminfter, 7 (1707).

⑤ See Barbara J. Shapiro, “*Beyond Reasonable Doubt*” *and* “*Probable Cause*”: *Historical Perspectives on the Anglo–American Law of Evidence*, University of California Press, 21 (1991).

美国学者威格莫尔考证18世纪初英国在死刑案件中已经开始适用"排除合理怀疑"的标准。1770年在对波士顿大屠杀的审判中，法官指出："如证据未充分到排除合理怀疑的确信程度，陪审团必须作出无罪裁决。"① 1793美国新泽西州一所法院规定法官在审判时必须指示陪审团："如对被告人是否有罪存在合理怀疑，则应对其作出无罪判决。"② 而在爱尔兰，依据当时的叛乱法，对被告人进行审理采用的是优势证明标准，即只要控方证明被告人有罪的可能性大于无罪的可能性，法院就可以作出有罪判决；而1798年在对一件叛逆案的审判中，被告人的辩护律师指出优势证明的标准太低而应提高为只有当控诉方对被告人的有罪证明达到了排除合理怀疑的程度，法官才能作出有罪判决。③ 但另外一种说法是，当时立法要求有罪证明应达到排除一切怀疑的程度，而控方认为这一目标无法达到，应降低到只需达到排除合理怀疑的程度即可。④

可见，"排除合理怀疑"标准的确立是法官在审判中对实践经验逐步总结的结果，而非立法者在制定法律时的刻意选择。到19世纪中叶，美国已经有许多州（如纽约、北卡罗来纳、佐治亚、佛蒙特、马萨诸塞、弗吉尼亚、康涅狄格等）要求对被告人的有罪证明必须达到排除合理怀疑的程度。19世纪80年代，联邦最高法院则通过判例将"排除合理怀疑"确立为刑事诉讼的基本要求，更在1979年的Winship案中进一步将其界定为宪法所保护的正当程序的基本原则，"除非以排除合理怀疑的方式证明构成所指控犯罪必需的每一事实，否则依据正当程序条款，被告人不得被定

---

① Anthony A. Morano, *A Reexamination of the Development of the Reasonable Doubt Rule*, 55 B. U. L. Rev. , 516-518(1975).

② State v. Wilson, N. J. L. 502, 506 (1793).

③ Bond's Case, 27 How. St. Tr. 523 (Ir. 1798); Finney's Case, 26 How. St. Tr. 1019 (Ir. 1798).

④ Anthony A. Morano, A Reexamination of the Development of the Reasonable Doubt Rule, B. U. L. Rev. Vol. 55, 1975. pp. 507-508.

罪”,[①] 并要求联邦和各州法院在刑事诉讼中均予以遵行。在英国,多数法院自19世纪开始使用“排除合理怀疑”标准。在1935年的Woolmington案中,该标准得到正式认可,当时的上议院指出:“在整个案件审判结束时,如根据控方或辩方提出的证据还存在合理怀疑的,被追诉人就有权要求释放。”[②] 20世纪50年代,英国刑事审判中法官都已经习惯于以“排除合理怀疑”作为证明标准。而英、美两国立法中亦有对排除合理怀疑标准的明确规定,如英国的1984年《警察与刑事证据法》、1999年《青少年审判和刑事证据法》;美国的《联邦证据规则》、1999年《统一证据规则》、《秘密证据法》、《加州证据法典》等。日本在第二次世界大战前继受了德国法,采纳“高度盖然性”的观点,但“二战”后,“排除合理怀疑”标准则被导入其法学理论与实践中。此外,联合国的相关文件中亦采纳了“排除合理怀疑”的表达方式,如1984年《公民权利和政治权利国际公约》第14条一般性意见中规定:“有罪不能被推定,除非指控得到排除合理怀疑的证明。”

三、“排除合理怀疑”标准的发展

尽管“排除合理怀疑”自产生后迅速成为英美法系国家的主导证明标准,但其在实践中一直遭受诸多问题的困扰,且随着社会的不断发展,更是面临着重大挑战。

首先,“排除合理怀疑”的表述因为抽象与模糊性,导致实践中如何进行理解与适用成为一大困扰。作为判定被告人有罪与无罪之分界线的定罪标准,其含义必须明确、具体,才能确保对案件事实的正确认定,如标准本身含混不清,则在实践中必将导致有罪与无罪界限的混淆。尽管“排除合理怀疑”本身即是由公众熟悉的词语组成,而理论研究亦对其作出了诸多解释,但在司法实践中,

---

① In re Winship, 397 U. S. 359 (1970).

② Woolmington v. Director of Public Prosecutions (1935) A. C. 462.

作为事实裁判者的陪审员之法律素质远不及所预期的那样高，许多陪审员对“排除合理怀疑”的含义知之甚少。一项实验结果表明，在600名现任或潜在的陪审员中，有四分之一不知道“排除合理怀疑”并不要求排除“任何可能的怀疑，无论它多么微小”，而只有不到31%的人知道排除合理怀疑并不要求达到绝对确定有罪的程度。① 不仅如此，即使是受过系统的专业教育的法官与律师对“排除合理怀疑”的理解亦存在一定的困难，有时甚至发生错误。在美国，初审法院对“排除合理怀疑”含义之认识被上级法院认定为错误而就此撤销判决的案例屡见不鲜。②

因为“排除合理怀疑”标准表述的模糊性、各界的解释存在很大差异，造成其可操作性的降低。以二审为例，由于“排除合理怀疑”的抽象性，即使二审法院认为一审中对事实的认定未达到“排除合理怀疑”的程度也很难据此撤销一审作出的有罪认定。学者考证，在美国，联邦上诉法院因未达到“排除合理怀疑”标准而撤销一审法院有罪判决的案件仅有两例。③ 有观点认为，联邦最高法院在 Winship 案中将“排除合理怀疑”界定为宪法规定的正当程序的基本要求，但却没有考虑宪法是否应设置一些具体标准以评价排除合理怀疑的证明标准，即控方证据对作出有罪判决来说是否已达到充分的程度。因此，陪审团虽然经常被要求裁定的作出必须建立在其说服到“排除合理怀疑”程度的基础之上，但事实上司法实践并未坚持将该标准作为一项可操作的法律规则用于检验案件证据是否确已达到必要的程度。尽管联邦法院可能会作出“证

---

① Geoffrey P. Kramer & Doorean M. Koenig, *Do Jurors Understand Criminal Jury Instruction? Analyzing the Result of the Michigan Juror Comprehension Project*, U Mich. J. L. Vol. 23, 1990, p. 414.

② Jessica N. Cohen, *The Reasonable Doubt Jury Instruction: Giving Meaning to a Critical Concept*, Am. J. Crim. L. Vol. 22, 1995, pp. 690-691.

③ Jon O. Newman, *Beyond "Reasonable Doubt: An Argument Against Definition*, Harv. L. Rev. Vol. 108, 1995, p. 1969.

据不足”的认定，但通常只是在有多个指控时推翻其中之一，而很少完全地认定被告人无罪，“且他们几乎从不明确使用排除合理怀疑的标准”。①

在英国，鉴于“排除合理怀疑”标准的难以定义，出现了反对使用该术语的趋势。有观点认为，“排除合理怀疑”属于法官自由裁量范围，是法官“通常而非必要”的指示方式。② 而对法官就涉及控方证明标准事项指示陪审团，权威意见一向反对使用专门术语：“已经说过多次，使用某种明确提法或专门术语并非要紧之事”；③“重要的是向陪审团作出指示的本质内容而非采用某种特定用语，只要法官能说明定罪所需要的高度可能性即可”。④ 1950 年 R. v. Kritz 案中，被告人的上诉理由之一是初审法院给予陪审团的“应被合理地说服”的指示是否充分。对此，法院认为，有没有使用“排除合理怀疑”的用语并不重要，“关键的不是专门提法，而是总结提示的效果……一旦法官开始使用‘合理怀疑’，并试图解释合理怀疑是什么和不是什么——比起用平白语言来说明它们：‘控方的责任是说服你们确信被告人有罪。’——他更可能把陪审团弄糊涂。”对此，较为适当的指示应当是：“他们必须被彻底说服而相信被告人有罪，且除非他们感到确信无疑（feel sure），否则不能作出不利于被告人的裁决。”⑤ 而在 1979 年 R. v. Ferguson 案中，法院指出：“法律虽然没有要求使用专门提法，但通常情况下，法官会明智地采用一个专门提法。由来已久的提法是‘必须

① Jon O. Newman, *Beyond "Reasonable Doubt"*, N. Y. U. L. Rev. Vol. 68, 1993, pp. 986-989.

② 参见张斌：《英美刑事证明标准的理性基础——以“盖然性”思想解读为中心》，载《清华法学》2010 年第 3 期。

③ Per Fenton Atkinson LJ in R v. Allan [1969] 1 ALL E. R. 91.

④ Peter Murphy, *Murphy on Evidence*, *7th edition*, Blackstone Press Limited, 1997, p. 111.

⑤ 转引自齐树洁主编：《英国证据法新论》，厦门大学出版社 2011 年版，第 105 页。

排除合理怀疑地说服陪审团’。……指示陪审团其必须被说服以至于对被告人有罪感到确信无疑，这一般是充分的又不会引起争议的。但其他措辞也可以是充分的，只要意旨清楚就行。”① 而目前较为广泛适用的指示范本则是“使陪审团确信无疑”（making the jury sure）。②

第四节 我国定罪证明标准沿革

一、古代定罪证明标准

我国古代证据制度与西方国家不同，没有明确的阶段与类型划分，亦没有形成明确的证明标准。

古代审判中存在着一定程度的神明裁判，但并不发达。有文字记载的是“獬豸者，一角之羊也，性知有罪。皋陶治狱，其罪疑者，令羊触之。有罪则触，无罪则不触”③。而《诗·商颂》、《尚书·盘庚》中则记载了殷人通过占卜请求神示的审判方式，如“贞王闻劈”、“兹人井（刑）不”，表明商王通过占卜以听取神明关于是否应杀人、何时杀人的指示。④ 西周时期亦存在着形式多样的神明裁判，如“有狱讼者，则使盟诅”⑤ 即为使用“神誓法”作为证明案件事实的手段。此外，还有“牝羊触藩，羸其角，羊触藩，不能退，不能遂，不攸利，艰则吉”；⑥ “履虎尾，不咥人，

---

① 转引自齐树洁主编：《英国证据法新论》，厦门大学出版社 2011 年版，第 105 页。

② Adrian Keane et al., *The Modern Law of Evidence*, *8th edition*, Oxford University Press, 2010, p. 105.

③ 《论衡·是应篇》。

④ 参见薛梅卿、叶峰著：《中国法制史稿》，高等教育出版社 1990 年版，第18~19 页。

⑤ 《周礼·秋官·司盟》。

⑥ 《易·大壮》。

亨，履虎尾，咥人，凶”[①]，等等。神明裁判尽管未曾在审判制度中占据主导地位，但在古代社会一直存有遗痕，历代关于审判活动的记载中均有所体现。[②] 而清入关前，南方山区在审讯时如两造各执一词而无其他证据时，则令誓于神；有时奴婢、属人犯罪，家主和上司立誓表示确不知情，可免于连坐，但立誓比于公所或得到皇帝特许，私下立誓则为法所禁止。[③] 少数民族地区也曾经存在一些辨别事实的方法，如藏族的“捞热油”、景颇族的“捞开水”、彝族的“捧铧犁”以及傣族的“吊簸箕”等亦是神明裁判的遗留。学者指出：“相信神灵在司法活动中存在，并可能发挥出某种作用，是古代许多司法官吏的一种潜意识，有时还可能影响甚至决定对案件的处断。”[④]

随着社会不断发展进步，审判官员开始进行“五听”审案，即在审判中，通过对当事人的言辞、表情、呼吸、听觉、眼神等表现与活动的观察以判断证据、认定案件事实，即“两造具备，师听五辞。五辞简孚，正于五刑”。[⑤]

在法定证据制度方面，我国古代没有形成典型的法定证据制度，但刑事司法中同样不允许单凭一个证据定罪。《唐律疏议》中规定：“三人以上，明证其事，始合定罪。”[⑥] 宋代则进一步规定不合拷讯者应以众证定罪：“诸应议请减，若年七十以上、十五以下，及废弃者，并不合拷讯，皆据众证定罪，违者以故失论。若证

---

① 《易·履》。

② 如南宋郑克所著的著名案例汇编《折狱龟鉴》中即记载了前秦司隶校尉通过解析梦境断案的例子。

③ 参见张晋藩著：《中国古代法律制度》，中国广播电视出版社 1992 年版，第 780 页。

④ 参见马作武著：《中国古代法律文化》，暨南大学出版社 1998 年版，第 150～151 页。

⑤ 《尚书·吕刑》。

⑥ 参见张晋藩著：《中国古代法律制度》，中国广播电视出版社 1992 年版，第 311 页。

不足，告者不反坐。”据众证定罪，“众”指三人以上，如证据不足，原告不负反坐之责；二人证实尚不合定罪，一实一虚查证难明，被告全不应入罪，原告也得免科，均不追究；如全无证人，自须查清虚实情形，以状决断；如三人证实，另三人证虚，才构成疑罪。①

而在自战国至清末两千多年的封建社会中，虽然各朝法典对证据规则有所涉猎，但多为零星、分散的规定，并没有形成统一、明确的定罪证明标准。现今可考的类似规定主要有，《唐律疏议》规定：“先以情，审察辞理，反覆参验”；“若赃状露验，理不可疑，虽不承引，即据状断之。”②《宋刑统》在唐律的基础上增加：“今后凡有刑狱，宜据所犯罪名，须具引律、令、格、式……事实无疑，方得定罪。”③ 此外，对死刑案件，规定知州在审判中如认为案件有“法重情轻，情重法轻，事有可疑，理有可悯”等特殊情况的，应将全部案卷送请朝廷裁判。④《元史·刑法志·盗贼》中记载：“诸杖罪以下，府州追堪明白，即听断决。徒罪，总管府决配，仍申合干上司照验。流罪以上，须牒廉访司官，审覆无冤，方得结案，依例待报。其徒伴有未获，追会有不完者，如复审既定，赃验明白，理无可疑，亦听依上归结。”及“刑部议得：今后若有平反罪囚，细考实迹明白，本道廉访司体覆是实，罪及保堪、体覆官司，以革侥幸之弊”⑤。《大明律》则规定：“凡监察御史、按察司辨明冤枉，须要开具所枉事迹，实封奏闻”；“凡狱囚鞠问明白，追堪完备，徒、流以下，从各府、州、县决配，在内听监察御史、

① 参见周密著：《宋代刑法史》，法律出版社 2002 年版，第 397~398 页。

② 刘俊文点校：《唐律疏议》卷第二十九“断狱”，“诸应讯囚”条，中国政法大学出版社 1999 年版，第 593 页。

③ 薛梅卿点校：《宋刑统》卷第三十“断狱律”，“断罪引律令格式”门，“诸制敕断罪”条，法律出版社 1999 年版，第 551 页。

④ 参见周密著：《宋代刑法史》，法律出版社 2002 年版，第 33 页。

⑤ 郭成伟点校：《大元通制条格》，中国政法大学出版社 1999 年版，第 416 页。

在外听提刑按察使审录，无冤，依律拟议，转达刑部定译奏闻回报。”[①]《万历问刑条例》规定：“法司凡遇一应称冤调问及东厂、锦衣卫奉送人犯，如有冤枉及情罪有要矜疑者，即与辨理。”[②]《大清律例》进一步规定：“法司凡遇一应称冤调问，及各衙门奏送人犯，如有冤枉，及情罪有要矜疑者，即与辨理”；“凡在外审理案件，应照案内人犯籍贯，批委该管地方官审理明白，申详完结”；“如有情事未明，务须详细指驳”。[③]

总体而言，尽管历代法典中有“断罪必取输服供词”、“据众证定罪”等法定证据规则，但司法官员的自由裁断占据着主导地位，其对证据的采信及案件事实的认定基本不受法律限制，可根据案情与个人经验自由裁断。主要原因在古代立法基本采取的是一种“黑箱理论”，即不关心裁判者如何大致形成此种认识，而是通过对错误认识的惩罚促使裁判者竭力发挥能动性追求事实真相。[④]此外，有关证明标准的规定混杂于其他规定之中，表明立法对证明标准的独立性未能予以重视，其作用也是非常有限的。但不可否认，对发现事实真相的强调、要求认定案件事实必须达到“明白”、“无疑”，对后世立法产生了重大影响。

二、法律转型时期的定罪证明标准

1902年清政府宣布实施新政，随后开始以德、日为蓝本大规模移植西方法律制度，我国法律自此进入转型期。“自由心证”等证据理论因此被引入立法，证明标准设置亦取得了重要进展。在清

---

① 怀效锋点校：《大明律》卷第二十八，“刑律”断狱门“辨明冤枉”、“有司决囚等等”条，中国政法大学出版社1999年版，第218~219页。

② 怀效锋点校：《大明律》卷第二十八，“刑律”断狱门“辨明冤枉”、“有司决囚等等”条，中国政法大学出版社1999年版，第439页。

③ 田涛、郑秦点校：《大清律例》卷三十七，“刑律”断狱门下“辨明冤枉”条例，中国政法大学出版社1999年版，第587页。

④ 参见吴宏耀：《诉讼证明理论》，法律出版社2002年版，第199页。

末改制浪潮中，1906 年沈家本主持拟定的《大清刑事民事诉讼法（草案）》第 73 条规定："凡裁判一案审理案法官应先将左列各项细心研究：一、两造各证人之名誉若何，所供是否可信；二、两造所称之证据；三、每造前后各供有无自相矛盾抵牾之处；四、权衡两造供词之轻重；五、权衡两造情节之虚实；六、所呈证据足否定被告之罪；七、证据已足是否为法律所准。"第 74 条规定："承审官确查所得证据已足证明被告所犯之罪，然后将被告按律定拟。"第 75 条规定："被告如无自认供认而众证明白、确凿无疑即将被告按律定拟。"① 尽管未规定具体的标准，但该部法律强调"细心研究"、"权衡轻重虚实"、"众证明白"、"确凿无疑"，成为我国刑事证明标准构建之萌芽。后《大清刑事民事诉讼法（草案）》因种种缘故最终成为废案，1907 年《各级审判厅试办章程》成为清末审判机关的实际指导规则，其第 39 条明确规定在民事诉讼中："公判时，遇有下列原因可即时判决……因被告人无故不到案者，原告人申请结案，经审判官查明原告之证据确凿可信者。"② 1910 年《刑事诉讼法草案》第 326 条第一次在法律上明确了自由心证内容，该条第 1 款规定"认定事实应凭证据"，确立了证据裁判原则；第 2 款规定"证据之证明力任推事自由判断"，明确了自由心证原则。其立法理由指出："第二项采用自由心证主义。按法定证据主义与发现真实主义不合，各国通例仍采自由心证。本律亦拟效仿之。"但该草案尚未及实施，清政府即已垮台。而刑事定罪标准则散见于一些地方审判厅办事章程或规则之中。如《河南省地方审判厅章程》中规定："公判时于证据供招均属实者，即定为本罪

① 《大清法规大全·法律部》卷十一"法典草案一"，载《修订法律大臣沈家本等奏进呈诉讼法拟请先行试办折并清单》。

② 西北政法学院法制史教研室编印：《中国近代法制史选辑》（第 3 辑），1985 年版，第 16 页。

之判决。如犯人坚不认供，审判官认为众证确凿者亦同。”①

辛亥革命后，南京临时政府将前述草案“发并各司法衙门参考暂行援用”。此外，与定罪标准相关的法令有1914年司法部令《地方审判厅简易庭暂行规则》第2条规定的“简易庭所管案件，应具备下列条件：一、犯罪事实，据现存之证据已属明确者……”② 此外，同年《县知事审理诉讼暂行章程》中规定可为缺席判决的情形包括“民事被告票传二次，无故不到案，原告申请结案，经县知事或承审员查明原告人之证据确凿，可信其请求系属正当者……”③ 国民政府1935年《刑事诉讼法》第269条规定：“证据之证明力，由法院自由判断之。”由此确立了自由心证原则。当时对自由心证的解释为：“各种证据，孰可信孰不可信，其可信者可信至如何程度，一任法院自由判断之。”④ 采取自由心证的证据判断方法，相应的证明标准即为内心确信。

总结而言，转型时期法律强调对案件事实的掌握应做到“明确”、证据应“确凿”、“充实”，尽管在当时的社会环境中相关法律制度难以发挥实际作用，但立法的种种探索为“事实清楚，证据确实、充分”标准的确立奠定了重要基础。

三、现行定罪证明标准发展历程

中共领导的革命政权从革命根据的时期开始就注重将实事求是的工作作风运用到司法实践中，强调要收集确实、充分的证据以查明案件事实真相，并在此基础上作出裁判。如1931年中央执行委

---

① 《各省审判厅判牍》章程类“河南地方审判厅章程”，民国元年法学研究社印行。转引自邱福军著：《刑事证明标准研究》，中国人民公安大学出版社2012年版，第103页。

② 《各省审判厅判牍》，民国元年法学研究社印行。转引自邱福军著：《刑事证明标准研究》，中国人民公安大学出版社2012年版，第198页。

③ 西北政法学院法制史教研室编印：《中国近代法制史选辑》（第3辑），1985年版，第48页。

④ 夏勤著：《刑事诉讼法释疑》，中华书局1946年版，第293页。

员会非常会议通过的《中华苏维埃共和国中央执行委员会训令》中规定："在审讯方法上……必须坚决废除肉刑而采用收集确实证据及各种有效方法。"[①] 1940年《晋察冀边区目前施政纲领》中规定："对汉奸审判须依确实证据。"1942年《陕甘宁边区保障人权财权条例》第8条规定："司法机关或公安机关逮捕人犯应有充分证据。"[②]

解放战争时期，华北人民政府于1948年发布《关于县市公安机关与司法机关处理刑事案件权责的规定》，明确："若被告仅有嫌疑，没有积极的证据可以证明被告确系犯罪时，即不能论罪判刑。"并于1949年再次发出《为清理已决及未决案犯的训令》，其中规定："有确实反证，证明原判根本错误者，应予平反，宣告无罪开释"；"判决时所采之证据，迄今未能证明其确属真实者，应改为无罪之判决。"[③]

新中国成立后，中央于1955年发布关于肃清暗藏的反革命分子的指示，明确了"口供只有经过仔细查对确实之后才能相信"。[④] 1955年的《关于北京、天津、上海等十四个大城市高、中级人民法院刑事案件审理程序的初步总结》中写道："在评议中应研究解决以下问题：被告人的被控事实是否确实……"[⑤] 最高人民法院于1956年发布的《各级人民法院刑、民事案件审判程序总结》中指出："在法庭调查阶段，必须把案情彻底查清，取得确凿的证

① 韩延龙：《中华人民共和国法制通史》（下），中共中央党校出版社1998年版，第56页。

② 韩延龙：《中华人民共和国法制通史》（下），中共中央党校出版社1998年版，第57页。

③ 韩延龙：《中华人民共和国法制通史》（下），中共中央党校出版社1998年版，第59页。

④ 韩延龙：《中华人民共和国法制通史》（下），中共中央党校出版社1998年版，第60页。

⑤ 伍延平、刘根菊等编：《刑事诉讼法学参考资料汇编》（中），北京大学出版社2005年版，第865~866页。

据……被告人的供词，必须经过调查研究，查明确实与客观事实相符的，方可采用。”①

1979年刑事诉讼法首次明确规定了“事实清楚，证据确实、充分”的证明标准，要求侦查机关侦查终结移送起诉、检察机关提起公诉与法院判决被告人有罪，在事实认定与证据运用上均须达到此标准。1996年刑事诉讼法修改沿用了该标准，其第162条规定：“在被告人最后陈述后，审判长宣布休庭，合议庭进行评议，根据已经查明的事实、证据和有关的法律规定，分别作出以下判决：（一）案件事实清楚，证据确实、充分，依据法律认定被告人有罪的，应当作出有罪判决；（二）依据法律认定被告人无罪的，应当作出无罪判决；（三）证据不足，不能认定被告人有罪的，应当作出证据不足、指控的犯罪不能成立的无罪判决。”最高人民法院《关于执行〈中华人民共和国刑事诉讼法〉若干问题的解释》对此进行了细化，在第176条规定：“人民法院应当根据案件的具体情形，分别作出裁判：（一）起诉指控的事实清楚，证据确实、充分，依据法律认定被告人的罪名成立的，应当作出有罪判决；（二）起诉指控的事实清楚，证据确实、充分，指控的罪名与人民法院审理认定的罪名不一致的，应当作出有罪判决；（三）案件事实清楚，证据确实、充分，依据法律认定被告人无罪的，应当判决宣告被告人无罪；（四）证据不足，不能认定被告人有罪的，应当以证据不足，指控的犯罪不能成立，判决宣告被告人无罪；（五）案件事实部分清楚，证据确实、充分的，应当依法作出有罪或者无罪的判决；事实不清，证据不足部分，依法不予认定……”

2010年最高人民法院、最高人民检察院、公安部、国家安全部、司法部联合颁布的《关于办理死刑案件审查判断证据若干问题的规定》（以下简称《死刑案件证据规定》）对死刑案件证明标

① 伍延平、刘根菊等编：《刑事诉讼法学参考资料汇编》（中），北京大学出版社2005年版，第61页。

准作了阐释，其中第5条将“证据确实、充分”细化为五项内容，即（1）定罪量刑的事实都有证据证明；（2）每一个定案的证据均已经法定程序查证属实；（3）证据与证据之间、证据与案件事实之间不存在矛盾或者矛盾得以合理排除；（4）共同犯罪中，被告人的地位、作用均已查清；（5）根据证据认定案件事实的过程符合逻辑和经验规则，由证据得出的结论为唯一结论。2012年刑事诉讼法再修改，在坚持“事实清楚，证据确实、充分”标准的基础上，对“证据确实、充分”作出了细化规定。其第53条第2款明确规定了“证据确实、充分”应当符合以下条件：“（一）定罪量刑的事实都有证据证明；（二）据以定案的证据均经法定程序查证属实；（三）综合全案证据，对所认定事实已排除合理怀疑”的条件。据此，刑事诉讼中凡涉及“证据确实、充分”的要求均应适用该款之规定加以认定。新刑事诉讼法吸收了相关司法解释与理论研究的成果，成为我国刑事证据制度改革的重要方面。

从我国定罪证明标准的历史沿革可以看出，“事实清楚，证据确实、充分”的标准是从古代的“明白”、“无疑”到近代“证据确凿”、“确实”、“充分”逐渐演变而来，是历史的产物与司法经验的总结，符合我国语言表达习惯和诉讼文化背景，具有其存在的合理依据。[①] 但不可否认，当前标准仍然存在一定的问题，需要在不断总结相关理论研究成果与司法实践经验的基础上加以调整与完善。

① 参见陈光中、郑曦：《论刑事诉讼中的证据裁判原则——兼谈〈刑事诉讼法〉修改中的若干问题》，载《法学》2011年第9期。

第三章 定罪证明标准的影响因素

探索建立合适的定罪证明标准，首先应对相关影响因素有清晰的认知。从其演变历程可以总结出，现今主流定罪证明标准的确立是哲学基础、诉讼与证明模式、刑事政策等因素合力的结果。

第一节 哲学基础

哲学是由本体论（ontology）、认识论（epistemology）与价值论（axiology）三部分组成的统一整体。其中，本体论是关于存在本身的研究，认识论是关于人类认识的来源、能力、范围、限度以及真伪标准的研究，而价值论则是关于客体对满足主体的需要的意义的研究。证明标准涉及的主要争点在于：案件事实能够证明到何种程度（人们对案件事实的认识能否达到确实的程度，即与案件的客观事实相符合）或者说达到证明标准的事实应当为何。解决这些问题，离不开哲学理论尤其是认识论与价值论的指导。

一、认识论基础

诉讼中的证明包含认识的过程，而又不仅仅等同于认识：首先，诉讼的最终目的在于解决纠纷，并非只是单纯的事实认定；其次，证明活动还包括相关程序法的实施，受到法律的限制与规范；最后，证明过程亦是一系列的价值选择与实现过程。但是，对案件事实的认识始终是证明活动的主要内容，在诉讼中具有根本的决定性意义。“法官对案件作出判决是建立在对证据、事实、法律及其相互关系的认识基础之上的，认识活动为纠纷解决提供了先决条件。"[①] 因此对于近年来关于认识论是否能作为证据法学理论基础的讨论，其实质不在于要不要认识论，而在于如何恰当地运用认识论以解决现实存在的问题。[②]

（一）西方定罪证明标准的哲学基础

西方哲学在对认识的起源、确实性与本性的探究中发展出不同的流派。在认识的起源问题上，存有（1）唯理主义（rationalism），认为认识是先天固有的，其起源在于思考；（2）经验主义（empiricism），认为认识起源于内外之经验；与（3）批评主义（criticism），认为先天和经验同为知识的源泉三个分支。在认识的确实性问题上，主要学说包括：（1）独断论（dogmatism），即不加验证而独断其真实，完全信赖感觉与知识的结果，认为世界的事实情况与所见所想的完全一致；（2）怀疑论（skepticism），即极端怀疑认识的可能性而不作任何积极的主张；（3）批评论（criticism），注重于研究认识的限度和可能、发展和起源，以发现经验的产生依赖主观要素的状况，并认识人类所能认识的范围，该观念对教条及人类的认识能力持批评态度，认为无论何事，如不经考证确实不得信以为真；（4）实证论（positivism），认为认识的确实只限于经验范围之内，只主张科学研究现象的法则而不要研究实体究竟如何，因为那是不可知的。在认识的本质问题上，有（1）观念论（idealism），认为认识不能获知外物的真实，外物只不过是人类意识中的观念；（2）实在论（realism），认为认识是意识描摹的客观事物；（3）朴素的实在论（naïve），认为周围独立存在的世界的表现就是真相；现象论（phenomenlism），认为人们所能知道的，

---

① 张建伟：《证据法学的理论基础》，载《现代法学》2002 年第 4 期。

② 相关论著参见陈瑞华：《从认识论走向价值论——证据法理论基础的反思与重构》，载《法学》2001 年第 1 期；张建伟：《证据法学的理论基础》，载《现代法学》2002 年第 2 期；宋英辉：《证据法学基本问题之反思》，载《法学研究》2005 年第 6 期。

只限于现象。①

神示证据制度的认识论基础即“独断论”（dogmatism），认为“神明启示”是神通过一定方式将真理或者事实真相晓谕于人类，对此虽不能得到切实的证明，但人们仍坚信不疑。

而到中世纪时，经院哲学占据了主导地位，对刑事立法与司法产生了重大影响。经院哲学的论点是，生活中可能发生的一切均可由先验的、抽象的规则作出形式性规定，事实真相可以基于某些“绝对真理”（absolutes）以“理性证明”的方式推导出来。即“知识是通过忠实地执行权威性规则获得的而无须借助个人调查或依靠基于感官提供的资料进行推理”②。其认为检验真理的标准是知识的权威性，引经据典则是最有效的证明方法，故审判中对案件事实的证明也必须依据权威以获得社会认同。但从更深层次来看，法定证据制度最终来源属于“经验至上主义”（proto-empirical），③后经过经院哲学的包装方呈现出其独特的样貌：首先，相关权威性规则或“绝对真理”是长期司法经验的总结，而后被教条式奉行不变。其次，法定证据制度高度重视法官的亲身感知，对此无须再行证明；而为确保证人证言真实性设计的数量规则在实践中被严格适用的只有严禁根据一个证人之证言进行事实认定，此外的绝大多数反映经验常识的规则属于可推翻的推定（nonbinding presumption），且法官对证据的判断也非仅作机械地计算。④

西方近现代证据制度则是建立在盖然性理论的基础之上，与哲

---

① 参见张建伟：《证据法学的理论基础》，载《现代法学》2002 年第 2 期。

② 吴洪淇：《从经验到法则：经验在事实认定过程中的引入与规制》，载《证据科学》2011 年第 2 期。

③ 参见［美］米尔安·R. 达马斯卡著：《比较法视野中的证据制度》，吴宏耀、魏晓娜等译，中国人民公安大学出版社 2006 年，第 261 页。

④ 参见［美］米尔吉安·R. 达马斯卡著：《比较法视野中的证据制度》，吴宏耀、魏晓娜等译，中国人民公安大学出版社 2006 年，第 40~42 页。

学中认识不可能精确描摹客观事物的观念互为表里。[①]“事实上，法律职业界几个世纪以前就已知道法律的事实发现是盖然性的。”[②]从 17 世纪起，西方的神学家、哲学家、历史学家以及博物学家开始对可能性、确定性、真实的本质、知识的来源等问题做了大量研究。其中一些观点将知识划分为：（1）来源于直接的感性材料的物理知识；（2）建立在逻辑证明的基础上的数学知识；以及（3）建立在证言和第二手的感性报告基础之上的道德知识。[③]而后来长期居于主导地位的经验主义哲学认为人类的全部知识，逻辑和数学或许除外，都是由经验得出来的；[④]“没有与生俱来的真理，一切知识都发源于感官知觉或经验，故必然的命题根本不是必然或绝对确定的，只能给人以或然的知识。”[⑤]人们对不是由感官或记忆所验证的事实情况的证明与推理都来自于因果关系，而关于因果关系的知识又是建立在观察与经验的基础之上，即因果关系没有逻辑的必然性，只有依赖于经验的心理的必然性，因为人们不能完全断定这些规律在超出经验的最大范围之外也起作用。因此，在英美国家的认识论哲学中，绝对的确定性是不可能达到的。而在刑事审判中，裁判者通过证据认定案件事实就是典型的经验运用过程：裁判者审查证据并根据常识进行推理的结论之准确性往往依赖于这些常识的可靠性与精确度，虽然其应该接近于真理，但却并不能绝对肯定为真理。同样，经验主义倡导的方法论——归纳法亦决定了结

---

① ［美］理查德·A. 波斯纳著：《证据法的经济分析》，徐昕、徐昀译，中国法制出版社 2004 年版，第 92 页。

② ［美］理查德·A. 波斯纳著：《法理学问题》，苏力译，中国政法大学出版社 2002 年版，第 270 页。

③ See CCPR General Comment 13，转引自熊秋红：《对刑事证明标准的思考——以刑事证明中的可能性和确定性为视角》，载《法商研究》2003 年第 1 期。

④ 参见［英］罗素著：《西方哲学史》（下卷），何兆武、李约瑟译，商务印书馆 1997 年版，第 139 页。

⑤ 参见［美］梯利著、伍德增补：《西方哲学史》（增补修订版），葛力译，商务印书馆 1995 年版，第 284 页。

论无法达到决定性的命运。经验主义认为经院哲学的演绎法是从概念到概念的纯演绎，既不能提供真理又于发现新知识无所助益，而归纳法则是获取新知的唯一有效方法。① 归纳法通过推论实现由个别到一般、由已知到未知的认识。但通过归纳而得的命题缺乏普遍性与必然性，不能成为绝对确定，其关于确定性随反复观察或实验次数增加的观点即说明了一个现象不管存在多少例证均无法证明其将永远和必然发生。刑事审判也是归纳法运用的过程：控方通过提出例证而试图得到被告人有罪的一般性结论，如辩护方不能提出有效反驳则该结论即为成立；但运用归纳法得出的结论只能证伪而永远无法通过经验证实，即通过归纳法得出的只能是盖然性结论，即使随着所能占有的证据的广度与深度增加，其盖然性程度能够随之增加，但其永远也无法达到绝对确定。德国最高法院在 1885 年的判例即明确："由于人之认识能力有限，任何人对于事实之存在殊难得到绝对确实之认识。"②

大陆法系国家在资产阶级革命时期反对法定证据制度形式真实主义的斗争中发展出实体真实主义，认为刑事法是关于犯罪与刑罚的法律，直接关系到个人的权利与人格尊严，故必须以"真实"为根据解决案件。但由于认识的盖然性，诉讼证明尽一切可能之努力所能达到的认识也不可能绝对等同于客观存在的事实，因此，认定的标准同样只能以"盖然性"来定义。"盖然性"主要涉及对客观内容的判断，可从心证的角度区分为：微弱的心证、盖然的心证、盖然的确实心证与必然的确实心证。其中，有罪判决必须达到可能达到的最高标准——"必然的确实心证"，即"内心确信"。德国的学说中以"高度盖然性"、"紧邻确实性的盖然性"描述定罪证明标准即是为了强调对有罪事实之证明必须达到的高度，其理

① 参见［美］梯利著、伍德增补：《西方哲学史》（增补修订版），葛力译，商务印书馆 1995 年版，第 400 页。

② 转引自陈朴生：《刑事证据法》，台湾三民书局 1979 年第 3 版，第 581 页。

论一般认同："在裁判中要求证据的绝对确定性是毫无道理的，内心确信的形成一般只需建立在法官的认识能力之上，法律只要求其尽可能收集更多的认识资料和依据，形成具有高度盖然性的认识结论即可。"①

在英、美等国，如《大不列颠百科全书》中即直接明确："由于取得的方法有显著不同和区别，证据只能产生程度不同的盖然性，而不会有哲学上的绝对真理的意义。"② 丹宁勋爵亦指出："尽管这种标准（证明标准）不必达到绝对的肯定性，但却必须具有相当高的盖然性程度。"③ 英国哲学家洛克（Lock）在《人类理解论》一书中依照人类认识外界事物的可能性程度将认识分为"道德确定性"（moral certainty）、"确信"（confidence）、"相信"（belief）、"推测"（conjecture）、"揣测"（guess）、"怀疑"（doubt）、"犹豫"（wavering）、"不相信"（distrust）、"不可能"（disbelief）九个等级；其中最高可能性是"道德确定性"，是所有成员运用个人恒常的、没有差错的经验知识后一种同意的状态，近似于绝对真实；"确信"是根据个人自身特有的经验而确信事实存在，该事实获得了很多没有理由怀疑其证词真实性的证人的支持，其他人如果处在该位置上也持相同的观点；而当证人证词与一般的经验相矛盾，或相关报告与日常知识有冲突，或证据之间存在矛盾时，为获得正确的结论，就需要裁判者运用智识进行精确分析，在头脑中形成"相信"、"推测"、"揣测"、"怀疑"、"犹豫"、"不相信"以及"不可能"等状态。④ 在洛克理论的基础上，吉尔伯特

---

① 陈浩然著：《证据学原理》，华东理工大学出版社 2002 年版，第 186 页。

② 参见上海社会科学院法学研究所编译：《诉讼法》，知识出版社 1981 年版，第 208 页。

③ 转引自汤唯建、陈开欣：《试论英美证据法上的刑事证明标准》，载《政法论坛》1993 年第 4 期。

④ Barbara J. Shapiro, "*Beyond Reasonable Doubt*" *and* "*Probable Cause*": *Historical Perspectives on the Anglo-American Law of Evidence*, University of California Press, 1991, p. 26.

(Gilbert) 爵士提出：存在从完美的确定性与真实性证明到较大程度的可能性以及较小程度的可能性；而对证据证明力的认识在人的内心则相应地出现从完全确信和信任，到猜测、怀疑、不信任和不相信的情况；审判中应对所有事物划定可能性之刻度，并着重考虑占有优势的因素，以作出最准确的识别。[①] 约翰·摩根（John Morgan）亦指出，存在从完美的确定性和证明，到不太可能和不可能的认识程度，相应地，人们在内心亦形成对证明程度从完全的确信和信任，到猜测、怀疑和不相信的判断。[②] 在上述论点的影响下，英美刑事审判中根据可能性的不同程度将证据标准划分为九个等级，即（1）绝对确定（由于认识论的限制，此等级是无法达到的）；（2）排除合理怀疑（诉讼证明的最高标准，是对刑事案件作出定罪裁决的要求）；（3）清楚和有说服力的证据（某些司法区在死刑案件中拒绝保释或做出某些民事判决时的要求）；（4）优势证据（作出民事判决与肯定刑事辩护的要求）；（5）可能的原因（签发令状、进行无证逮捕、搜查和扣押、提起大陪审团起诉书或检察官起诉书、撤销缓刑或假释、公民扭送之要求）；（6）有理由相信（对拦截和搜身的要求）；（7）有理由的怀疑（宣布无罪的要求）；（8）怀疑（开始侦查的要求）；（9）无线索（不得采取任何法律行为）。而英美法系之所以对定罪证明标准采用“排除合理怀疑”之表述，还存在怀疑论的影响。因为人们不认为在诉讼中能够发现案件的绝对真实，充其量只能极大地接近于真实，但其更倾向于使用较为模糊的说法而不愿使用“事实清楚”或“发现案件的实质真实”等更为乐观的字眼。日本先是继受德国的证据理论，后改采英美法系“排除合理怀疑”标准，学者认为：要作出裁判，法官必须对认定为判决基础的事项取得确信，这是一个原则；当达到

① 参见［美］巴巴拉·J. 夏皮罗著：《对英美“排除合理怀疑”主义之历史透视》，熊秋红译，载王敏远主编：《公法》第4卷，法律出版社2003年版，第66页。

② ［美］巴巴拉·J. 夏皮罗著：《对英美“排除合理怀疑”主义之历史透视》，熊秋红译，载王敏远主编：《公法》第4卷，法律出版社2003年版，第67页。

这种确信状态时，就叫做该事项已被证明。但诉讼上的证明所必要的确信程度不同于丝毫无疑义的自然科学的证明，而是只要通常人们在日常生活上不怀疑并且达到作为其行为基础的程度即可。①

受经验主义哲学的影响，西方国家一般排斥真理的终极性，认为真理不过是认识无限接近于客观事实的相对反应而已，人们的认识与客观事物间不可避免地存在一定的距离，“人们对世界的认识极少能达到绝对确定，在刑事案件中法律不要求证明克服每一个可能的怀疑。在对证据考虑之后，如果你确信被告人是有罪的，就作出有罪裁判；如果认为有无罪的真正的可能性，就作出有利于被告人的无罪裁决。”② 在此基础上，西方国家于刑事诉讼中设置了“内心确信”与“排除合理怀疑”两种级别相同即都未达到绝对确定程度的定罪标准。

（二）我国定罪证明标准的认识论基础

辩证唯物主义认识论作为马克思列宁主义与毛泽东思想的重要内容，渗透于我国社会生活各领域并起着指导性作用。而诉讼证明作为一种认识活动，自然受到认识规律的制约，故辩证唯物主义认识论也当然地成为我国证明标准设置的理论基础。辩证唯物主义认识论的主要观点包括：（1）主张认识对象的可知论，认为认识对象是存在于人类思维之外、不依赖于思维的客观存在，但在思维与存在的关系问题上应坚持同一性，即认为主体能够正确地反映客体。（2）强调人的认识能力的绝对性与相对性，认为人凭借认识能力，从终极意义上是可以认识客观存在或曰绝对真理的，但对绝对真理的认识是一个渐进的过程，是无数相对真理积累的过程，人类的认识活动是绝对性与相对性的辩证统一。

（三）客观真实说

在辩证唯物主义的指导下，我国证据理论首先形成了传统的客

---

① 参见［日］兼子一、竹下守夫著：《民事诉讼法》，白绿铉译，法律出版社1995年版，第101页。

② 133 Sample Jury Instructions 18 U. S. C. § §241(1997).

观真实论。该学说的主要观点是："刑事诉讼中的案件事实是不依赖于办案人员的主观意志而存在的客观事实，故在刑事诉讼中只可能认识它、查明它，而不能改变它；查明案件事实真相就是要求办案人员的主观认识符合案件的客观事实。"① 学者认为查明案件的客观真实不仅是必要的，而且是完全可能的，因为："（1）根据马克思主义认识论，存在第一性、意识第二性，存在决定意识，人类具有认识客观实际的能力，故能够通过调查研究认识案件的客观真实；（2）已发生的案件必然遗留有相关痕迹或为某些人所感知，从而为查明其客观真实提供根据；（3）我国司法机关有党的领导与广大群众支持，有素质过硬的司法干部队伍，是查明案件客观真实的组织保障；（4）社会主义法制的加强为查明案件客观真实提供了法律依据，故司法人员只要依法正确收集与审查判断证据，是完全可能对案件事实作出符合客观实际的认定的。"② 因此，"我国诉讼中的证明任务就是确定案件的客观真实。……司法机关所确定的这些事实，必须与客观上实际发生的事实完全符合，确实无疑。"③ 而"查明案件的客观真实，归根结底，就是要求司法人员的主观认识必须符合客观实际"④。应当查明的案件事实就是"事实本身的真实，也即事实的真情，事物的真相"⑤"从根本上来看，任何案件事实，通过正确地收集、分析证据，是可以查清的。"⑥ 1979 年，刑事诉讼法首次确立了"事实清楚，证据确实、充分"的证明标准。当时的理论界多以"客观真实"对此进行解释，认

① 参见陈光中、陈海光、魏晓娜：《刑事证据制度与认识论——兼与误区论、法律真实论、相对真实论商榷》，载《中国法学》2001 年第 1 期。

② 参见陈一云主编：《证据法学》（第 2 版），中国人民大学出版社 2000 年版，第 116 页。

③ 巫宇甦主编：《证据学》，群众出版社 1983 年版，第 78 页。

④ 参见陈一云主编：《证据法学》（第 2 版），中国人民大学出版社 2000 年版，第 114 页。

⑤ 裴苍龄：《证据法学新论》，法律出版社 1989 年版，第 183 页。

⑥ 张子培主编：《刑事诉讼法教程》，群众出版社 1987 年第 2 版，第 192 页。

为刑事诉讼中案件事实的认定应当与客观事实相符。“客观真实”观点的出现并不难理解：首先，“客观真实”是对大陆法系实体真实主义的继承与改造，而在唯物主义认识论的指导下，由于对案件的真实客观性的认知，自然会形成“客观真实”理论。其次，我国早期刑事立法与理论多借鉴苏联的观点，其刑事诉讼中被认为“决定了苏维埃刑事诉讼中全部证明行为的目的”的客观真实原则的“真实”即是指“我们对于某一事实的概念与离开我们意识而存在于外界的事实相符合，因此刑事诉讼中的客观真实原则就是意味着立法者要求审判员所作的判决完全符合实际的事实”①。葛拉泽尔在《刑事诉讼手册》中指出：“法官论证自己裁判所根据的情况必须是真实的。这种真实不应当是形式的（formal），就是说一方面这种真实不应基于双方面当事人实际上所作的任意承认，或者法律本身根据一定行为所假定的（直接或间接、积极或消极意义的）任意承认，另一方面这种真实的意义不应限于这一刑事案件的任务（主观的真实），而这种真实应当是客观的、实质的、具有普遍意义的。”②

（四）法律真实说

随着理论研究的不断深入，传统的“客观真实说”受到了质疑。学者认为：根据绝对真理与相对真理之间的辩证关系，绝对真理与相对真理相互渗透、相互包含而构成一个统一的整体，相对真理之中包含有绝对真理的成分，而绝对真理则存在于相对真理之中，通过相对真理表现出来。因此，任何一个真理性的认识都只是对客观世界在一定范围内和一定程度上的相对的认识，即任何一个

① ［苏联］切里佐夫著：《苏维埃刑事诉讼》，中国人民大学刑法教研室译，法律出版社1955年版，第118~119页。

② 转引自何家弘：《论司法证明的目的和标准——简论司法证明的基本概念和范畴》，载《法学研究》2001年第6期。

真理性的认识，不论其如何正确反映了客观事物，这种反映都是有限的。① 据此，与真理同属于哲学范畴的客观真实的存在也是有条件的、相对的，是人们对客观事物认识程度的总目标与价值取向，但在具体的诉讼中绝对的客观真实是无法达到的。传统的客观真实说属于一种过于乐观的观点，其忽视了诉讼中具体条件和个案的不同情况，片面强调了马克思主义认识论的反映论与可知论，是对可知论的机械搬用，夸大了人们在认识案件事实过程中的主观能动性，而忽略了认识论的辩证法，割裂了绝对真理与相对真理的辩证关系，实际上违背了马克思主义认识论，这样不仅造成理论研究上的片面化，如只注重客观方面而忽略主观方面，且在实务上也会因此而不择手段追求案件真实进而造成有害的结果。“客观事实观在实践中不但无法实现，而且会带给我们一系列的严重后果，如任意司法、蔑视法律和法治等。”②

据此，有学者提出了“法律真实论”，认为既然裁判事实无法达到客观真实，则应以法律设定的证据标准认定事实。“所谓法律真实，是说司法活动中人们对案件事实的认识符合法律所规定或认可的真实，是法律意义上的真实，是在具体案件中达到法律标准的真实。”③ 更直接具体而言，即“公、检、法机关在刑事诉讼证明的过程中，运用证据对案件事实的认定应当符合刑事实体法和程序法的规定，应当达到从法律上的角度认为是真实的程度”④。法律真实的标准是人为制定，虽然包含客观真实的内容，但并不等同于客观真实，因为其是建立在证据基础之上的，而证据所代表的信息

① 参见樊崇义：《客观真实管见——兼论刑事诉讼证明标准》，载《中国法学》2000年第1期。

② 樊崇义等：《刑事证据前沿问题研究》，载何家弘主编：《证据学论坛》（第1卷），中国检察出版社2000年版，第206页。

③ 何家弘：《论司法证明的目的和标准——兼论司法证明的基本概念和范畴》，载《法学研究》2001年第6期。

④ 樊崇义：《客观真实管见——兼论刑事诉讼证明标准》，载《中国法学》2000年第1期。

并不等同于客观的案件事实，故法律真实本身就隐含着出现误差的可能。苏联学者亦对法律真实进行了论证。例如，“任何审判包括刑事审判的任务，应当不是追求发现绝对的实质真实，而是追求法律上的真实。”以及，“刑事诉讼的目的就是判明作为基本诉讼保障的法律上的真实。”①

但“法律真实说”同样受到了批判。有学者认为：法律真实以法律规定的“真实”为真实，而非以客观事实与规律为根据，属于主观真实，随意性很大。因为不同时期的法律对“真实”均有所规定，如神明证据制度中的神示真实、法定证据制度中的形式真实到现代西方国家“内心确信”或“排除合理怀疑”的真实均为法律真实，故“法律真实是放之四海、用于古今而皆准的标准”。② 其过于强调认定事实的证据规则与程序，将程序合法性在判决可接受性上的重要性绝对化，而忽视了事实本身的客观真实性，如现代英美法系国家将通过正当程序认定的事实视为真实，实际上是放弃了对案件真相的追求。法律真实对客观真实的否认，必然会不同程度地走向不可知论，是不科学的。③

但是，客观真实说后经修正，开始在有限的情况下肯定法律真实论。“承认可知论，就应当承认案件的客观事实从总体上来说是可以被办案人员所认识的，犯罪实施者是谁必须确证无误，而不可能是其他的人，从这个意义上来说，有罪认定必须是绝对真实的。但是，人们对事物的认识能力是无限与有限的统一，是绝对与相对的统一。因此，在刑事诉讼中我们应当追求也可能实现客观真实，在一定条件下有必须辅之以法律真实，如果在形式诉讼中普遍适用

① ［苏联］安·扬·维辛斯基著：《苏维埃法律上的诉讼证据理论》，王之相译，法律出版社1957年版，第253页。

② 陈光中、陈海光、魏晓娜：《刑事证据制度与认识论——兼与误区论、法律真实论、相对真实论商榷》，载《中国法学》2001年第1期。

③ 陈光中、陈海光、魏晓娜：《刑事证据制度与认识论——兼与误区论、法律真实论、相对真实论商榷》，载《中国法学》2001年第1期。

法律真实而否定客观真实，不仅不符合认识论的规律，而且容易导致出现错案、冤案。”①

（五）相对真实说

对客观真实与法律真实的争议，有学者指出应对相关概念形成正确的认识，以正本清源，把握辩证唯物主义认识论的真谛。② 根据可知论，主观意识与客观存在之间具有统一性，人能够正确认识客观世界。但根据认识论的辩证法，又需要明确：首先，主观与客观是对立统一的，认识是人类在实践基础上能动地将感性材料加工为理性知识、从个别认识上升到规律性的理解，最终通过理论指导实践的过程；其次，人类的认识是一个无限发展的过程，人对事物的终极认识具有无限接近于客观真实的可能性。正如恩格斯在《反杜林论》中所论证的：“一方面，人的思维的性质必然被看作是绝对的，另一方面，人的思维又是在完全有限地思维着的个人中实现的。这个矛盾只有在无限的前进过程中，在至少对我们来说实际上是无止境的人类世代更迭中才能得到解决。从这个意义来说，人的思维是至上的，同样又是不至上的，它的认识能力是无限的，同样又是有限的。按它的本性、使命、可能和历史的终极目的来说，是至上的和无限的；按它的个别实现和每次的现实来说，又是不至上的和有限的。”③ 因此，“认识就其本性而言，或者对漫长的时代系列来说是相对的而且必然是逐步趋于完善的，或者就像在天体演化学、地质学和人类历史中一样，由于历史材料不足，甚至永远是有缺陷、不完善的，而谁要以真正的、不变的、最后的、终极的真理的标准来衡量它，那么，它只能证明自己的无知和荒谬。真理和谬误，正如一切在两极对立中运用的逻辑范畴一样，只是在非

---

① 陈光中：《诉讼中的客观真实与法律真实》，载《检察日报》2000 年 7 月 13 日第 4 版。

② 参见卞建林、郭志媛：《论诉讼证明的相对性》，载《中国法学》2001 年第 2 期。

③ 《马克思恩格斯选集》（第 3 卷），人民出版社 1972 年版，第 126 页。

常有限的领域内才具有绝对意义……对立的两极都向自己的对立面转化，真理变成谬误，谬误变成真理。”[①] 根据辩证唯物主义认识论，人类的认识能力既是无限的又是有限的：从整体上来看，人类对客观事物的认识是绝对的；但从人对具体事物的认识上来看，这种认识又是相对的，不仅表现为认识能力的相对性，也包含认识结果的相对性与不确定性。传统客观真实理论的缺陷即在于其只片面地强调了可知论而忽视了辩证法。

具体到诉讼证明活动，其作为一种特殊的社会认识活动，受到了诸多的主客观因素制约：首先，在认识主体方面，如前文所述，人的认识能力是逐步发展的历史过程，具有明显的渐进性与阶段性，故在对具体案件事实的认识上，其能力是不至上的、有限的，必然受到认识主体主观能力（如感受能力、记忆能力、理解能力、表达能力等）的限制，而对运用证据认定案件事实产生影响，此外认识主体的社会经验、职业技能、思维定式、情感倾向等亦会促成认识偏差的产生；其次，诉讼证明属于历史证明，案件事实已经发生即刻逝去，法官不可能亲眼目睹而只能依据提交法庭的证据，通过恰当的推理与判断来认定案件的相关事实，而不同于通过数学证明或科学仪器进行的具有可重复性的认识检验，此外，证据来源的有限性与不可靠性同样造成了诉讼认识客观方面的局限性；再次，诉讼证明不仅是认识活动亦是法律行为，必然受到诉讼程序的制约，对案件事实的认定是在法律规范下的认识活动，有着严格的程序要求，如对证据的收集与审查有着严格的程序限制，不可能为发现真相而毫无限制地进行下去，此时对案件事实的认识必然带有一定的不确定性；最后，诉讼认识还必须符合基本的论理准则以保障诉讼人权、提高诉讼效率、维护社会正义。正是由于诉讼认识内在的特殊性决定了其在大多数情况下是达不到认识结论与案件客观事实完全一致的程度的，也就是说，司法证明的结果具有相对性。

---

① 《马克思恩格斯选集》（第3卷），人民出版社1972年版，第130页。

但是这种相对真实与绝对真实并不是完全对立或截然分开的，正如相对真理与绝对真理的关系，相对真实中或多或少总会包含绝对真实的内容。①

综上所述，我国定罪证明标准的认识论基础是辩证唯物主义认识论。应当明确：人的主观通过实践能够正确反映客观事物，故司法人员在一定条件下查明案件事实真相、准确认定犯罪事实是可能的。但在现代诉讼制度下，根据“不告不理”原则，在具体案件中，裁判者认定的事实能否符合事实真相，一方面取决于控方控诉主张是否符合客观事实并对此进行了有效证明以及辩方之辩护是否有助于事实真相的揭露，另一方面也取决于裁判者的个人因素及是否遵循经验规则和逻辑法则。因此，由于裁判事实的认定具有诸多不确定性，裁判事实与客观存在之间具有或然性关系，总体上对案件事实的认识只能是一种相对的、不完全的真实。客观真实是人们对客观事物认识程度的总目标，是人类思维和认识的价值取向，对案件事实的证明程度越接近客观真实越具有说服力，故应在可能的范围内尽最大努力追求案件的客观真实。而诉讼证明标准设置是为了达成合目的性的认识而由法律对裁判者关于案件证据与事实的认识之确信度提出的最低要求，并非是衡量客观存在的事实的标准，故不得将裁判者所确信的事实与客观存在的事实相等同。因此，定罪证明标准的设置应当建立在认识的相对性即相对真实的基础之上。

二、价值论基础

诉讼证明活动并不只是一个纯粹的认识过程，还是具体的法律行为，涉及多种价值的冲突与平衡，并因此影响了裁判者对案件事实的认识结果。故构筑定罪证明标准的理论基础除认识论外还包括

① 参见何家弘：《论司法证明的目的和标准——兼论司法证明的基本概念和范畴》，载《法学研究》2001年第6期。

诉讼价值论。诉讼价值是诉讼活动及其结果满足民众、社会和国家需要的程度，包括公正、人权、秩序、效率等方面。具体到定罪证明标准，主要涉及价值有：

（一）公正

公正是指权利义务分配上的公平、不偏不倚与平等。在我国，公正是社会主义制度的首要价值。诉讼公正包括实体公正与程序公正两方面。查明案件事实真相是实现实体公正的前提，在诉讼中具有无可替代的基础性地位，“如果裁判与纠纷事实完全无关，则裁判本身会沦为专横的宣判，进而无法贯彻法规范的一般指引功能，而此种完全与事实真相失去联系的裁判制度，即使冠有程序正义的美名，也不可能获得民众信赖，其自身之正当性也就岌岌可危了”①。尽管对真实的理解有所不同，但各证据制度都有着对真实的追求，即使在神示证据制度中，人们首选的也依然是根据事实进行裁判，只有在事实不清时才求助于神明的指示。在现代大陆法系国家，发现真实是刑事诉讼的基本原则，是在法、德等国资产阶级革命中反对法定证明制度与形式真实论的斗争中形成的“实体真实主义”。即使在之后的发展过程中，“实体真实”的含义已经有所变化，但查明案件事实真相仍然是诉讼的基本目标。“尽管裁判并非都以查明事实真相为必要条件，但并不因此否定法官在诉讼中的照顾义务和消极的实质真实义务。”② 在美国，实用主义者提出了“真理实效论”，认为真理之所以为真来源于其实用性；③ 以及“工具主义真理观”，认为真理与工具一样无所谓真假，而只有有效与无效、方便与不方便的区别。④ 受此影响，法学界提出了裁判

① 宋英辉：《证据法学基本问题反思》，载《法学研究》2005年第6期。

② 参见［日］土本武司著：《刑事诉讼要义》，董璠舆、宋英辉译，台湾五南图书出版公司1997年版，第61页。

③ 参见［美］威廉·詹姆士著：《实用主义》，陈羽纶、孙瑞禾译，商务印书馆1979年版，第114页。

④ 参见弓肇祥著：《真理理论》，社会科学文献出版社1999年版，第78页。

可接受性观点。有学者指出："尽管从表面看审判是一个发现真实的过程，但其实质为一场戏剧，公众通过参与其中而获取应当如何行动的信息；尽管一般情况下增加裁判事实的精确性能够促进裁判的可接受性，但事实并非总是如此，且一些证据规则确立的目的并不是为了获得裁判事实的精确性，而是直接指向裁判事实之可接受性。"① 尽管如此，真实仍然是英美法系诉讼证明的重要价值。"在司法裁判中，对事实真相的追求必须不时让位于其他价值和目标……但司法裁判的目的却显而易见：确立事实的真相。"② "准确的事实发现应当成为证据法的中心目标。"③ "查清真相这一目的不很明显地内含于审判概念中，审判官应当适用规则和原则，对争执作出判决。即使假设规则和原则适用正确，但若未获知'真相'客观事实，争执也不能依据规则和原则得到妥当解决。"④ "我们的证据规则大都是在多年经验的基础上建立起来的，其宗旨只有一条，就是保证求得案件的客观真实，防止发生冤枉无辜的现象。"⑤《美国联邦证据规则》第 102 条"目的"中规定："本规则将用以保证司法程序的公正，消除不合理的耗费和延误，促进证据法的发展，以实现查明真相与公正判决之宗旨。"⑥ 而在我国，"以事实为根据，以法律为准绳"是基本的司法原则，查明案件客观真实更被看作诉讼证明的任务或要求之一。

诉讼中对案件事实真相的发现与历史或科学研究终归是有所区

---

① See Charles R. Nesson, *The Evidence or the Event? On Judicial Proof and the Acceptability of Verdicts*, 92 Harv. L. Rev., 1359(1979).

② Willian Twining, *Evidence and Legal Theory*, 47 Mod. L. Rev. 261, 272 (1984).

③ John Henry Wigmore, *Wigmore on Evidence* 37. 1. p. 1018 (Peter Tillers rev. 1983).

④ ［美］迈克尔·D. 贝勒斯著：《法律的原则——一个规范的分析》，张文显等译，中国大百科全书出版社 1996 年版，第 22 页。

⑤ ［美］J. W. 塞西尔·特纳著：《肯尼刑法原理》，王国庆、李启蒙等译，华夏出版社 1989 年版，第 48 页。

⑥ The Federal Rules of Evidence Rule 102. Purpose: These rules shall be construed to … to the end that the truth may be ascertained and proceedings justly determined.

别的。“所有科学或历史上发现的‘真相’都必须接受新证据的一再验证，并没有任何禁止‘二重起诉’（double jeopardy）的限制，没有所谓的尊重（判决）确定性的考虑，也没有任何时效限制。总之，历史与科学研究基本上是追求客观真理……就历史或科学研究而言，我们宁可以不公正的手段求得真理，而非以公正的手段得到错误的假象。”① 发现真相固然是刑事审判的重要目的，但绝非唯一目的。对程序公正的亦是诉讼公正的题中之意。程序正义或曰正当程序的价值不仅在于其本身代表的民主、法治、人权与文明精神所体现的公正，还在于其对实体正义的保障与增加裁判可接受性上，同时，在真实不能被发现时，坚持程序公正还能够在最大程度上防止冤及无辜。正如英国大法官基尔穆尔所言：“必须遵守关于审判工作的规定，即使在以下例外的场合有损于事实真相，也在所不惜。”② 尽管对程序正义的追求可能会造成案件证明的困难，如根据非法证据排除规则排除某些证据而导致案件证明无法达到证明标准，但从整体上看，程序正义并不会对证明标准产生影响。在具体案件中，应当秉持程序正义理念，而不得为达证明标准而置法定程序于不顾。在我国，法律真实论者对客观真实论的批判即包括其在证明标准的设置问题上忽视了程序正义。尽管我国确有“重实体、轻程序”的传统，但随着司法理念的不断变化，程序正义的诉讼价值观念已为各界所普遍接受，成为共有的价值观。

理想的司法状态是程序正义与实体正义的同时实现，而多数情况下也是可以通过正当程序达到实质真实发现的目的的，但程序正义并非实体正义的充分条件，在二者发生矛盾时，需要作出权衡与选择。正如罗尔斯所言，刑事审判程序属于不完善的程序，“犯罪审判的程序也可能不正义——即不随一种公平审判的程序——除非

---

① ［美］亚伦·德肖维茨著：《合理的怀疑——从辛普森案批判美国司法体系》，高忠义、候荷婷译，法律出版社 2010 年版，第 54 页。

② 转引自［法］勒内·达维德著：《当代主要法律体系》，漆竹生译，上海译文出版社 1984 年版，第 336 页以下。

它已经得到理智的处理，以使该程序能作出正确决定，至少在大部分时间内能够如此。我们知道，一些错误在所难免，这部分是出于我们设定了一个很高的判决标准，并力求不冤枉无辜；而部分也是由于不可避免的人类失误性和在取证过程中靠不住的偶然性。然而，这些错误不能太多太经常，否则该审判程序就不再公正。”① 英美法系国家的主流观点认为：“在被迫进行选择时，宪法制度要求公平程序的手段必须优先于取得正确结果的目的，即人人得享公平程序比以不公平程序定一个即使是有罪的人更为重要。”② 取正当程序而舍实质真实是建立在认为国家起源于极恶、国家权力对公民自由权利的威胁极大、被滥用之害大于个别犯罪人被放纵之害的基本理念之上。该选择不是对实质真实重要性的贬低，只是唯有这样才能促使国家官员依法定程序发现实质真实并最终促成正当程序与实质真实的共同实现。

（二）自由

“对人及其存在的价值与尊严的尊重是法治的最高价值追求，而自由正是其中的重要体现和保障，因此，成为现代社会最重要的法律价值。”③ 刑事诉讼中对个人自由的尊重主要表现在对犯罪嫌疑人、被告人的人权保障方面。沉默权、辩护权、司法令状主义及陪审制等一系列保障措施的制定与实施，尽管对事实真相的发现产生了阻碍，是诉讼认识不能达到客观真实的重要原因之一，但承认诉讼认识的盖然性并在此基础上设置证明标准，正是对人权保障与诉讼真实进行权衡的结果。刑事诉讼中作出有罪判决必须通过证据证明并达到法定标准，故定罪证明标准本身即是实现人权保障的重要措施。而刑事案件中事实认定错误是不可避免的，但一般所确定

① ［美］约翰·罗尔斯著：《政治自由主义》，万俊人译，译林出版社2000年版，第450页。

② Joel Samaha, *Criminal Procedure*, West/Wadsworth Publishing Company, 1993, pp. 3-4.

③ 张建伟：《证据法学的理论基础》，载《现代法学》2002年第2期。

的证明标准离最高标准越近则事实错误可能性越小，而无辜者被判决有罪的概率也就越小。因此，各国对有罪判决均规定了其所认为的最高、即最大限度接近案件事实的标准，如英美法系的“排除合理怀疑”、大陆法系的“内心确信”，而我国则为“事实清楚，证据确实、充分”。此外，定罪标准的提高同时意味着错判无罪风险的增加，有损于社会利益；但为保护无辜者不受定罪、防止对个人的伤害，而容忍这类错误以减少错判无辜者，是定罪标准设置中追求人权保障价值的体现。而在司法实践中，严格遵照证明标准要求，对未达到定罪标准的案件不得作出有罪判决，亦是对被告人人权保障的具体化表现。

（三）效率

诉讼效率是诉讼过程中投入的司法资源与所取得的成果之间的比例。而司法资源的有限性必然要求诉讼程序的设计与运作上都必须具备一定的经济合理性，以实现最少的投入而获得最大的收益。辩诉交易、快速审判、处罚令程序等简易程序的设立就是追求诉讼效率的结果。诉讼效率同样是设置证明标准需要考虑的价值因素，通常情况下，证明标准规定得越高，对作出有罪判决的证据的数量、质量要求越高，对证据的质证更加细致、法官审查判断证据的时间越长，而诉讼效率则随之降低。因此，对效率价值的追求应是在以公正为首要价值的前提下实现兼顾与平衡。

综上，“真相的发现虽然是刑事审判一个重要目的，但绝非唯一目的”，[①] 查明案件事实以实现实体公正是定罪证明标准的价值目标之一，但定罪证明标准的设置还必须服务于维护程序正义、保护人权、提高诉讼效率等价值目标，而各种目标间的总会有所冲突，需要加以协调与平衡。

---

① ［美］亚伦·德肖维茨著：《合理的怀疑——从辛普森案批判美国司法体系》，高忠义、候荷婷译，法律出版社2010年版，第25页。

第二节 诉讼文化

"文化"指"人类在社会历史发展过程中所创造的物质财富和精神财富的综合，特指精神财富，如文学、艺术、教育、科学等"。[①] 而在社会学中的"文化"则特指"反映一种特定社会或群体在许多方面的共同行为方式和思想的构成"。[②] 故一个国家（或民族）的法律文化即为"在历史的风土中孕育而成的所谓国民性或这种社会性在法律方面的反映"。[③] "诉讼文化"即"诉讼法律文化"，是普遍存在于一个国家（或民族）中的关于诉讼的主观观念、思想与客观制度、设施等的总和；而狭义的诉讼文化仅指其中的观念文化。[④] "法律是民族的历史、文化、社会价值观念和一般意识与认识的集中表现，没有两个国家的法律体系是确切地相同的。"[⑤] 同样，诉讼文化也是在一定范围内、具有特定的环境形成的，具有民族性，各国（民族）不存在完全雷同的诉讼文化。诉讼文化对诉讼制度有着重要影响，自然会对证明标准的设置产生作用。故各国定罪证明标准的差异性来源包括各自诉讼文化的区别性。

---

① 中国社会科学院语言研究所词典编辑室编：《现代汉语词典》（第6版），商务印书馆2012年版，第1363页。

② 谢佑平：《诉讼文化——兼谈我国诉讼法制的现代化》，载《现代法学》1992年第5期。

③ ［日］谷口安平著：《程序的正义与诉讼》（增补本），王亚新、刘荣军译，中国政法大学出版社2002年版，第116页。

④ 参见樊崇义主编：《诉讼原理》，法律出版社2003年版，第30页。

⑤ ［美］M. A. 格伦顿等：《比较法律传统序论》，载《法学译丛》1987年第2期。

一、个人本位

“在基督教和人道主义者两大有关于人与社会的欧洲思想体系中，个人价值都占有中心地位。对于基督教来说，每一个人都是由上帝的偶像所创造的，每一个人都因耶稣基督牺牲在十字架上而从罪恶中得到了救赎。作为个人，耶稣与上帝之间有直接的联系。”① 个人主义或曰个人本位是西方文化的核心价值理念。而一个社会的法律秩序所力图实现的目标必然是其价值理念的体现。② 西方法律体系即充分体现了对个人价值，尤其是个人自由的尊重。如正当程序的确立正是基于保障公民自由的考虑。1215年英国《自由大宪章》（*The Magna Carta*）首先明确：“任何自由人，如未经其同级贵族之依法裁判，或经国法之判决，不得被处以逮捕、监禁、没收财产、剥夺法律保护权、流放或加以任何其他损害。”③ 美国则于1868年通过联邦宪法第十四修正案，规定：“任何一州，都不得制定或实施限制合众国公民的特权或豁免权的法律；不经正当法律程序，不得剥夺任何人的生命、自由或财产；在州管辖范围内，也不得拒绝给予任何人以平等法律保护。”④ 而定罪证明标准设置同样需要体现对个人自由的最高尊重与保护，故必须适用所能达到的最高标准。此外，又是因为人

① ［英］彼得·斯坦、约翰·香德著：《西方社会的法律价值》，王献平译，中国法制出版社2004年版，第162页。

② 参见［美］伯纳德·施瓦茨著：《美国法律史》，王军等译，中国政法大学出版社2000年版，第23页。

③ No freeman shall be taken or imprisoned or diseased or exiled or in any way destroyed, nor will we go upon him nor send upon him, except by the lawful judgment of his peers or by the law of the land.

④ No State shall make or enforce any law which shall abridge the privileges or immunities of citizens of the United States; nor shall any State deprive any person of life, liberty, or property, without due process of law; nor deny to any person within its jurisdiction the equal protection of the laws.

本主义，西方国家对事实裁判者的认识能力给予了极高的信任，故在证明标准设置中强调裁判者的主观经验判断，更倾向于证明标准的主观性。

二、集体本位

伦理主义是我国传统文化的核心。伦理主义的核心在于对宗族章法的维护。“臣事君，子事父，妻事夫，三者顺则天下治，三者逆则天下乱。此天下之常道也。”[①] 传统的“三纲五常”强调的即是“服从”的思想。而宗法伦理观念与宗法制形成了“礼”，“出礼则入刑”，传统立法设计的目标在于维护从宗法家庭到整个国家与社会的安宁，个人在其中只有服从的义务，法律规范的功能是通过对个人的制约而实现对团体利益的维护。故我国传统诉讼文化的基本精神是与西方个人主义相对应的集体本位。集体本位中，个人权利不能得到很好的保障，往往成为集体利益的牺牲品。首先，为维护统治安全（社会秩序），犯罪是绝对不能宽容的，司法官吏积极追查犯罪，而为求真相大白，往往会进行刑讯。《唐律疏议》中规定：“诸应讯囚者，必先以情审察词理，反复参验，犹未能决，事须讯问者，立案同判，然后拷讯。”[②] 刑讯因此成为断案的合法方法。而只要被告人作出有罪供述的，根据“罪从供定”原则，即可作出有罪认定。

现行刑事诉讼立法中，为摒弃传统的“有罪推定”思想，规定了“事实清楚，证据确实、充分”的“实事求是”型的定罪证明标准。但是集体主义诉讼文化并未改变，个人利益始终被要求服从于集体利益，刑事诉讼中仍然更为关注社会整体利益，强调社会控制的重要性。实践中对“事实清楚，证据确实、充分”标准的把握，关注的是事实真相的查明，而在真伪不明的情况下，出于打

① 《韩非子·忠孝篇》。
② 《唐律疏议·断狱》“讯囚察词理”条。

击犯罪的考虑，往往秉持“有罪推定”的旧观念，实行“疑罪从有”。在诉讼过程中，诉讼参与人的个人权利往往需要让位于查明案件事实真相的目的，其程序性权利更是极易被忽视或者侵害。此外，客观化的“事实清楚，证据确实、充分”标准，力图通过客观可测量的方式抑制个人的主观性判断，亦是对事实裁判者个人不信任的体现。

在现代社会，各文化间的融合是不可避免的趋势，其中当然也包括法律文化的内容。但是，在不同历史条件下生长出来的法律精神载体，具有不同的质的固定性，故二者必然会发生剧烈的冲突，且在法律强制移植的情况下更为严重。[①] 因此，首先要明确诉讼文化是“深深镶嵌于特定区域的历史传统与人文土壤中的意识复合体”，[②] 是不可能根除、消灭的；而“当一种外来文化传入时，区域文化的封闭体系就会产生一种排他性，因而发生文化冲突”，[③] 故全面移植亦非理智的行为。各国诉讼文化都有着各自产生、发展与变化的内在根据与历史原因，并不能对其简单地进行高低评价。我国集体本位的诉讼文化是我国民族性的深刻反映，并不能全盘否定。但另外，由于现行诉讼制度多是对西方制度的引进与借鉴，为实现制度层面与观念层面的协调，我国诉讼文化的构建必须考虑对西方诉讼文化的参考。此外，在全球一体化趋势中，更应该以开放的眼光审视与完善我国的诉讼文化。

---

① 参见［日］千叶正士著：《法律多元——从日本法律文化迈向一般理论》，强世功等译，中国政法大学出版社 1997 年版，第 244 页。

② 樊崇义主编：《诉讼原理》，法律出版社 2003 年版，第 59 页。

③ 司马云杰著：《文化社会学》，山东人民出版社 1987 年版，第 372 页。

第三节 证明模式

一、自由证明模式

证明模式对定罪证明标准的影响亦是根本性的。司法证明可以区分为自由证明与法定证明两种基本模式。自由证明指法律对证明活动不加以限制，裁判者可自由采纳并运用证据认定案件事实。而法定证明模式中，法律为证明活动设计了具体规则，裁判者必须遵守相关规则进行证据采纳与运用。人类最初采取的是自由证明模式，由裁判者听取当事人与目击者的陈述并根据自己的经验与良知作出裁断进而解决纠纷。在神明裁判中，裁判者失去了采信证据与认定事实的自由，而必须遵循统一标准，由此开始走向法定证明道路。到法定证据制度时代，为统一规范司法证明活动而对各种证据的证明力作出明确规定，法官认定案件事实必须严守相关规则而没有自由裁量权，属于极端的法定证明模式。资产阶级革命中为消除法定证据制度的危害而确立了“自由心证”制度，证据之证明力不再由法律预先规定，而由裁判者运用其“人类普遍认知能力”自由判断。尽管在随后的发展过程中各国通过程序与证据立法对裁判者的自由裁量权进行了一系列限制，但现代西方的证明模式基本可认定为自由心证模式。尽管由于诉讼方式，包括审判制度、证据制度等因素的影响，各国采取自由心证模式的具体方式有所区别，且裁判者之“自由”程度也不尽相同，但自由心证的基本定义——法官根据证据资料进行事实认定时不受法律拘束而进行自由判断——已经得到普遍认同与接受。在自由证明模式下，对案件事实的认定强调的是裁判者的主观印象，因此出现了大陆法系“内心确信”与英美法系“排除合理怀疑”这样对裁判者主观方面确信程度提出要求的证明标准。

二、印证证明模式

在我国的刑事诉讼中，法律亦未对证据证明力作出限制，个体证据之证明力及全案证据的综合判断主要依靠法官根据案件具体情况作出，属于自由心证体系，但又与典型的自由心证有明显区别，自成一种“印证证明模式”。① 我国古代字书《仓颉篇》中称：“印，验也。”表达的是一种不同载体所含信息的相互照应及共同性。当前，我国刑事诉讼中的证据证明力并未受到法定的限制，个别证据的证明力判断及证据的综合判断主要还是依靠法官根据案件的具体情况作出，故仍然属于自由心证体系。而为事实裁判者心证建立内心确信，任何一种证明模式都要求一定程度的印证，否则难以形成稳定的证明结构，但在典型的自由心证体制中，对证据之间的印证性并不像我国强调至如此程度，且“印证”的方式也具有多样性。不同于其他国家与地区，我国刑事诉讼中特别强调印证的重要性，要求在案件事实，尤其是关键事实上，证据之间必须有充分的、直接的相互支持；间接证据并不能单独证明案件主要事实，而必须结合其他证据，形成“证据锁链”，才能证明案件的主要事实。在印证证明模式中，获得印证性支持的证据是证明的关键，即证明的关键在于获得相互支持的其他证据，单一的证据不足以证明案件事实，必须获得更多的具有内含信息同一性的证据之支持。刑事司法实践中所谓的“一人供听，二人供信，三人供定”，就是指证言必须有基本内容相同的口供，或者其他证言、物证、书证以及其他证据的支持。

学者认为，印证证明模式最主要的体现在其对证明“外部性”的偏执方面。“外部性”要求在一个证据之外还要有其他证据对其进行支持、印证与验证。而典型的自由心证强调的则是证明的

① 参见龙宗智：《印证与自由心证——我国刑事诉讼证明模式》，载《法学研究》2004 年第 2 期。

“内省性”，即通过接触某一证据在事实裁判者心中留下的印象与影响。自由心证模式包含“自由”与“心证”两个层面，“自由”是指裁判者运用证据认定案件事实不受法律约束；“心证”强调的是证据（无论数量）所能使事实判断者达到的确信程度，只要事实裁判者能够相信某些或某一个证据所提供的事实信息，就能据此定案，故自由心证的要旨在于司法者内心对案件事实的信念。而在我国，即便法官能够从证据中建立确信，但如该证据缺乏“外部性”即相互印证性，也无法做出判定。“外部性”与“内省性”的区别导致了证明标准设置中的差异。首先，“外部性”与“内省性”是证据判断方式主体性与客体性、主观性与客观性、集体性与个体性上的区别，即在于判断中是偏重集体经验还是个体感受。印证证明强调的是一般经验判断所能够确认的事实，故对证据的判断需要具有普遍的接受性。为此，必然更具注重证据本身的客观性，强调证据间的相互印证，以实现其外部可检验性。而自由心证重视的则是证据对特定个体的作用，其证据判断是基于个人感受与个体经验作出的（当然判断过程也应具有经验上合理的可接受性）。其次，“外部性”与“内省性”之间还存在强调证据数量与强调证据质量的区别。在我国的刑事诉讼证明中，单一的证据不能独自证明案件事实，必须获得其他具有同一性信息的证据的支持，如证人证言之外必须有被告人口供、其他证人证言或者相关物证、书证等证据的印证，故证明的关键在于多个证据间的印证性。而典型的自由心证制度中虽然同样需要一定的印证，但并未做过多的强调。以行贿案件为例，在只有行贿人一方作出供述的情况下，如有证据支持或参与研究决定及实施行贿的其他主体的佐证，且相关证据来源可靠、内容没有突出矛盾或疑点的，在自由心证模式下是可以得到证明的；而在我国，由于要求在案件事实尤其是关键事实上，证据间必须有充分、直接的相互支持，故行贿方证据无论多少均只为一方的证据，若没有他方的印证，终究无法认定行贿的事实。因此，我国刑事诉讼证明更强调证据的充分性，即具有相同或相似信息的证据必须达到一定的数量要求。最后，“外部性”对证据间相互印证的强调必然对证明标准提出更高的要求。印证证明模式对证据间的相互印证有十分严格的要求，如不能实现印证性就是证据不足而不能达到证明要求。

在印证证明模式的影响下，对证据之间相互印证有着十分严格的要求，否则即视为证据不足，由此，我国形成了“客观真实”的证明理念，要求证明的外部性、证据量的充分性与较高的证明度。而证明标准作为证明理念的具体化，自然更倾向于“事实清楚，证据确实、充分”或者“确定无疑”、“排他性”等更高、更强的表述而不愿采用“排除合理怀疑”或“内心确信”之类被认为过于主观化且要求较低的证明标准。

第四节　刑事政策

刑事政策是指“国家基于预防犯罪、控制犯罪以保障自由、维持秩序、实现正义的目标而制定、实施的战略、策略、方针、准则、计划以及具体措施等的总称”。[①] 刑事政策对刑事立法与司法有着重大影响，同样作用于定罪证明标准。

一、刑事政策影响定罪标准之设置

刑事政策对立法的影响是通过立法者实现的。一方面是刑事政策（主要是犯罪控制与人权保障之地位）在立法者思想倾向上的影响，属于潜在的、基础性的影响；另一方面则是在特定阶段为响应刑事政策而主动、有目的地制定或修改法律，是可以明显感知的影响。

美国学者布莱恩·福斯特曾采用微观法社会学分析方法对定罪证明标准设置对错放与错判比率的影响，揭示了基础性刑事政策在

① 曲新久：《论刑事政策》，载陈兴良主编：《中国刑事政策检讨》，中国检察出版社 2004 年版，第 111 页。

其中的作用。在采取排除合理怀疑标准的情况下，定罪率可达70%，定存在真正罪犯的案件比率为80%，在所有被定罪被告中有99%的人实施了犯罪，错误定罪率为1%，此时在所有被提交审判的被告人中有10.7%事实上有罪的被告人被错放，而0.7%事实上无罪的被告人被错判，故错案的总体比率为11.4%，错放与错判的比例为15∶1。而假设其他条件不变，在证明标准升高的情况下，定罪率随之下降，当定罪率为50%时，错案比率为31.0%，错放与错判的比例为60∶1。当定罪率为40%时，司法错误比率为40.8%，错放与错判的比例为99∶1。反之，证明标准降低时，定罪率随之升高，在80%定罪率的情形下，司法错误比率为1.6%，错判与错放比率为8∶8。①

表1　错放与错判比例②

	在所有被定罪的被告人中有95%的被告人实施了犯罪行为			在所有被定罪的被告人中有99%的被告人实施了犯罪行为		
	存在真正罪犯的案件比率			存在真正罪犯的案件比率		
定罪率	70%	80%	90%	70%	80%	90%
40%	16.0	21.0	26.0	76.0	101	126
50%	9.0	13.0	17.0	41.0	61.0	81.0
60%	4.3	7.7	11.0	17：7	34.3	51.0
70%	1.0	3.9	6.7	1.0	15.3	29.6
80%	*	1.0	3.5	*	1.0	13.5
90%	*	*	1.0	*	*	1.0

① 参见［美］布莱恩·福斯特著：《司法错误论》，刘静坤译，中国人民公安大学出版社2007年版，第80~82页。

② 参见［美］布莱恩·福斯特著：《司法错误论》，刘静坤译，中国人民公安大学出版社2007年版，第85页。

表 2　错误定罪总体比率①

	在所有被定罪的被告人中有95%的被告人实施了犯罪行为			在所有被定罪的被告人中有99%的被告人实施了犯罪行为		
	存在真正罪犯的案件比率			存在真正罪犯的案件比率		
定罪率	70%	80%	90%	70%	80%	90%
40%	34%	44%	54%	31%	41%	51%
50%	25%	35%	45%	21%	31%	41%
60%	16%	26%	36%	11%	21%	31%
70%	7%	17%	27%	1%	11%	21%
80%	*	8%	18%	*	2%	12%
90%	*	*	9%	*	*	2%

尽管不能确定事实上有罪与否的假定之准确性，但可以得出这样的结论：当证明标准发生变化时，定罪率亦随之变化，而错误定罪总体比率、错判与错放比率亦随之变化，而相关变量则关系到司法效益的评价问题，包含打击或保护、社会控制或人权保障之价值选择。因此，定罪证明标准设定包含着政策权衡问题：标准设定过高，错判无辜的情况相应减少，而错放犯罪的情况则随之增多；设定过低，错判无辜情况增多、错放罪犯情况随之减少。

“在国家控制能力与社会自我防卫能力都较弱的传统社会中，必须突出刑罚机器的惩罚机能，尤其要尽可能使凡有重案的罪犯‘罪有应得’。”② 因此，法定证据制度设置了较为严格的“法律真实”标准，一般要求两名以上品行良好的目击证人关于犯罪主要事实的一致证言，或者是被告人供述加以适当的补充证据，方得定

① 参见［美］布莱恩·福斯特著：《司法错误论》，刘静坤译，中国人民公安大学出版社 2007 年版，第 86 页。

② 左卫民：《证明标准与刑事政策》，载《比较法研究》2006 年第 2 期。

罪。当然该定罪证明标准在现实环境中是难以实现的，为了实现刑事诉讼的惩罚功能，必然导致对标准的变通适用，如刑讯合法化、奉行“疑罪从轻”原则，也因此陷入了司法正当性危机之中。而自由证明正是在人权保障旗帜引导下对法定证据制度的否定。而在自由心证制度之下，允许带有不确定性的情理推断形成有罪确信，又是为实现惩罚犯罪目的进行的平衡。因此，现代西方国家通过设定相对较高的证明标准——“排除合理怀疑”或“内心确信”追求司法错误总体比率与错判无辜与错放犯罪比率二者之间的相对平衡与优化，兼顾了人权保障、文明司法与惩罚犯罪多项功能，是对其基本刑事政策的遵从。而我国设置“事实清楚，证据确实、充分”的标准，则是为提升司法制度合法性的政策考量而设置很高的证明标准，以减少错判无辜数量、降低错判与错放之间的比率，亦是“实事求是”思想的体现。

二、刑事政策影响定罪标准之适用

如果说法定标准的设置受到总体刑事政策的影响，而不同时期的政策倾向则更直接地影响了当时对定罪证明标准的理解与适用。

当法律推理不能产生确定结果时，司法决定的作出往往不得不对政策进行考量。[①] 在法国，尽管在自由心证制度下，须根据内心确信标准作出有罪判决，但事实上法官对未达到确定性的“疑罪”可能会采取定罪但减轻处罚的做法，即是基于对犯罪控制刑事政策的考量，在没有形成完全的有罪确信时，考虑被告人的人身危险性，为寻求平衡而选择“疑罪从轻”，体现了对社会秩序的倾向性。[②]

以我国为例，1983 年全国人大常委会通过《关于严惩严重危

① 参见［美］理查德·A. 波斯纳：《法理学问题》，苏力译，中国政法大学出版社 1994 年版，第 40 页。

② 参见［法］米歇尔·福柯著：《不正常的人：法兰西学院演讲系列（1974-1975）》，钱翰译，上海人民出版社 2003 年版，第 8~9 页、第 14~25 页。

害社会治安的犯罪分子的决定》与《关于迅速审判严重危害社会治安的犯罪分子的程序的决定》，开始了“依法从重从快严厉打击刑事犯罪活动”，“严打”成为20世纪80年代后我国奉行的一项重要刑事政策。“严打”的刑事政策尽管并未改变定罪证明标准的立法，但为了响应“从重从快”的要求，办案人员在司法实践中对“事实清楚，证据确实、充分”的具体理解与适用却有了实质性的变化。1981年5月，彭真《在五大城市治安座谈会上的讲话》中提出：“现在，有的案件因为证据不很完全，就判不下去。其实，一个案件，只要有确实的基本的证据，基本的情节清楚，就可以判，一个案件几桩罪行，只要主要罪行证据确凿也可以判，要求把每个犯人犯罪的全部细节都搞清楚，每个证据都拿到手，这是极难做到的，一些细枝末节对判刑也没有用处。办案也是这样，我们要坚决改正的是那些错案、冤案、假案，至于判决性质不错或基本上正确，只是判刑轻重稍有不同意见，就不要长期纠缠翻腾，以致影响当前最紧迫的工作。”① 随后，1983年7月中共中央《关于严厉打击刑事犯罪的决定》与1984年1月9日最高人民检察院《关于在严厉打击刑事犯罪斗争中应用法律的若干问题的答复》中出现了“基本事实清楚，基本证据确凿”的“两个基本”的提法。2001年4月7日，最高人民检察院发布《关于检察机关积极参加“严打”整治斗争和整顿规范市场经济秩序工作的意见》对“两个基本”作出了明确规定。而全国治安工作会议亦将“基本事实清楚，基本证据确凿”确立为“严打”的基本办案原则。“两个基本”的适用，实质上降低了证明要求，实践中在办案人员中滋生了“差不多”、“大概齐”的思想，简单粗糙的办案现象大量出现，“严打”期间出现的错案相比平时明显增多。②

---

① 来源于 http://cpc.people.com.cn/GB/69112/99985/100003/9812595.html。

② 参见周长军：《博弈、成本与制度安排》，载陈兴良主编：《中国刑事政策检讨》，中国检察出版社2004版，第298~299页。

而刑事审判实践中长期存在的“留有余地判决”的做法则更是数个刑事政策合力的结果。我国刑事诉讼法明确规定了“证据不足，不能认定被告人有罪的，应当作出证据不足、指控的犯罪不能成立的无罪判决”。但放纵犯罪却难以获得社会的认同，基于犯罪治理与社会控制考虑，加强定罪率、减少错放也是现实的需求。我国“事实清楚，证据确实、充分”定罪标准要求甚高，如严格依照法定标准，对证据不足的案件直接作出被告人无罪的判决即可，但现实中，由于当事人、社会舆论、上级部门与同级政府的压力往往具化为诸如“不枉不纵”、“少杀、慎杀”、维护社会稳定等刑事政策促使裁判者在审判采取妥协的做法，即对诸如涉及死刑的案件，如果事实不清、证据不足，既存在能够证明被告人有罪的证据，又有能够证明其无罪的证据，或有罪证据存在疑点或瑕疵，裁判者不能达到内心确信无疑的，为不放纵犯罪而对被告人定罪以满足社会与被害人的要求，同时又留有余地地判处死刑缓期执行，以防止将来发现新证据或真凶出现推翻当前所认定的犯罪事实时，不至于错杀造成无可挽回的后果。

第四章　我国定罪证明标准理解

第一节　对“事实清楚，证据确实、充分”的阐释

我国 1979 年刑事诉讼法确立了“事实清楚，证据确实、充分”的证明标准并在此后的刑事诉讼法修改中得到沿用。刑事诉讼中侦查机关侦查终结移送审查起诉、检察机关提起追诉公诉与审判机关作出有罪判决均须达到“事实清楚，证据确实、充分”的要求。但该标准本身作为一种一般性、总体性、政策性的要求，未能对司法实践提供较为明确具体、可供操作的衡量方法与尺度。于是，理论界对其进行了阐释，司法实践中亦提出了一些具体要求。

一、客观真实说

客观真实论者认为我国刑事诉讼作出有罪判决时审理者根据证据对案件事实的认定应符合客观事实情况。该观点与唯物主义可知论相联系，是关于我国定罪证明标准的传统观念。

客观真实说认为，“事实清楚”是指与定罪量刑有关的事实与情节均应查清；“证据确实、充分”则是对作为定罪根据的证据的质和量提出的综合要求。“事实清楚，证据确实、充分”的具体要求是：（1）据以定案的证据均已查证属实；（2）各证据与待证事实之间存在客观联系，具有证明力；（3）各犯罪构成要件事实均有相应证据加以证明；（4）所有证据在总体上已足以对所要证明的犯罪事实得出排除其他一切可能性的唯一结论。客观真实论者认

为，我国定罪证明标准设置要考虑到刑事诉讼涉及公民生命、自由与财产权利的剥夺，必须十分谨慎，在事实认定与法律适用上都必须坚持高标准、严要求，而“事实清楚，证据、确实充分”正是前述精神的体现。此外，客观真实论者还指出了现行证明标准有待完善之处：定罪证明标准应体现犯罪事实与情节的不同层次要求，对“谁是犯罪行为实施者”之核心问题需要达到确证无疑的程度，而对罪行轻重有影响的事实与情节要尽量查清，对与定罪量刑无关事实与情节则不需要调查清楚，即越是关键、重要的事实与情节越要从严掌握，而相对次要的事实与情节则可以适当放宽。①

客观真实说归根结底属于排除了认识盖然性的绝对确定的客观性标准，其一方面未能正视认识的相对性与诉讼证明的特殊性，带有某种理想主义色彩；另一方面也忽视了证明标准的主观性，与认识规律不符。此外，客观真实说对“事实清楚，证据确实、充分”的解释也未能为司法实践提供明确的指导，仍然较为模糊而难以把握。以“事实清楚”为例，该理论并没有界定“事实”究竟为客观事实还是法律事实，绝对真实还是相对真实，实质真实还是形式真实。②

二、排他性说

法律真实论者认为我国“事实清楚，证据确实、充分”的刑事证明标准比较原则笼统，人们对此不仅在认识上存在分歧，做法上也不一致，需要进一步解释以使其具体明确、易于操作。西方“排除合理怀疑”的刑事诉讼证明标准不仅是对办案人员内在素质的要求，还包括了对全案证据质与量的要求，其更好地反映了刑事案件证明的共同规律，为众多国家所采纳。但是我国证据制度是以

① 参见陈光中、陈海光、魏晓娜：《刑事证据制度与认识论——兼与误区论、法律真实论、相对真实论商榷》，载《中国法学》2001 年第 1 期。

② 参见何家弘、刘品新主编：《证据法学》，法律出版社 2007 年版，第 337 页。

辩证唯物论为指导的，“排除合理怀疑”的表述从文字解释与实际操作方面都难以把握。因此，应在吸收“排除合理怀疑”之合理内核的基础上，按照辩证唯物主义关于获得正确认识的矛盾法则，将我国刑事诉讼证明标准概括为“排他性”，即“证据调查与运用要排除一切矛盾，运用证据对案件事实得出的结论必须是排除其他一切可能的唯一结论，该结论在事实与证据两方面都应经得起历史考验”。[①] 该观点的主要考量如下：（1）我国证据制度以辩证唯物主义认识论为指导原则，对案件事实的认识要在矛盾的运动过程中逐步深化，最终排除矛盾而形成科学的结论，故“排他性”是符合办案人员对案件事实的认识过程的；（2）刑事案件关系国家安危与人民群众的生命财产安全，故刑事诉讼证明必须要做到事实、情节清楚，所得结论必须得排除一切其他可能、经得起实践检验与历史考验的唯一结论；（3）排他性吸收了“排除合理怀疑”的思想，一方面对证明主体的资格与职业道德提出了要求，另一方面要求作为定案根据的证据之证据能力与证明力必须符合证据法规则；（4）“排他性”简单、明确、具体，更易于操作与掌握，是证明标准的适当选择。在对“事实清楚，证据确实、充分”的具体阐释上，首先在证明活动中，客观事实必须转化为法律事实才具有诉讼意义。故除程序法事实外，刑事诉讼证明只需围绕实体法事实，即对定罪、量刑有决定意义的事实之有无进行即可，包括：（1）犯罪事实是否发生；（2）犯罪行为是否为犯罪嫌疑人、被告人所为；（3）实施犯罪的时间、地点、手段、后果及其他情节；（4）实施犯罪的目的、动机；（5）对量刑有影响的从重、加重、从轻、减轻及免除处罚的情节；（6）被告人的相关情况，包括身份、责任能力与前科等。而“证据确实、充分”应当理解为：（1）作为定案根据的证据必须具备客观性、关联性与合法性；（2）根据认识

① 樊崇义：《客观真实管见——兼论刑事诉讼证明标准》，载《中国法学》2000年第1期。

论的矛盾法则，对全案证据进行分析与综合，达到每一证据的前后一致，证据之间的相互一致，全案证据与案件的过程与结果一致，形成完整的证明体系并排除一切矛盾；（3）全案证据得出的结论是唯一的，具有排他性。①

“排他性”借鉴了“排除合理怀疑”的排除法认知方式，在当时又避免了照搬西方意识形态的嫌疑，符合我国的语言表达习惯，是对“排除合理怀疑”进行技术处理的结果。此外“排他性”与证据相互印证、不矛盾、形成锁链等说法具有同质性，在司法实践中更易于被接受。但学者也认同：“对于我国法律规定的‘案件事实清楚，证据确实、充分’，也只有落实到‘排他性’标准上，才能够精确把握。但‘排他性’标准显然没有‘排除合理怀疑’的标准精确。”②

三、确信无疑说

相对真实论者认为证明标准是负有证明责任的诉讼主体运用证据证明争议事实、论证诉讼主张所须达到的程度方面的要求，以及事实裁判者对证明主体关于争议事实的主张的确信程度。故证明标准的设置是为当事人与裁判者进行相应诉讼行为提供基准与参照，应当是符合诉讼实践需要，做到明确、具体、具有可操作性，而不能是一种应然模式或理想状态。诉讼证明自身的特殊性，即证明主体、客体及时空与资源的局限性，以及证明程序与证据规则的制约，决定了其在大多数情况下达不到证明结论与案件客观事实完全一致的程度，而只能最大限度地接近客观真实。因此，要求诉讼证明达到所谓的“客观真实”即主客观完全一致是非理性的。但由于有罪判决涉及的法律后果最为严重，故在客观方面，定罪证明应

① 参见樊崇义：《客观真实管见——兼论刑事诉讼证明标准》，载《中国法学》2000年第1期。

② 樊崇义等：《刑事证据前沿问题研究》，载何家弘主编：《证据学论坛》（第1卷），中国检察出版社2000年版，第215页。

在有限的时空和资源条件下尽最大努力实现对案件事实的认定在最大程度上符合案件事实的本来面目。在主观方面，若要作出有罪判决，法官必须对被告人实施了被指控的犯罪行为达到坚信不疑的程度。故应当以此设置事实裁判者主观上对当事人提供的证据进行评价和对争议事实进行认定的标准，即“内心确信无疑”。[①] 对“内心确信无疑”的理解应明确：（1）事实裁判者对指控事实的判断与认定必须建立在控方举证与辩方质证的基础之上，即必须坚持证据裁判原则，防止主观臆断；（2）事实裁判者应在排除任何认为干扰的情况下，在其自身知识与经验范围内认为对事实的认定确有把握，而不会抑或是不定，易言之，即排除了任何有根据的合理怀疑；（3）“内心确信无疑”是建立在对单个证据真实性、关联性审查采信与对全案证据的综合判断基础上的，故证据的确实、充分是裁判者形成内心确信的基础。[②]

从主观方面来看，“确信无疑”表示事实裁判者对案件事实完全肯定的心理状态，同时显示出对该案件事实的确认具有极高的可信度；从客观评价来看，“确信无疑”亦显示出对案件事实判断是以具体、客观、充分的证据为根据的，被确定的案件事实完全符合定案的一般标准，具有不以个别司法官意志为转移的客观特性。“确信无疑”标准的要求简明清楚而内涵丰富，兼采了大陆法系“内心确信”的确证法与英美法系“排除合理怀疑”的排除法两类证明方法，综合运用了证实主义与证伪主义，双管齐下，因此，可验证性、可操作性较强。

四、“两个基本”

在我国刑事司法实践中，对定罪证明标准提出了诸多见解与实

① 参见卞建林、郭志媛：《论诉讼证明的相对性》，载《中国法学》2001 年第 2 期。

② 参见卞建林、郭志媛：《论诉讼证明的相对性》，载《中国法学》2001 年第 2 期。

施方案，其中最为突出的就是“严打”时期适用的“基本事实清楚，基本证据确凿”，即“两个基本”原则。“两个基本”的本意在于防止在一些与定罪量刑关系不大的细枝末节上纠缠而致久拖不决、贻误战机。[①] 刑事诉讼法确立的“事实清楚，证据确实、充分”的证明标准强调司法基本办案中要追求客观真实，证据取舍与证明力大小要以证据本身的客观性与关联性为准，对案件事实的认定必须“以事实为根据”、“忠于事实真相”，而尽量避免主观因素的介入。但实践中司法人员普遍感觉该标准过于原则、笼统，公、检、法各机关之间常因对“客观真实”的不同理解而相互推诿，贻误办案时机而导致打击不力或者判决不公。有人指出，客观真实原则作为宏观目标无疑是正确的，但司法实践不能将理想与现实相混淆，故以“两个基本”为标准是一种务实的做法。其中，“基本事实”是指关系定罪量刑的事实，即犯罪构成要件方面的事实，排除违法性的事实以及区分此罪、彼罪的事实，此外还包括法定加重、从重、减轻、从轻或免除刑罚的事实与情节以及法定不追究刑事责任的情形。而“基本证据”则是指对基本事实起决定性证明作用的证据，其范围由基本事实的范围及对基本事实的证明要求决定，应当具备以下条件：（1）与基本事实有客观的内在联系；（2）是认定基本事实所必需；（3）据以认定的案件事实具有排他性，即运用该证据进行证明得出的结论能够排除其他一切可能性；（4）符合法定形式并按法定程序收集、审查与判断。尽管“两个基本”原则是在“从重从快”打击严重刑事犯罪的斗争中提出的，但该原则同样适用于一般刑事案件。[②]

尽管提出“两个基本”的本意不在于降低证明标准，亦强调证明必须达到确定无疑、排除其他可能性的程度，但在实际执法过

① 参见张穹：《关于“严打”整治斗争中的法律适用问题》，载《检察日报》2001年7月23日第3版。

② 参见朱捷：《“两个基本”原则之合理性分析》，载《检察日报》2001年9月27日第3版。

程中却因为理解偏差，出现了“事实基本清楚，证据基本确凿”或者“差不多”、“大概齐”的解释与做法，事实上降低了证明标准，造成办案质量下降，甚至侵犯了犯罪嫌疑人、被告人的合法权益。

“两个基本”对我国刑事司法实践的影响并未随着1996年、2012年刑事诉讼法的修改而降低，各界在新法修订后对其又进行了重新解读。如通过对人类认识局限性的分析指出，“世界上任何国家都有相当比例的兴衰案件难以侦破；在已侦破的案件中，司法人员也不可能查清全部犯罪事实，不可能收集到所有的证据。因而法律和刑事政策对司法证明标准的要求，也就不能要求查清犯罪的全部事实，而只能要求查清基本事实；不能要求收集到犯罪留下的全部证据并使之确实、充分，而只能要求收集到基本的证据并使之确实、充分。”因此，刑诉法规定的“事实清楚”指的就是“基本事实清楚”；“证据确实、充分”就是“基本证据确实、充分”。“两个基本”是对法定证明标准作出的符合认识规律和司法规律的阐释，与法定证明标准是一致的，并不存在矛盾，也没有降低法定证明标准。“两个基本”的积极意义在于提醒司法人员准确理解和把握证明标准中的“事实”和“证据”，防止纠缠细枝末节。实践中出现的误解并非“两个基本”本身的错误，因此既要防止将其作为错误的观点加以批评与否定，又要防止对其乱用、滥用和误用。①

第二节　我国定罪证明标准改良路径

定罪证明标准的设置一方面必须是当前现实条件下所能达到的最高标准，以在最大限度内查明案件事实，实现实体公正；另一方

① 参见朱孝清：《“两个基本”要坚持，但要防止误读和滥用》，载《检察日报》2014年5月14日第3版。

面还必须在综合各诉讼价值追求的基础上，尽量做到具体、明确而具可操作性。现行“事实清楚，证据确实、充分”标准是从古代的“明白”、“无疑”的要求到近代转型期“证据确凿”、“确实”、“充分”的立法再到新民主主义革命时期确立的“实事求是”的工作作风演变而来的，是历史的产物与司法经验的总结，有着深厚的理论与实践根据，符合我国民众的心理需求与表达习惯。但同时由于其过于原则、笼统，而各种阐释又缺乏统一的认识，实际操作中往往由个人凭其主观观念去掌握，导致定案出现分歧，影响了办案的准确性与诉讼效率。因此在维系现行标准的同时，应当对其形成较为统一的具体认知，使之更具实用性与可操作性，为其在司法实践中的具体适用奠定基础。

一、承认诉讼认识的盖然性

“有罪抑或无罪，是一个具有客观真实性的问题，即被告人事实上有没有实施所指控的犯罪行为。从被告人最初被怀疑是否有罪，到最终判决其是否有罪，我们设计了一套刑事司法制度，以使事实裁判者能够依据法律发现真相。”① 诉讼制度以解决纠纷为最终目的，但如果纠纷的裁决与纠纷事实真相无关，则该裁决也将沦为司法专横的宣判，继而无法观察法规范的一般指引功能。因此，判决的公正性主要取决于其真实性，同时，公信力也要求判决符合事实真相，查明事实真相在司法裁判制度中占据无可替代的基础性地位。即使是在通常观念中不重视事实真相的英美法系国家，亦不否认确定事实真相是证据法的目的之一。英国学者指出：“必须记住，我们的证据规则大都是在多年经验的基础上建立起来的，其宗旨只有一条，就是保证求得案件的客观真实，防止发生冤枉无辜的

① Bullington v. Missouri, 451 U.S. 430 (1981).

现象。”① 美国学者也认为：“在司法裁判中，对事实真相的追求必须不时让位于其他价值和目标，如维护国家安全、维持家庭信赖……但是，司法裁判的目的却显而易见：确立事实的真相。”②《美国联邦证据规则》第102条即规定：“本规则将用以保证公正施行，消除不合理的耗费与延误，促进证据法的发展壮大，以实现确定事实真相，公正处理诉讼。”③

但是，在现代诉讼制度中，查明事实真相并非指客观真实说坚持的与客观上实际发生的事实完全符合、确实无疑。“对于意识到自己的本质的意识来说，任何微粒，不论是灰尘、石头或木头的微粒，都是一种不能彻底认识的东西（Unauskenntiliches），这就是说，每一个微粒都是人的认识能力所不可能穷尽的材料……”④ 对人类认识的局限性，前文已经作出分析，故传统客观真实理论存在重大缺陷：其一，并非所有案件都能够查明案件的事实真相。现代诉讼制度中，证据是裁判者认识过去的基本手段，而主客观等多方面原因都可能造成证据缺失，实践中必然存在无法查明事实真相的案件。其二，事实认定不要求穷尽案件事实的所有方面，只要求在裁判所需事实问题上，裁判者的认识能够正确反映客观实际。对此，客观真实说本身也进行了一定的修正。

学者认为，我国客观真实说与法律真实说之间实际上存在相通之处。⑤ 首先，客观真实说亦承认刑事案件中存在无法查明客观事实的情况：“司法实践中，并非对每个案件的证明均达到了客观真

---

① ［英］K. S. 肯尼、J. W. 塞西尔·特纳著：《肯尼刑法原理》，王国庆、李启家等译，华夏出版社1989年版，第484页。

② William Twining, Evidence and Legal Theory, 47 Mod. L. Rev. 261, 272 (1984).

③ “These rules shall be construed to ... to the end that the truth may be ascertained and proceedings justly determined.”

④ ［苏联］列宁：《唯物主义与经验主义批判》，载《列宁选集》（第2卷），人民出版社1972年版，第119页。

⑤ 参见何家弘：《论司法证明的目的和标准——兼论司法证明的基本概念和范畴》，载《法学研究》2001年第6期。

实的程度。其原因是多方面的，或因证据未及收集而损毁消失，或因未深入调查没有获得必要证据，或因摄于权势、徇于私情故意歪曲事实，等等。”[①] “由于证明的有限性，一方面存在一定数量的案件不能破案的情况；另一方面，即使已经证实了犯罪事实与犯罪人的案件，其所达到的客观真实也不可能完全符合客观存在的犯罪事实情况，如案件的细枝末节无法全部查清，甚至一些与定罪量刑有关的情节也常常难以认定。”[②] 而法律真实说同样承认追求客观真实的重要意义。“对于我们每个人来说，如果在诉讼过程中能够发现案件的真实情况，是最好不过的事情，或者是，再没有任何一种主张比这种主张更完美了。正因为如此，人们对于如何发现客观真实，不知道倾注了多少热情和精力。”[③] 应当明确，法律真实并不等于形式真实：形式真实是法定证据制度中预先规定证据证明力，法官按照法定模式收集调查证据，只追求证据事实反映的形式合法；而法律真实的价值取向是内容与形式的统一，现象与本质的统一，脱离证据事实的真实性而只追求形式的统一与真实是法律真实所反对的。[④] 法律真实并不是脱离客观真实而以主观认识为检验标准的主观真实，而是建立在客观真实基础之上的包含客观真实内容的真实，只是法律真实说认为司法证明的结果无法做到完全正确而存在误差的可能性，是相对的，而不能达到绝对的真实。学者认为客观真实说与法律真实说的分歧一定程度上源于目的与标准的混

---

① 陈一云主编:《证据学》（第 2 版），中国人民大学出版社 2000 年版，第 117 页。

② 参见陈光中、陈海光、魏晓娜:《刑事证据制度与认识论——兼与误区论、法律真实论、相对真实论商榷》，载《中国法学》2001 年第 1 期。

③ 参见樊崇义等:《刑事证据前沿问题研究》，载何家弘主编:《证据学论坛》（第 1 卷），中国检察出版社 2000 年版，第 202 页。

④ 参见樊崇义:《客观真实管见——兼论刑事诉讼证明标准》，载《中国法学》2000 年第 1 期。

淆。[1] 司法证明的直接目的是查明案件事实以正确适用法律，此处的“事实”是指客观事实，即诉讼证明的目标应当是客观真实。而法律事实则是司法证明的结果，由于认识的有限性，多数案件的证明结果总会与案件的客观事实存在一定的误差。因此，尽管证明目的为证明活动指引了方向，是证明主体之证明行为的驱动力量，但其主要作用于行为的过程中，却不一定总能够在现实中成为行为的结果。因此，证明目的并不一定能够在每一个案件中实现，但案件纠纷最终必须得到解决，任何具体的案件都必须对证明结果做出评判，故必须为此规定具有现实意义的证明标准。证明标准的主要功能即是对证明结果进行规范，而法律事实作为证明行为的结果，是司法证明必须达到的真实。证明目的可以带有一定的理性，而证明标准则必须是现实的、可操作的。“客观真实”属于理想模式，尽管司法证明自然是以实现客观真实为最佳，但由于条件限制，其并不具有实用性与可操作性，不能解决对诉讼证明进行评价的问题，因此不得不满足于法律真实。可以说，客观真实与法律真实的矛盾在一定程度上反映的是理想与现实之间的冲突，客观真实说与法律真实说之间的争议实质上可归结为刑事诉讼中要不要力求真相的基本主张。[2] 客观真实说与法律真实说事实上均认可发现案件事实真相是诉讼的终极目标，所不同的是，客观真实说认为这是一般情况下只要按一定规律与规则行动就能够达成的目标，而法律真实说则认为这只能是理想中的目标并不具有现实性。传统客观真实论的错误在于将理想的目标当作了现实的证明标准，实际上抹杀了证明标准的存在价值，导致实践中的理解偏差。但正如德国学者所言：“事实上，尽管人类的认识能力是有限的，而且事后再来澄清历史事实有着特殊困难，但是这并不妨碍对客观真实的追求。与此

---

① 参见何家弘：《论司法证明的目的和标准——兼论司法证明的基本概念和范畴》，载《法学研究》2001 年第 6 期。

② 参见张建伟：《证明标准研究中的模糊视阈》，载《政法论坛》2005 年第 6 期。

相反，由于不以客观真实为目标会导致刑事诉讼与实体法的基本要求脱节。”① 实现案件处理的实体公正必然会对客观真实的发现提出要求，故坚持客观真实对敦促办案人员积极查明案件事实真相、增强裁判的可接受性有着重要意义。司法裁判过程中，法律真实如不能在统计意义上做到与客观真实在多数情况下一致，或使人们普遍相信有可能达到并追求这种一致，则裁判所依赖的此种法律真实就会在制度与意识形态上失去其正当性，司法过程也会因此变质。② 客观真实论的现代意义在于强调刑事诉讼应努力发现案件真相，裁判内容应符合实际情况。因此，客观真实论应理解为诉讼证明的目标，而不能作为现实衡量有罪与否的标准。我国传统证据理论的缺陷主要在于认为证据法的核心问题是如何确保办案人员正确认识案件事实，实现主客观相符合，实际上是将诉讼证明等同于通常意义上的认识活动而忽略了其自身的认知特点。诉讼证明作为人类认识事物的特殊方式，并不能等同于通常意义上主客体之间的认识活动，而是围绕特定命题展开的说服活动。在证明标准问题上，“标准”一词本身就意味着裁判者对不同证明对象在内心信服程度上存在区别。司法实践中不可避免会遇到证据不足、事实不清的疑难案件，因此才必须根据认识效果的程度引入评判标准——证明标准，作为证明活动的终结，进而对案件作出评定，实现定分止争的最终目的。因此，刑事诉讼中控方需要证明的并不是案件全部客观事实本身，而是犯罪的基本要件，且即使是法定待证事实亦不需要证明到完全恢复事实真相的程度。对此，各学说的观点是基本一致的。

综上可知，我国理论界实际上已经对司法证明的相对性达成了默契。但进一步解决定罪证明标准相关问题，还需对诉讼认识的盖

---

① ［德］许乃曼：《论刑事诉讼的北美模式》，茹艳红译，中国检察官协会 2008 年 6 月编印《认罪案件程序改革国际研讨会论文集》，第 40 页。

② 参见张志铭：《裁判中的事实认知》，载王敏远主编：《公法》（第 4 卷），法律出版社 2003 年版。

然性作出正式承认。英美证据法学理论普遍认为，在司法裁判中，事实认定活动“涉及的是盖然性而非确定性”。① 墨菲在论证《美国联邦证据规则》第102条“查明事实真相”的目的时指出：“我们会理所当然地认同这一值得追求的理想，但是我们不应因此而无视以下事实，在普通法时期的法庭或普通法之前的法庭上，最后一次发现事实真相很有可能就是法院最后一次将决斗、神判或者他人保证作为证据的时候。基于对我们人性和理性局限性的承认，我们现在寻求的不是事实真相，而是某种可接受的盖然性。我们要求陪审团达到的最高程度的证明标准是排除合理怀疑。这是一个很高的标准，但是，它还远未达到确定性的程度。在大多数情况下，可接受的标准是优势证据标准……”②

我国学界曾经对盖然性理论提出了严厉的批判，认为其是为抛弃民主诉讼原则、制度与诉讼保障制造理论依据，为追诉机关人员追究犯罪、法官主观臆断寻找借口，此外，盖然性理论与辩证唯物主义认识说毫不相干，如用于指导诉讼实践将极为有害，等等。③ 而客观真实论的主导地位并未从根本上动摇，一般认为通过“确实、充分”的证据达到的案件真实应当是一种排除不确定性（盖然性）的客观事实而若主张认识的盖然性则会增加证明中的主观擅断从而损害案件质量。的确，西方盖然性理论否认了绝对的确定性，是对主观证明作出的客观限定，承认认识的盖然性，不要求司法人员寻求绝对的真实，必然会导致证明标准的降低。但如仔细考察盖然性理论的内涵，则会发现不仅有存在的合理依据，更具有极大的现实意义。首先，诉讼认识的相对性决定了诉讼证明无法排除

① James Bradley Thayer, A Preliminary Treatise on Evidence at the Common Law, Little, Brown, and Company (Boston: 1898), p. 273.

② Peter W. Murphy, Some Reflections on Evidence and Proof, 40 S. Tex. L. Rev. 338 (1999).

③ 参见周亨元：《评刑事诉讼法学中高度盖然性的观点》，载《政法论坛》1995年第2期。

盖然性。正如德国最高法院所言："由于人之认识能力有限，任何人对于事实之存在殊难得到绝对确定之认识。"① 苏联学者亦认同："审判活动的条件使审判员必须不是从绝对真实的观点来解决问题，而是从应归法院判断的某种因素的最大限度盖然性的观点来解决问题。"② 其次，盖然性理论亦是价值博弈的结果。盖然性理论是与程序公正相联系的，体现出刑事诉讼制度中的人权保护思想。过分追求实体真实必然会导致诉讼立法中人权保护标准的降低，司法实践中也会因此发生为获取证据而不择手段的违法现象，因此，对真理的追求必须是有所节制的。英国大法官莱特·布鲁斯说过："真理，与一切美好事物一样，可能被人欠考虑地热爱，过分强烈地追求——从而付出的代价可能太大。"③ 而英国司法中也一直存在"审判先于真实"的指导原则，认为："必须遵守关于审判工作的规定，即使在一些例外的场合有损于事实真相，也在所不惜。"④ 诉讼中一味强调实体真实，则会陷入"必罚主义"的错误。⑤ 当然，在刑事定罪问题上，必须达到现实可能达到的最高程度，即尽可能接近事实真相。对此，日本学者有较为全面的论述："刑事诉讼中的真实，首先是'诉讼上的真实'。它毕竟是一个法律学上的概念，而不是自然科学所探求的'绝对的真实'。对于过去发生的事件，只有依据证据法所认定的'诉讼上'的事实，才是'真实'。需要注意的是，尽管说它是真实但其本身就存在界限。刑事诉讼法中的真实，其次是'实体上的真实'。在以当事人的私人权益为对象的民事诉讼法中，可以采取'形式的真实'主义，只要

① 转引自陈朴生著：《刑事证据法》，台湾三民书局 1979 年版，第 581 页。

② ［苏联］安·扬·维辛斯基著：《苏维埃法律上的诉讼证据理论》，王之相译，法律出版社 1957 年版，第 240 页。

③ 转引自龙宗智：《我国刑事诉讼的证明标准》，载《法学研究》1996 年第 6 期。

④ 转引自［法］勒内·达维德著：《当代主要法律体现》，漆竹生译，上海译文出版社 1984 年版，第 336 页。

⑤ 日本学者松尾浩也认为："所谓实体真实主义，不过是必罚主义的委婉托词而已。"［日］松尾浩也著：《刑事诉讼原理》，东京大学出版会 1974 年版，第 11 页。

有当事人的承诺，该事实就被认为是真实。但是，刑事诉讼法不能采用这一原理。诚然，虽然说是‘实体的真实’，但也不是实体法意义上的确凿实施（绝对的真实），因为真实毕竟是诉讼法上的概念，所以它只能是‘尽可能接近真相的事实’。尽管存在这种本源性的界限，但在刑事诉讼中仍然应当以‘尽可能接近于真相的事实’为前提来处理案件。”① 此外，出于诉讼效率的考虑，刑事诉讼中也不必不分巨细对所有案件所有事实都进行穷尽式的彻查，如果否认盖然性，则有可能导致很大一部分犯罪不能得到证明，更加不利于打击犯罪。因此，承认诉讼认识的盖然性是在保障基本人权之前提下有效打击犯罪、实现社会正义的现实选择。我们应当认识到，“排除合理怀疑”、“排除一切怀疑”、“确定无疑”、“排他性”只是词语样式不同，本质并无区别，均是“基于经验理性主义，以盖然性理论为基础，强调一种在人类认知范围内的可能性认识”。② 事实上，各国刑事司法实践均受盖然性影响，只是把握程度不一而已。

二、兼顾证明标准的主客观性

辩证唯物主义认识论认为，认识的根源在于主客体之间的矛盾运动，而认识主客体之间是对立统一的辩证关系。诉讼证明不仅是对过去发生的案件事实的再认识过程，也是事实裁判者进行主观判断的活动。证明标准具有两个不可分割的层面：第一，事实主张者提出证据论证该事实的真实程度，是带有一定客观性的标准，可以通过所提出的证据及论证效果进行衡量，是司法证明的确定性；第二，事实主张者通过论证该事实的存在而使事实裁判者对该事实在内心所形成的相信程度，属于主观性较强的标准，是司法证明的可

① ［日］田口守一著：《刑事诉讼法学》，张凌、于秀峰译，中国政法大学出版社2010年版，第14~15页。

② 参见张建伟：《证明标准研究中的模糊视阈》，载《政法论坛》2005年第6期。

信度。因此，证明标准的完整内容是作为客观方面的确定性与作为主观方面的可信度的结合。在司法实践中，如果仅仅强调待证事实的确定性（真实度），往往可能偏向司法证明的外在目标而忽略对事实裁判者的说服效果，导致机械唯物主义的错误，违反了马克思主义认识论。而如果过分重视事实裁判者的内心确信程度，又有可能走向唯心主义，导致事实裁判者无法将待证事实的可信度建立在确实可靠的证据的基础上，甚至是纵容事实裁判者在认定案件事实时滥用其自由裁量权从而失去事实判断基本的客观性。可以说，证明标准本质属于一种主观要求，但其并不能离开一定的客观基础，其是事实裁判者在对客观证据进行认识的基础上作出的主观判断，故不能脱离主观而设立纯粹的客观标准，也不得脱离客观基础而设立毫无限制的主观标准。有学者认为证明标准的设置与判断是事实裁判者主观领域内的事宜，超出主观认识领域而试图将证明标准导向完全客观化的努力终将归于失败。① 因此，证明标准改良应注意主客观相结合。

西方各国多以事实认定为主观思维过程为前提，立足于主观领域确定证明标准，“排除合理怀疑”与“内心确信”均属于主观性标准。美国联邦最高法院曾经明确表态，解释合理怀疑存在的正确方式是以“思维的主观状态”来表达。② 葛拉泽尔曾经指出：“法官所确定的那个东西，应当符合真实。但是为了做到这一点，就必须使法官本人确信案件情况的真实。法官在研究案件情况的时候，要得出对于事件的盖然性或确实性的程度的一种看法；这样法官才能认定这个情况是真实的（法官确信其真实），或是不实的（法官确信其不真实）或是半信半疑（法官怀疑）。”③ 因此，大陆法系

① 参见陈瑞华：《对证明标准问题的一点思考》，载《人民检察》2003 年第 5 期。

② Jackson v. Virginia, 443 U. S. 3307, at 315 (1979); In re Winship, 397 U. S. 358, at 364 (1970).

③ 转引自［苏联］安·扬·维辛斯基著：《苏维埃法律上的诉讼证据理论》，王之相译，法律出版社 1957 年版，第 171 页。

刑事诉讼中虽然以实质真实为基本主张，却并不排斥从主观方面设定“内心确信”的证明标准。但同时，学者也意识到完全主观化的缺陷，认为固执集中于陪审员的主观状态而避免谈论证明结构或控方应当证明的案件类型是导致对排除合理怀疑解释空洞化的原因之一，定罪标准最高能够以定罪所需要的案件特征来界定，而不是以陪审员的内在主观状态，“内在的主观状态——如果没有特定标准，规制证据和判决之间适当的逻辑关系——容易导致缺乏根基的、带有偏见的和不理性的状态，甚至即使他们产生一个牢固的有罪确信”。① 因此，英美法系国家同样注重对“排除合理怀疑”这一主观标准的客观限定，认为对案件事实的判断是建立在客观资料的基础上的，应力求获得对客观事实的正确认识，其学术研究一直努力对“排除合理怀疑”作出客观解释，试图以确定的解释指导陪审团对证据进行自由评价，并注意以第三者的角度界定证明标准。可见，主观确信标准的客观化是西方自由心证的发展趋势。而苏联证据理论同样认为：“把审判员主观主义与证据的客观主义对立起来，是不正确的，因为证据的客观属性只是借助审判员的主观领会，才可能认识。”② 故其在证据法中同样将根据建立在综合考虑案件一切情况的基础上的内心确信规定为唯一的根据，只是用“社会主义法律意识”替换了通常的良心与理性。

学者认为，我国刑事诉讼法确立的是一种客观化的证明标准，即裁判者在认定某一案件事实是否成立时，需要达到某一外在的证明目标或证明要求，而对举证方要在多大程度上说服裁判者、裁判者对这种案件事实形成多大程度的内心确信，法律则不作明确的要

① ［美］拉里·劳丹著：《错案的哲学——刑事诉讼认识论》，李昌盛译，北京大学出版社 2015 年版，第 57 页。

② ［苏联］安·扬·维辛斯基著：《苏维埃法律上的诉讼证据理论》，王之相译，法律出版社 1957 年版，第 253 页。

求。[①] 可以说，我国长期以来多从客观方面对“事实清楚，证据确实、充分”进行理解而很少涉及其主观方面。一般认为“事实清楚，证据确实、充分”不是对主观意识提出的要求和设立的标准，而是强调证据的客观性与事实的客观方面，是从客观方面设定的证明所需达到的程度。这主要源于唯物主义哲学的影响，一般认为证据具有客观性，而运用证据证明的案件事实就是客观事实，且证明过程与证明方法[②]亦呈现出鲜明的客观属性。在诉讼证明中重视案件事实认定的客观因素，强调从实际出发、实事求是，在我国诉讼制度未设置严格证据规则的情况下，有利于防止由于偏重主观导致的臆测与随意性弊端，因此固守注重客观性的立场并不存在问题，但并不能因此而忽视主观因素。如前文所述，对案件事实的认识本质是依据一定证据进行的主观思维过程，“一定意义上说，诉讼裁判者所描绘出的冲突事实，实际上总是法官以一定的证据为基础而形成的主观感觉”,[③] 故对该过程必须确立一定的主观认识指标。我国证据法学曾经存在的缺陷之一就是极力避免探讨诉讼证明的主观认识活动之实质。我们应当认识到，证明标准可以从主、客观两方面作出相对应的规定。事实上我国“事实清楚，证据确实、充分”标准亦包含主、客观两方面的要求：“事实清楚”可以理解为要求事实裁判者主观上对案件事实依据清楚、明白；“犯罪确实、充分”则是要求相关证据客观上在质与量两方面必须达到“确实、充分”的程度。综合而言，就是要求裁判者对案件事实的认定要在确实、充分证据的客观基础上在主观上认为案件事实已经达到“清楚”的程度。但总体而言，我国定罪证明标准仍然过于客观

① 参见陈瑞华：《刑事证明标准中的主客观要素的关系》，载《中国法学》2014年第3期。

② 我国主流证明方法属于客观印证法，即要求司法人员运用证据认定案件事实应盯住客观事实，通过印证证明之路径进行事实认定，强调证据间的相互印证，而对司法人员内心是否真诚确信并未给予足够重视，下文将进行具体阐释。

③ 顾培东著：《社会冲突与诉讼机制》，四川人民出版社1991年版，第91页。

化，需要在主观方面作出明确的规定，实现主客观相结合。

三、关注证明标准的可操作性

我国“事实清楚，证据确实、充分”标准最为突出的问题在于可操作性的欠缺。具体而言，“事实清楚”要求诉讼证明应达到事实清晰的状态；“证据确实、充分”要求据以定案的证据必须在质上具有客观性，在量上具有充分性，可见，二者均属于对证明程度提出的要求。但好的证明标准不应只是单纯的对证明程度的要求，还应当具有可操作性。我国证明标准设置缺陷之一即没有设定判断方法。对实践中面对的何为“事实清楚，证据确实、充分”，如何进行思维与判定之问题没有提供解决方案。因此，立法确立的证明标准常被学者界定为一种证明要求，而难以发挥真正的“标准”作用。因为根据这一认定事实的法律规则，人们根本无法对一个案件的全案证据是否达到这一法定“证明要求”作出具体的判断，从客观层面来看，人们仅根据这一要求，无法判断现有的全案证据是否达到了足以认定案件事实的程度；从主观层面来看，根据这一抽象的目标，人们也无法评判裁判者对案件事实的认定是否达到了内心确信无疑的程度。[①] 2010 年以来，刑事证据立法对“证据确实、充分”规定了越来越细化的标准与条件，但实际上法律并未对此设置任何可操作的尺度，尤其是未明确列举不应认定案件事实的情况，实践中裁判者仍然可以随心所欲地认定案件事实，或按照刻板的规则满足形式上的法定证明要求。

反观“排除合理怀疑”，其不仅明确了证明应达到的程度，还指出了判断方法，即通过发现疑点而对其进行分析与排除最终实现对案件事实的证明。因此，我国定罪证明标准之改良，有必要在增强可操作性方面作出努力。

---

① 参见张卫平：《证明标准构建的乌托邦》，载《法学研究》2003 年第 4 期。

第五章 “排除合理怀疑”标准

我国对“排除合理怀疑”标准的介绍与讨论由来已久，而2012年刑事诉讼法修改最终将其写入立法，对此如何在理论上进行理解、在实践中正确适用成为新刑事诉讼法实施的重点问题之一。

第一节 英美法系中的“排除合理怀疑”

从英美法系的证据法发展史来看，“排除合理怀疑”标准的形成是宗教、哲学、历史、政治等多重因素共同作用的结果。尽管从诞生迄今不断受到质疑，但普遍观点认为目前还没有更为准确适当的表述方式能够取代“排除合理怀疑”。该标准不仅在英美法系国家得到普遍适用，也对大陆法系各国产生了一定的影响，并得到了国际刑事司法准则的认定，足见其强大的生命力。因此，应当对其核心内涵及其所根植的智识背景进行深入考察，寻找有益认知。

一、“排除合理怀疑”的合理性根基

首先，“排除合理怀疑”虽然建立在盖然性理论的基础上，认为诉讼证明不能达到绝对的确定性，但这并不意味着对证明确定性的放弃，相反其十分强调确定性，即“道德上的确定性”。英美法系定罪证明标准曾将“道德上的确定性”与“排除合理怀疑”一起使用，后因前者在日常生活中已不再使用而作为外行人的陪审员对其含义亦难以实现统一理解而最终只保留了“排除合理怀疑”的表述。学者指出，确立“排除合理怀疑”的定罪证明标准，目

的在于“为刑事司法中发现事实真相的价值建立一种正当性与合法性，从而使公民生命与自由同时得到法律的保护”。①

一般认为“排除合理怀疑”标准与大陆法系的“内心确信”标准都是对证明程度的最高要求，二者之间具有同一性，相互依存、相互渗透，属于一个标准的两个方面，“内心确信”就意味着“排除合理怀疑”，反之亦然。日本学者指出：“在达到不允许相反事实可能存在的程度上，两种证明没有大的差异；但以检察官的证明行为为基础进行评价、判断而形成心证，从这种当事人主义诉讼结构的观点来看，‘超过合理的怀疑’标准是正确的。”② 也有观点认为，由于大陆法系各国刑事诉讼中贯彻实体真实主义，故对证明标准的把握可能较英美法系国家更为严格。《大不列颠百科全书》中指出：“在普通法国家内，民事案件中的证据只需有较大可信即可，而刑事案件，其可信的程度在通常的情况下，必须是无可怀疑。在罗马法国家内，则其可信的要求很高，不容有任何的怀疑。”③ 但在与“内心确信”标准的比较方面，“排除合理怀疑”也存在一定的优势。在证明方法上，“内心确信”属于一种证实主义，是从事实裁判者的角度出发，要求有罪心证必须是裁判者认为对所指控的犯罪的证明已达到令其深信不疑的程度。但是由于这种心证具有浓厚的主观色彩，会让公众觉得因人而异的可能性很大，容易被看作是法官的主观臆断。而“排除合理怀疑”属于证伪主义，不仅表明裁判者对指控的事实确信无疑，且包含参与诉讼的各方乃至案外人亦无法提出合理的怀疑以否认事实存在、证明的结论能够经得起任何反证考验的含义，因此更易于被普遍接受。

---

① See Barbara J. Shapiro, *Beyond Reasonable Doubt and Probable Cause: Historical Perspectives on the Anglo-American Law of Evidence*, University of California Press, 1991.

② 参见［日］田口守一著：《刑事诉讼法》（第5版），张凌、于秀峰译，中国政法大学出版社2010年版，第271~272页。

③ 参见上海社会科学院法学研究所编译：《诉讼法》，知识出版社1981年版，第208页。

更为重要的是，“排除合理怀疑”标准还具备降低事实裁判者的风险，减轻其心理负担的功能。学者认为，该标准最初的主要功能不是帮助确定案件的真实程度，而是为克服作为陪审员的基督教徒在认定被告人有罪时基于道德压力而产生的焦虑，以保障审判任务的顺利完成。最初陪审团成员受基督教杀戮报应神学教义的影响，出于对自身道德安全的考虑，而不愿意作出有罪判决，导致大量实际上有罪的案件被判决无罪。为确保陪审团能够对明显有罪的被告人定罪，法庭开始要求陪审团在作出判决时排除对有罪案件的道德怀疑，此即“排除合理怀疑”出现的最初宗旨。① 而减轻事实裁判者心理负担的功能在当今社会亦具有现实意义。因为诉讼证明的相对性，对案件事实的判断或多或少都会带有不确定性，这使裁判者在作出有罪裁决时不仅要在内心进行自我说服，还需要面对外界各个层面的质疑。大陆法系的事实裁判者多为职业法官，被看作具备超越常人认知能力的司法经验，故其依据良心、理性达至内心确信即可作出有罪判决。而英美法系的事实裁判者是普通人，为裁判可接受性与民众认知度考虑，不同于大陆法系“内心确信”对裁判者个人因素的强调，而更倾向于一种外在的、更普遍、更具公众性的感觉而非个别的私人体验，即强调裁判者之判断具有不掺杂个人情感的超然性，是凭借公众之尺度所作出的，故而得以减轻裁判者的心理负担。正如达马斯卡所言：“宣告刑事被告人无罪的根据，不是事实裁判者个人的任何怀疑，而是特指具有公共正当性（即合理性的怀疑）。”② 而事实上，这种强调公共性的方式更具优势。因此，2006 年欧盟委员会关于无罪推定的绿皮书明确提出了“排除合理怀疑”的证明标准（the prosecution must prove the

① 参见［美］詹姆士·Q. 惠特曼著：《合理怀疑的起源——刑事审判的神学根基》，佀化强、李伟译，中国政法大学出版社 2012 年版，第 243 页以下。

② 参见［美］米尔吉安·达马斯卡著：《比较法视野中的证据制度》，吴宏耀、魏晓娜等译，中国人民公安大学出版社 2006 年版，第 216~217 页。

accused's guilt beyond reasonable doubt)。① 而在大陆法系代表性国家与地区，“排除合理怀疑”也开始进入其司法实践。如德国法律中对定罪需要达到的确定性或可能性程度并未作出直接规定，但其联邦上诉法院曾经裁定：“只要在理性争辩基础上存在合理怀疑的，初审法院即不得定罪。”②

二、对“排除合理怀疑”的理解

“排除合理怀疑”表面上看似简单，实际上却是一个相当复杂、微妙的概念，且迄今为止没有统一定义。在“排除合理怀疑”的概念被引入之前，英美法系国家刑事审判要求只有在陪审员确定（certain）被告人有罪后才能作出有罪判决，这属于非常严格的标准。而启蒙时期的哲学家与法学家开始认识到人类事务不同于数学或逻辑，并没有任何事情能够达到完全的确定。洛克等人指出仅次于绝对确定的最佳状态是道德确信（moral certainty）。道德确信是与传统上通过严格推理而得到的“数学”确定性相对比而言的，并非与伦理或道德有关。道德上确信的信念无须证明到排除所有怀疑，其特征在于：虽然在理论上仍存在怀疑主义者的怀疑，但是在实践中却不存在任何真实的合理性的根据对其进行怀疑。因此，确定有罪的适当标准应当是道德确信而非完全确定被告人实施了犯罪。因此，最初“排除合理怀疑”是与“道德确定性”捆绑在一起的。1850 年，马萨诸塞州最高法院首席大法官 Lemuel Shaw 即通过概括道德确信与排除合理怀疑证明之间的统一性而对其进行了理解：“那么，什么是合理怀疑？它是一个经常得到使用，可能非常容易理解却不太容易定义的术语。它不仅仅是可能的怀疑；因为与

① “the prosecution must prove the accused's guilt beyond reasonable doubt”, see European Commission Directorate-General Justice, Freedom and Security, Green Paper: The Presumption of Innocence, Brussels, 2614120061.

② 参见［德］托马斯·魏根特著：《德国刑事诉讼程序》，岳礼玲、温小洁译，中国政法大学出版社 2004 年版，第 149 页。

人类事务有关的每一件事情和需要道德证据的事务，都容易遭到某种可能的或想象的质疑。它是这样一种状态：在对所有证据进行全面的比较和考量后，陪审员的头脑中处于这种状态，他们不能说对于指控的真实性具有一种持久的信念，达到了道德确信。证明责任落在控方身上。法律要求所有没有证据证明的推论都应当作有利于被告人的解释；每一个人在被证明有罪之前应被推定为清白的。如果证据表明存在合理的怀疑，被告人有权被宣告无罪。只是存在有罪的可能性是不充分的，即使根据概率判断存在较大的可能性，即被指控事实发生的可能性大于没有发生的可能性。证据必须要能够把事实真相证明到一个合理的道德确信程度，一个令人信服和引导认知的确定性，一个满足了推理和判断条件的确定性，一个我们注定在良心上会依据它行事的确定性。这就是我们所说的排除合理怀疑的证明……"① 后来有学者对此作了进一步阐释，"所谓合理的怀疑，指的是陪审员在对控告的事实缺乏道德上的确信、对有罪判决的可靠性没有把握时所存在的心理状态。因为，控诉一方只证明一种有罪的可能性是不够的，而必须将事实证明到道德上的确信程度。"② 但在 Winship 案后，"道德确信" 的说法因为陈旧、没有说服力、有误导性等原因逐渐被抛弃。美国联邦最高法院认为，存在"这种重大的可能性，这种语言会导致陪审员合理地认为，除证据标准外，他们可以把有罪判决建立在道德标准或道德情感上，甚至以后者取代前者"。"风险在于，陪审员将把 '道德确信' 理解为，授权他们在一定程度上可以根据对被告人行为的价值判断来定罪，尤其是在被告人被指控实施了令人反感的或残忍的犯罪中，这个风险是特别高的。"③ 由此切断了 "排除合理怀疑" 的标准与一开始为其提供依据和内在一致性的 "道德确信" 之间的联系。

---

① Commonwealth v. Webster, 59 Mass. 295, at 320 (1850).

② J. W. 塞西尔 · 特纳著：《肯尼刑法原理》，王国庆、李启蒙等译，华夏出版社 1989 年版，第 549 页。

③ Victor v. Nebraska, 511 U. S. 1, at 24 (1994).

综合各类观点，对“排除合理怀疑”的主要解释如下：

其一，“排除合理怀疑”相当于确保个人生活中作出最重要决定时的信念。如美国第五巡回法庭对陪审员指示的推荐模式：“因此，排除合理怀疑的证明，就是这样一个令人确信的证明，你愿意依靠它并毫不犹豫地据此作出你个人事务中最为重要的决定。”① 1968 年英国枢密院通过的特别法令指出，审判中如法官认为陪审员可能持有不应将日常生活中处理重要事务的常识应用于判断证据之想法时，可在指示中明确告知“合理怀疑”是“当你处理个人重要事务时，能够以某种方式影响你的那种怀疑”；但上诉法院于 1973 年否定了该定义，认为其可能会向陪审团暗示一种过低的证明标准。② 对该解释持反对意见的学者认为，在日常生活中，哪怕是重大的怀疑，也很少或不会让人犹豫不决，即使存在相当可观的怀疑，人们也依然会行动，是要求陪审员将有罪判决建立在经常指导他们作出重要实践行动时的相同类型的不稳定的信念智商，而这恰恰是法律制度想要陪审员在确定有罪时避免去做的事情。“定罪所需要的确信程度是专属于刑事法的。我们认为人们一般不会根据这个标准来作出个人决定，甚至不可能依照这个标准作出个人决定。事实上，我们担心，如果在个人事务中采取如此强制性的标准，将会导致严重的惰性结果。个人经常享有弥补个人错误决定的充分空间，有罪判决经常是不可撤销的。”③

其二，“排除合理怀疑”代表着一种高概率。有学者希望从数量上对“排除合理怀疑”进行界定。如墨菲（Murphy）认为尽管很难用具体的百分比表示“排除合理怀疑”，但还是可以描摹出其大致的范围：“如控方的主张证明到有 49%的可能性，而辩方主张为 51%可能性时，辩方胜诉；当控方主张证明到 51%可能性，辩

① Fifth Cir. Crim. Jury Instr. 1.06(1990).

② 参见魏晓娜：《排除合理怀疑之哲学基础与程序保障》，载陈光中、江伟主编：《诉讼法论丛》（第 6 卷），法律出版社 2001 年版，第 75 页。

③ Commonwealth v. Ferreira, 373 Mass. 116, at 130 (1977).

方主张为49%的可能性时，仍是辩方胜诉；只有当控方的主张证明到远超过90%的可能性时，才能胜诉。”① 还有学者认为：“如果用一个一至十分的评分表示的话，排除合理怀疑的证明只需达到九分即可。”② 美国法院的判例也曾将“排除合理怀疑”界定为“有95%的可能性”。③ 而一次针对联邦法官的问卷调查则显示，在171名受访法官中有126人认为“排除合理怀疑”须等于或者高于90%的可能性。④ 但反对意见也较为明确，认为“排除合理怀疑”不宜于定量化，因为其本质上是定性的，“合理怀疑的观念在本质上是定性的。任何试图将之数量化的努力，都可能会降低控方的证明责任，这是不允许的，并且容易导致混乱，而不是澄清。”⑤ 学者指出：“一些语境中，概率判断被认为总是可以用数字化方式来表达……但在另一些语境下，比如说法律，这种数字化的判断却难以作出和证成，因为，有关事件在某种确切情况下，要么发生过，要么没有发生过。我们不能重复实验一千次，来判定这些事件过去发生的频率。只有在非常罕见的情况下，法律中的概率才能以计量某件事件过去发生频率的方式来判定。”⑥ 另外还有担忧：“‘概率’这个词会让人想到诸如‘几率’、‘可能性’、‘盖然性’和‘似真’等词语——其中没有任何一个词语揭示了认定被告人有罪的‘排除合理怀疑’所需要的确定性高度。”⑦ 而最为有力的评判则是：“认为任何一定程度的概率，将构成认定罪犯有罪的充分证明，实际上等于承认，在一定数量的被告人中，一个无辜的人将为

① See Peter Murphy, Murphy on Evidence, Blackstone Press Limited, 1997, p. 110.

② ［美］乔恩·R. 华尔兹：《刑事证据大全》，何家弘等译，中国人民大学出版社1993年版，第313页。

③ United States v. Fatico, 458 F. Supp. 388, 406 (E. D. N. Y. 1978).

④ Jon O. Newman, Beyond “Reasonable Doubt”, 68 N. Y. U. L. Rev. 979(1993).

⑤ McCulloch v. State, 99 Nev. 72, at 75 (1983).

⑥ ［美］特伦斯·安德森、戴维·舒姆、［英］威廉·特文宁著：《证据分析》，张保生、朱婷、张月波等译，中国人民大学出版社2012年版，第327页。

⑦ Victor v. Nebraska, 511 U.S. 1 (1994).

了惩罚犯罪的目标而被牺牲——一个与我们的法律人道精神不一致的论断，因为法律要求理性和正义。”[①] 因此，“（排除合理怀疑）并不是要求刑事案件的陪审团达到某种确定程度的数量标准，而是两方面微妙的妥协平衡：一方面，我们从现实的角度认识到，在犯罪没有达到绝对确定时，不能一概坚持判决无罪；另一方面，我们也认识到，如此公开表述并要求审判本身达到精确计算确定性的代价太高。”[②]

其三，“排除合理怀疑”相当于对罪行的坚定信念（abiding conviction）。美国加州法院的模范陪审团指示中提出：“合理怀疑是指这样的怀疑：它不仅仅是可能的怀疑，因为与人类事务有关的每一件事情和需要道德证据的事务，都容易遭到某种可能的或想象的质疑。它是这样的一种状态：对全案的证据进行全面比较和考量后，陪审员的头脑中对于指控的真实性，没有达到一种坚定的信念，没有达到道德确信。”[③] 这一理解的问题在于，信念的牢固性即信念的深度完全没有解决信念是否理性或是否是以证据为基础的，有罪判决同无罪宣告一样，都不能建立在欠考虑的基础上，该注解没有建立在合理的基础上，混淆了必要性条件和充分性条件，对定罪必需的证据问题只字未提，而代之以几乎完全是陪审员的主观状态。对此，俄亥俄州最高法院指出：“显而易见，证明标准已经发生了一个显著的变化，从把坚定信念等同于道德确信，降低到现在的牢固信念。合理怀疑含义的变化降低了必须的确定性程度，并摒弃了十分确定或坚定信念的含义。变化不仅是修辞上的或哲学上的改变，它们是有重大意义的，其意义在于让控方在向陪审团证明案件时单方面获得了好处，被告人则处于不利的地位。”[④]

---

① Thomas Stark, Evidence 507 (1824).

② Laurence H. Tribe, Trial by Mathematics: Precision and Ritual in the Legal Process, 84 Harv. L. Rev. 1329, at 1375 (1971).

③ 114 S. Ct, at 1244.

④ State v. Crenshaw, 51 Ohio App. 2d 63 (1977).

其四，“合理怀疑”是指那种会使一个谨慎细心的人在行动时产生犹豫的怀疑。对此可参考美国联邦第二巡回法院的模范陪审团指示：“一个合理怀疑是一个建立在理性和产生基础上的怀疑——一个理性的人进行行动时产生犹豫的那种怀疑。因此，排除合理怀疑的证明，应当具有这种令人确信的品质，一个理性的人，在依靠它从事自己最重要的人生事务时，不会犹豫。”① 但是，普通人经常在没有合理怀疑时依然犹豫不决，将导致刑事判决的过程与日常实践中的决定过程进行对比而产生误导，排除合理怀疑是为定罪设置的高标准，通常比日常生活坚持的标准高，如要求陪审员在具有作出自己重要的现实决定时的信念就可以确信被告人的罪行，等于鼓励以一个低的有罪确信度认定犯罪事实，“因为这种对比似乎牛头不对马嘴。在人们从事他们自己最重要的事务时，认定历史事件的真相，通常不会起到重大的作用。事实上，我们生活中作出的最重要的决定——选择配偶、工作、居住地等——一般都包括一个非常有分量的要素：不确定性和风险性。它们完全不同于陪审员应当在刑事案件中作出的决定。”②

其五，“合理怀疑”是指一个能够给出理由的怀疑。其代表性论述为：“一个合理的怀疑，就是一个你能够根据本案的证据，给出某种理由，并向其他陪审员进行解释的怀疑，‘合理怀疑不是指被告人或许没有实施所指控的犯罪，而是指具有某种理性基础的真正的怀疑’。”③ 但该定义很快就被该案上诉法院否决。在另一起案件的上诉判决中有直接的驳斥：“这个定义没有启发性，必须要有进一步的解释才能消除其不确定性。这个短语也会产生误导。这个理由到底向谁提出？陪审员自己？指示并没有说明。而陪审员并不

---

① Edward J. Devitt et al., Federal Jury Practice and Instructions, § 12.10, at 354 (4th ed. 1987).

② Federal Judicial Center, Pattern Criminal Jury Instruction 18 - 19 (1987) (Commentary on Instruction 21).

③ Burnett v. State, 86 Neb. 11(1910).

承担向他人阐述判决理由的义务。”① 反对意见认为此解释不仅对陪审员造成了不合理的压力，而且更会侵害被告人的权利。“谁将来确定（一个陪审员）是否能够给出一个理由？什么样的理由是充分的？他应当向谁作出？某个陪审员可能会宣称他相信被告人没有犯罪。在这个指示下，另一个陪审员可能要求他说明如此思考的理由。事实上，要求每一个陪审员提供定罪的理由可能更好，但是每一个陪审员可能会依次被其他陪审员要求给出无罪的理由。纵使控方的责任是应当排除所有合理怀疑来证明案件，但提出无法定罪的理由的负担却因此落在了被告人的身上。此外，陪审员也没有义务对其得出的结论向他人解释理由。”②“我们认为，这种指示只会导致混乱，并会损害被告人的利益。一个陪审员可能会说，他相信被告人没有实施所指控的犯罪，另一个陪审员回应道，如果你对被告人的罪行有一个合理的怀疑，那么请给出你如此怀疑的理由。并且根据这种指示，除非每一个陪审员都能够给出一个他对被告人的罪行产生合理怀疑的肯定理由，否则应当认定被告人有罪。这就等于是让被告人在被确定有罪前，承担向每一个陪审员提供无罪理由的义务，并且要达到法律要求的确定性。在一起刑事案件中，并不要求被告人或陪审员承担此类义务。”③

此外，还有观点认为，“排除合理怀疑”就是将能阻止一个合理且公正的人得出有罪结论的怀疑作为衡量的标准，即控方必须说服事实裁判者，使其相信所指控犯罪的全部要素均已得到超出合理怀疑的证明，如其中有任何要素未能得到此种程度的证明，或辩方的辩护意见未得到控方的这种反证，则被告人应当被判决无罪。④英国丹宁勋爵曾在判例中指出：“排除合理怀疑的证明并不意味着

① Morgan v. State, 48 Ohio St. 371, at 376 (1891).

② State v. Cohen, 108 Iowa 208, at 214 (1899).

③ Siberry v. State, 133 Ind. 677, at 685(1893).

④ 参见［美］乔恩·R. 华尔兹著：《刑事证据大全》，何家弘等译，中国人民公安大学出版社1993年版，第313~314页。

不存在丝毫的怀疑。若不利于被告人的证据十分有力，从而使有利于其的可能性甚微，则对这种可能性可通过以下判决予以驳回：‘它当然是有可能的，但决非很可能。’（Of course it is possible, but not in the least probable.）此即排除合理怀疑的证明。而任何低于此种情况的证明都不能视为已经满足了要求。”[①] 但批评者认为："如果陪审团认为辩护理由尚有一丝可能性，并不能就此说控方已排除合理怀疑地证明案件，无论这种可能性看起来有多么遥远，陪审团都必须慎重地考虑除非其已经遥远到陪审团确信可以不必考虑。”[②] 而英国法院在判例中还是以试图使用“确信无疑”代替“排除合理怀疑”进行定义。如在 1969 年的 R. v. Walters 案的判决中指出：“法官在审判中最好让陪审团行使自由裁量权，并选择最适当的语言使陪审团明白：除非他们对被告人有罪感到确信无疑，否则不能作出不利于被告人的裁决。”[③] 而在 1983 年的 R. v. Quinn 案中，上诉法院同意了“对被告人有罪感到确信无疑”的表述，使其成为现今对定罪证明标准最通行的界定。[④]

在对“合理怀疑”的理解上，还有运用排除法对“合理怀疑”进行定义，认为：“合理怀疑不是一种幻想的怀疑，不能是一种仅仅可能的怀疑，不能是一种怪诞的怀疑，不能是推测……”[⑤] 美国加州刑法中对“合理怀疑”的解释是：“它不仅仅是一个可能的怀疑，而是指该案的状态，在经过对所有的证据的总的比较和考虑之后，陪审员的心理处于这种状况，他们不能说他们感到对指控罪行

---

① Miller v. Minister of Pensions, (1947) 2 All E. R. 372.

② See Richard May, B. A., LL. B.: Criminal Evidence, London Sweet & Maxwell 1986, p. 55.

③ 参见齐树洁主编：《英国证据法新论》，厦门大学出版社 2011 年版，第 104 页。

④ 参见齐树洁主编：《英国证据法新论》，厦门大学出版社 2011 年版，第 104 页。

⑤ Jessica N. Cohen, the Reasonable Doubt Jury Instruction: Giving Meaning to a Critical Concept, Am. J. Crim. L. Vol. 22, 1995, p. 694.

的真实性得出永久的裁决已达到内心确信的程度。”[①] 在著名的辛普森案中法官就“合理怀疑”对陪审团作出了如下指示：“这不是指可能的怀疑，因为任何与人相关的事物都存在某种可能或想象的怀疑；而是指在经过对所有证据的综合比较与考量之后，陪审团内心仍然感觉到没办法一直全然确信控方所指控的事实。”[②] 我国台湾地区学者对“合理怀疑”也有深入研究：认为“合理怀疑”是指“在一切证据经过全部比较与考虑之后，审理事实的人本于道义和良知，对于所诉的事实，不能信以为真……所谓合理之怀疑，必非以下怀疑：（1）非任意妄想怀疑；（2）非过于敏感机巧的怀疑；（3）非仅凭臆测的怀疑；（4）非吹毛求疵、强词夺理的怀疑；（5）非于证言无征的怀疑；（6）非故为被告解脱以逃避刑事责任的怀疑；（7）如果属于以上各种的怀疑，即非通常有理性的人，所为合理的、公正诚实的怀疑”[③]。

而在实践中，英美法系国家大多数法官都拒绝向陪审团给出明确的解释。有认为该证明标准是不言而喻的：“对合理怀疑一词来说，没有比其本身更清楚明确的定义了。”[④] 还有认为：“排除合理怀疑这个术语……或许被这个国家的大众以通常用法来使用，但是没有任何明显的或可靠的证据……说明，在通常用法中，存在一个合理适当的定义或者存在一个准公民陪审员容易理解的合理适当的定义。”[⑤] 美国联邦最高法院则明确指出：“任何解释排除合理怀疑的努力都不能使得陪审团成员的头脑更加清醒。”[⑥] 许多上诉法院

---

① 卞建林译：《美国联邦刑事诉讼规则和证据规则》，中国政法大学出版社 1996 年版，第 21 页。

② The People of California v. Orenthal James Simpson (1995).

③ 李学灯著：《证据法比较研究》，台湾五南图书出版股份有限公司 1992 年版，第 665 页。

④ 李学灯著：《证据法比较研究》，台湾五南图书出版股份有限公司 1992 年版，第 313 页。

⑤ U. S. v. Witt, 648 F. 2d 608, at 612 (9th Cir. 1981) (Anderson, J. , concurring).

⑥ Miles v. United States, 103 U. S. 304, 312, 261, 26L. Ed. 481 (1881).

认为绝大多数对排除合理怀疑进行解释的努力，要么会在陪审员头脑中制造混乱，要么会不适当地错误概括排除合理怀疑的核心要求中的证明责任，因此法官不应当在指示中向陪审员定义排除合理怀疑，如法官向陪审团作出何为合理怀疑的任何解释，都将成为自动撤销定罪的理由。如美国第七巡回上诉法院指出，“合理怀疑”必须要自我澄清。陪审员知道什么是“合理的”，并且对“怀疑”的含义相当熟悉。法官和律师试图将其他不确定的流行语植入“合理怀疑”标准，如“最重要的事项”，只会搅乱局面……因此，法官作指示时解释“合理怀疑”是不适当的，审判中的律师作出他们自己的解释，同样也是不适当的。① 英国上诉法院认为：“大多数案件中法官无须试图对‘排除合理怀疑’进行注解，否则反而会导致困难，添乱多于帮助；如果法官停止尝试界定那些几乎不可能定义的事项，则能够减少上诉。”② 而不鼓励对排除合理怀疑进行界定另外的考量在于避免承认这个概念本身就存在高度模糊性，因为不同法官与不同司法辖区，对排除合理怀疑的理解极其不同，如法官都不能对这一关键概念达成一致，认为外行陪审员对这个原则具有某种相同的一致理解就是一个危险的自我欺骗行为（甚至更糟）。③

尽管对“排除合理怀疑”的解释莫衷一是，但总结相关理论与判例可知，“排除合理怀疑”标准强调的是事实裁判者综合全案证据对所需判定事实的认知状态，可结合其来源、功能与范围等方面进行理解：

首先，“合理怀疑”建立在证据的基础上，是根据经验和常识并经合乎逻辑的推理得出的，而不是凭空想象或基于个人情感的怀疑。

---

① U. S. v. Glass, 846 F. 2d 386 (1988).

② 参见齐树洁主编：《英国证据法新论》，厦门大学出版社 2011 年版，第 104 页。

③ 参见［美］拉里·劳丹著：《错案的哲学——刑事诉讼认识论》，李昌盛译，北京大学出版社 2015 年版，第 53 页。

其次，“排除合理怀疑”标准是与无罪推定原则紧密联系的，意味着在整个审判过程中有罪证明责任始终由控方承担而不得转移给辩方，在控方未能说服事实裁判者使其对被告人有罪的问题再无任何合理之怀疑，则应根据“疑罪从无”原则，不得作出有罪判决。

再次，“排除合理怀疑”虽没有明确的定义，但却存在两条基本界限：第一，“排除合理怀疑”不是绝对的确定，不要求百分之百的确定无疑。对此，美国联邦最高法院曾明确表示：在精确的科学与实际的观察领域之外是不存在绝对确定的。[①] 故对“排除合理怀疑”的解释不得过高，即其不要求排除所有的怀疑，而是“合理”的怀疑。第二，“排除合理怀疑”要求有罪判决之证明必须到达可以达到的认识范围内的最高标准。因此，对“合理怀疑”的解释亦不得过于宽泛，并非只要排除重大、实质的怀疑即可，应根据具体案情进行把握。

最后，“排除合理怀疑”包含这样的价值权衡，即最高定罪标准虽然可能导致错判无罪、放纵罪犯，但为防止对个人的不正当伤害，法律容忍这一错误以减少错判无辜的风险。刑事法的三个基本价值追求之一是在发生错误时，宣告一个有罪的人无罪比多一个清白的人有罪好。根据错误分配理论（error distribution doctrine），证明标准、无罪推定、存疑时的利益以及控方的证明责任等概念与原则正是在这个价值指引下具体地分配错误，以确保在错误不可避免时，将以错误的无罪认定为主，而不是错误的有罪认定。[②] 正如英国学者所言，“排除合理怀疑”要求控方证明达到如此高的标准，

① See Jessica N. Cohen, *the Reasonable Doubt Jury Instruction: Giving Meaning to a Critical Concept*, Am. J. Crim. L. Vol. 22, 1995, p. 694.

② 参见［美］拉里·劳丹著：《错案的哲学——刑事诉讼认识论》，李昌盛译，北京大学出版社2015年版，第31~32页。

根本原因是基于保护被追诉者自由的需要。[①] 美国联邦最高法院在Winship案中指出："在刑事案件中要求必须达到没有任何合理怀疑的证明才能定罪。这一要求是基于我们的根本价值观，即认为误判一个无辜的人比错放有罪的人更糟。"[②]

三、排除合理怀疑面临的挑战

"排除合理怀疑"的证明标准自Winship案被确立以来，不断发展并被认定为刑事被告人的一项基本原则，但由于司法实践中出现的问题，尤其是刑事错案的不断出现，也一直受到质疑与挑战，各界对其今后的发展走向也提出了不同意见。

"排除合理怀疑"面临的最大挑战在于其过于模糊与抽象而导致陪审团在实践中难以正确把握。尽管认为其内涵不言自明的观点占据主流地位，但现实并非如此。一组以佛罗里达州法院到庭陪审员为对象的调查显示，在法官对陪审员进行指示后，仍然有23%的陪审员认为，当间接证据证明被告人有罪和无罪的可能性各有50%时，也应当对被告人定罪；只有50%的陪审员认识被告人没有提供证据证明自己无罪的义务；有10%的陪审员不知道无罪推定的含义；另有2%的陪审员认为证明无罪的责任应由被告人自行承担。[③] 而根据1990年对600名现任或潜在陪审员的一项实验结果，1/4的陪审员相信"如果你认为被告人具有无罪的任何可能性，不管多么轻微，你就具有了合理怀疑"；大约相同比例的陪审员认为"排除合理怀疑地认定被告人有罪，你必须100%地确认被告人的

① See Rupert Cross & Nancy Wilkins, *An Outline of the Law of Evidence*, Butterworths, 1980, p. 36.

② In re Winship, 397 U. S. 359 (1970).

③ David Strawn and Raymond Buchanan, Jury Confusion: A Threat to Justice, 59 Judicature 478, at 480-481 (1976).

罪行”。[①] 由于陪审员对排除合理怀疑内涵认识的混乱，导致实践中陪审团的意见不一致，难以作出一致裁断。在一项试验中，主持人挑选了606名大学生作为陪审员参与模拟审判。审判中，“法官”对部分陪审团按照实际使用的陪审团指示对排除合理怀疑进行了界定，另外则部分未作指示。结果表明，在未对排除合理怀疑进行界定的陪审团之间以及同一陪审团的陪审员间的意见很不一致，结果导致大量审判被宣告无效。据此，研究者得出结论：“合理怀疑”一词的概念对模拟陪审员而言并非显而易见，真正的陪审员对合理怀疑的定义必然存在不少困惑。[②] 此外还有学者指出，尽管排除合理怀疑要求达到90%乃至95%以上的确定性程度，且法官要求陪审员在对被告人作出有罪判决时必须确信被告人有罪，但实务中陪审员并没有如法官所愿地适用排除合理怀疑。[③] 有分析指出，“陪审员对排除合理怀疑的理解从0.92~0.51不等。”[④]

另一个问题则是前文提及的“排除合理怀疑”标准过于主观化问题。当前对“排除合理怀疑”的解释都是以陪审员的主观状态为目标的。学者认为对该证明标准的解释如此空洞或无法令人满意，原因之一就是其避免谈论证明结构或控方应当证明的案件类型而固执地集中于陪审员的主观状态，法官指示没有认识到说服是通过征集进行推理的过程，“在过去的200年间，英美法系刑事法，

---

① Geoffrey Kramer and Doorean Koenig, Do Jurors Understand Criminal Jury Instructions? U. Mich. J. L. Rev. 401, at 414 (1990).

② See Kerr, Atkin, Stasser, Meek, Holt & Davis, Guilt Beyond a Reasonable Doubt: Effects of Concept Definition and Assigued Decision Rule on the Judgment of Mock Jurors, J. Personality & Soc. Psychology, Vol. 23. 1990, p. 414.

③ See Nancy Pennington & Reid Hastie, Algebraic Models of Decision Process, ed. Reid Hastie, in Inside the Juror: The Psychology of Juror Decision-Making, 84 (1993).

④ Erik Lillquist, Recasting Reasonable Doubt: Decision Theory and the Virtues of Variability, 36 U. C. Davis L. Rev. 85, 112 (2002).

已经偷偷摸摸地把定罪所必需的证据问题略去不提”。[①] 学者进一步指出，主观标准并不能解决陪审员对被告人罪行确信与否的合理怀疑。确立一个数学定理之所以成为一个定理是它的证明力度，而不是发现者的确信。因此，定罪标准最好能够以定罪所需要的案件特征来界定，而不是以陪审员的内在主观状态，因为“内在的主观状态——如果没有特定标准，规制证据和判决之间适当的逻辑关系——容易导致缺乏根基的、带有偏见的和不理性的状态，甚至即使他们产生一个牢固的有罪确信”。[②] 对此，学者希望能够找到一个同时符合以下特点的替代物：（1）对陪审员理解和适用而言，足够清晰、简洁；（2）客观性的标准，本身指向当事人提供的证明结构而不是建立在事实裁判者的主观意识上；（3）体现了能够接受的真实的无罪判决同错误的有罪判决比率的社会契约。[③]

除此之外，“排除合理怀疑”标准受到的质疑还包括可操作性问题、死刑案件中是否为最佳证明标准等。正因为如此，虽然该标准在美国被界定为正当程序的基本要求，是刑事证明标准的唯一正确表述，但在其他国家，其地位并没有如此之高。如英国的司法实践中强调，重要的是向陪审团作出指示的本质内容，而不是采用某种特定用语，只要法官能说明定罪所需要的高度可能性，这一指示就是合适的。[④] 英国甚至因为其含义很难令人满意地进行界定而在一段时间内禁止法官使用“排除合理怀疑”一词。[⑤]此后，理论与实践均坚持对刑事诉讼的证明标准不要求使用某种固定的用语。[⑥]

---

① ［美］拉里·劳丹著：《错案的哲学——刑事诉讼认识论》，李昌盛译，北京大学出版社 2015 年版，第 56 页。

② ［美］拉里·劳丹著：《错案的哲学——刑事诉讼认识论》，李昌盛译，北京大学出版社 2015 年版，第 57 页。

③ ［美］拉里·劳丹著：《错案的哲学——刑事诉讼认识论》，李昌盛译，北京大学出版社 2015 年版，第 94~95 页。

④ See Peter Murphy, *Murphy on Evidence*, Blackstone Press Limited, 1997, p. 111.

⑤ R. v. Summers (1952), 36, Cr. App. R. 14.

⑥ See Peter Murphy, *Criminal Practice*, Blackstone Press Limited, 1997, p. 1845.

澳大利亚对此也持相同的态度，在其司法实践中，既可使用“排除合理怀疑”，也可以采用其他表述方法。[①]

第二节 “排除合理怀疑”与我国的刑事诉讼

一、“排除合理怀疑”在中国适用的可能性

我国学者最初从辩证唯物主义认识论出发多对“排除合理怀疑”持批评态度。如认为其“是哲学上不可知论的反映，为法官的主观随意性开了方便之门，理论上是错误的，对实践更是有害的”。[②] 或者认为“排除合理怀疑”是相对真实的法律表述，其允许法官在不完全（不绝对）确定的情况下作出有罪判决，是导致错判的原因之一。[③] 还有学者从实用性的角度考虑，认为“排除合理怀疑”标准本身就存在诸多问题，过于抽象、模糊、充满争议且缺乏可操作性，较之我国“事实清楚，证据、确实充分”的标准不具有更大优越性。[④] 另外，还存在因缺乏西方的法理学基础与法文化背景而盲目移植“排除合理怀疑”标准会出现“南橘北枳”现象的担心。但事实上，“排除合理怀疑”与我国传统的定罪证明标准之间并不存在难以逾越的障碍，引入“排除合理怀疑”对我国的传统标准将有所助益。

首先，在定罪证明标准的设置上，需要考虑的是如何传递作出有罪判决必须达到最高程度的确定性这一信息，同时还应当容易为

---

① Peter Gillies, *Law of Evidence in Australia*(2nd ed.), Legal Books, 1987, p. 70.

② 陈一云主编：《证据学》，中国人民大学出版社 2000 年版，第 117 页。

③ 参见陈光中、陈海光、魏晓娜：《刑事证据制度与认识论——兼与误区论、法律真实论、相对真实论商榷》，载《中国法学》2001 年第 1 期。

④ 参见陈永生：《排除合理怀疑及其在西方面临的挑战》，载《中国法学》2003 年第 2 期；李玉华等著：《诉讼证明标准研究》，中国政法大学出版社 2010 年版，第 122 页以下。

社会所普遍理解与接受。“排除合理怀疑”与“事实清楚，证据确实、充分”均要求有罪证明应达到最高程度。而后者似乎带有绝对确定性的表述并不意味着证明标准的实质提高。在诉讼认识相对性的现实下，讨论“事实清楚，证据确实充分”或“排他性”的绝对确定性与“排除合理怀疑”的非绝对确定性在法律规范层面并不具有实质性意义。有学者更是直接指出，证明标准在神明裁判和法定证据之后就不再是具有确定性意义的概念，因为人们不可能依据同一证明标准消除证据或事实判断中的意见分歧，故“案件事实清楚、证据确实充分”与“内心确信”、“排除合理怀疑”实质上只是对人的主观信念程度的要求而很难发挥标准应有的作用——解决在对证据、案件事实进行判断时发生意见分歧的情况。因此，作为对主观信念的要求，各标准之间实际上并无宽严之分。传统上认为我国证明标准更为严格的观点并没有理性的证据基础，因为在案件事实不清或证据不确实、不充分的情况下，也是不可能形成有罪的内心确信或对指控排除合理怀疑的。①

其次，诉讼证明进行事实判断是根据相关证据进行回溯，最终要落到裁判者的主观思维活动。而任何为无法量化的思维活动设定标准的行为，其作用注定是十分有限的，证据标准设定亦同——对案件事实的判断到何种程度才能认为足以成立，其标准设定也只能具有相对的性质。因此，引入“排除合理怀疑”，其作出必然也是有限的，同样不能成为严格意义上的、精密的标准。但其主观性的特征却能够提供一种多元的视角，弥补我国强调外部印证性的定罪证明标准过于客观化的缺陷。同时，“排除合理怀疑”从主观方面设定的疑点发现、验证与排除的方法也能够在一定程度上解决“案件事实清楚，证据确实、充分”之可操作性不足的问题，故学

① 参见王敏远：《死刑案件的证明“标准”及〈刑事诉讼法〉的修改》，载《法学》2008 年第 7 期。

者认为将其用于补充与解释“证据确实、充分”具有技术的合理性。①

此外，如前文所述，“排除合理怀疑”标准之降低法官事实认定风险的功用，对我国因“事实清楚，证据、确实充分”理解混乱且由于错案追究制度影响导致法官在实践中无所适从的现实情况必然有一定的调适作用。而在增加裁判的可接受性方面，一般认为，在当事人主义模式中，裁判的可接受性主要来源于程序的正当性，而在职权主义模式下则更多来源于所认定事实的客观性。② 但若能够引入“排除合理怀疑”标准，则应当更为适应我国审判模式之改革，从而在多方面提高裁判的可接受性。

“排除合理怀疑”标准早已进入我国理论研究领域，而在司法实践甚至一些地方的证据立法中，“排除合理怀疑”也已经成为现实力量，成为定罪证明标准适用中的“潜规则”，与“事实清楚，证据确实、充分”协同发挥作用。③ 立法部门认为：“我国事实清楚、证据确实充分的规定最为严格，应当予以保留，大可不必妄自菲薄。只是这一规定过于原则，执行中难以把握，可以考虑引进英美法系的排除合理怀疑，与原规定共同形成对法官甚至控方的要求，这样可以使司法者从案件的正、反两方面来考虑问题，相互印证，也可以增强证明标准在执行中的可把握性。”④ 2010 年《死刑案件证据规定》起草时曾使用“案件事实清楚，证据确实充分，排除一切合理怀疑”之表述，但最终未被采纳。2012 年刑事诉讼法修改正式引入了“排除合理怀疑”，成为证据制度的重要变革。

---

① 参见龙宗智：《中国法语境中的“排除合理怀疑”》，载《中外法学》2012 年第 6 期。

② 参见易延友：《证据法学的理论基础》，载《法学研究》2004 年第 1 期。

③ 参见李训虎：《“排除合理怀疑”的中国叙事》，载《法学家》2012 年第 5 期。

④ 王尚新：《刑事证据立法研究手记》，载何家弘主编：《证据学论坛》（第 4 卷），法律出版社 2002 年版，第 315 页。

二、“排除合理怀疑”在我国刑事诉讼中的定位

2012年《刑事诉讼法》第53条第2款规定：“证据确实、充分”应符合以下条件：“（一）定罪量刑的事实都有证据证明；（二）据以定案的证据均经法定程序查证属实；（三）综合全案证据，对所认定事实已排除合理怀疑。”立法机关对2012年刑事诉讼法增加规定的“排除合理怀疑”作出了说明：“‘证据确实、充分’具有较强的客观性，但司法实践中，这一标准是否达到，还是要通过侦查人员、检察人员、审判人员的主观判断，以达到主客观相统一。只有对案件已经不存在合理的怀疑，形成内心确信，才能认定案件‘证据确实、充分’。这里使用‘排除合理怀疑’这一提法，并不是修改了我国刑事诉讼的证明标准，而是从主观方面的角度进一步明确了‘证据确实、充分’的含义，便于办案人员把握。”①意即在刑事诉讼立法中增加“排除合理怀疑”并非对我国传统定罪证明标准的修改，而是从主观方面进一步明确了“证据确实、充分”的含义，增强其可操作性，以便于办案人员把握。因此，我国刑事诉讼证明标准依然是“事实清楚，证据确实、充分”，而“排除合理怀疑”只是对“证据确实、充分”标准的解释与判断依据之一。“将‘排除合理怀疑’写入刑事诉讼法，是为在司法实践中如何判断‘证据确实、充分’增加了一个容易掌握的主观性标准，而非对长期坚持的‘排他性’、‘唯一性’标准的动摇。”②学者认为“排除合理怀疑”与我国的定罪证明标准之间还是存在一定区别的，并不能取代“证据确实、充分”。“因为证据确实、充分”必然意味着合理的怀疑已经得到排除，因为如果存在合理怀疑，就不能够认为证据是确实、充分的；而“排除合理怀疑”并

① 全国人大法制工作委员会刑法室：《关于修改中华人民共和国刑事诉讼法的决定：条文说明、立法理由及相关规定》，北京大学出版社2012年版，第53页。

② 参见陈光中主编：《〈中华人民共和国刑事诉讼法〉修改条文释义与点评》，人民法院出版社2012年版，第68页。

不必然代表证据的确实、充分，由于我国印证证明模式的特殊要求，某些情况下即使排除了合理怀疑也并不能够达到“证据确实、充分”的程度。故“‘证据确实、充分’是‘排除合理怀疑’的充分条件，而‘排除合理怀疑’只是‘证据确实、充分’的必要条件”①。

尽管“排除合理怀疑”在当下的作用相对有限，但并不能因此而否认引入的积极意义。一方面，“排除合理怀疑”弥补了我国传统定罪证明标准的不足，对理解与运用“证据确实、充分”具有补充与辅助的作用，有助于提高定罪证明标准的可操作性与实际适用的一致性，最终也有利于提高事实认定的准确性。另一方面，“排除合理怀疑”是一种与“证据确实、充分”的积极肯定的建构式标准不同的消极、否定的结构式标准，通过寻求证明的薄弱环节进行疑点发现与消除的检验，其所蕴含的哲思基础、证据思维习惯等也将有望对我国整体证据制度的构建产生深远影响。

三、“排除合理怀疑”的理解与适用范围

对“排除合理怀疑”的具体含义，立法机关也作出了解释：“对于事实的认定，已没有符合常理的、有根据的怀疑，实际上达到确信的程度。”② 即“排除合理怀疑”作为对办案人员主观方面的要求，就是要求其对案件事实的认定在主观上已经达到确信无疑的程度。我国传统证据理论一般从逻辑学的角度将“事实清楚，证据确实、充分”解释为“唯一性”、“排他性”，而“排除合理怀疑”的实质也是要求事实裁判者确信指控的犯罪事实的存在且为被告人所实施；对案件事实的存在达到了没有合理怀疑的程度，即表明依据案件证据材料得不出其他结论，因此可以形成确信。

① 参见龙宗智：《中国法语境中的“排除合理怀疑”》，载《中外法学》2012 年第 6 期。

② 全国人大法制工作委员会刑法室：《关于修改中华人民共和国刑事诉讼法的决定：条文说明、立法理由及相关规定》，北京大学出版社 2012 年版，第 53 页。

“合理怀疑”首先应当是在对全案证据进行慎重、细致分析推理的基础上产生的，有具体的证据事实为依据，具有实质性；同时还必须符合经验与逻辑，具有合理性。其次，“合理怀疑”应当具有能够足以动摇裁判者对案件事实认定的效力。对全案证据进行综合分析判断时出现矛盾与疑点属于正常现象，并不一定会影响定案，只有那些能够动摇基本事实认定的怀疑才是定罪证明标准所指的“合理怀疑”。因此，“排除合理怀疑”是指在对全案证据进行综合判断之后，事实裁判者对被告人犯罪的事实不再存在任何有证据支持的、符合经验与逻辑法则的疑问，产生了被告人构成犯罪的内心确信。

在“排除合理怀疑”的适用对象问题上，存在是只适用于最终的对案件整体事实的综合判断还是亦适用于对具体事实的判断的争议。有观点认为，证明标准指向的只是案件中依当事人主张确定的系争事实，故裁判者就系争事实得到了排除合理怀疑的确信就是使有罪认定得到了排除合理怀疑的证明。该观点引申出了另外一个问题：若系争事实中任何一个没有得到排除合理怀疑的证明，则裁判者不能形成被告人有罪的确信，即整个案件证明程度只能小于或等于案件整个具体事实的最低证明程度。澳大利亚高等法院在R. v. Chamberlain案中指出，刑事诉讼中的有罪认定只能依赖于全部都得到排除合理怀疑证明的基础事实，即作出有罪判决所依赖的基础事实必须首先全部得到排除合理怀疑的证明。在R. v. Van Beelen案中，法官进一步指出：如果对作出推论的基础事实之存在尚存有疑问，那么，由此得出的结论就不可能使人对其真实性产生排除合理怀疑的确信。另外一种观点认为，应将系争事实的证明程度与整个案件的证明程序相区别，因为二者虽有着内在的关联性但同时也存在相对的独立性，对整个案件的有罪认定应达到排除合理怀疑的证明，但并不必然要求各具体事实都得到同等程度的证明，反之，即使具体事实未得到排除合理怀疑的证明，但整个案件却可以得到如此程度的证明。在Chamberlain案中，法官认为：如果对被告的有罪认定受制于犯罪构成要件事实的证明，则这些事实的每一项皆须证明至排除合理怀疑的程度；但如果根据多项事实中的任何一项均能作出于被告不利的认定，且其均已得到了盖然性的优势证明，那么依然要求裁判者对其中的每个事实都能产生排除合理怀疑的确信否则就不能采信实在是极其荒谬的。我国刑事诉讼立法规定“综合全案证据，对所认定事实已排除合理怀疑”，从表面上看，是要求以“排除合理怀疑”为标准，对案件进行综合判断，认为对所指控的犯罪事实的存在已经没有合理的怀疑，形成有罪的确信。一般而言，对犯罪事实的全部构成要素都需要证明到“排除合理怀疑”的程度。而“排除合理怀疑”是对“证据确实、充分”的解释，故还应将其作为证据充分性与确实性的衡量标准。此外，学者认为，“排除合理怀疑”的适用范围还包括对合法性的判断，且“排除合理怀疑”在非法证据排除程序中更为适用，排除程序本身性质更适合“排疑”的消极方法。因为证明证据非法很难达到“确实、充分”[①] 的程度，而只要能够对证据合法性产生合理怀疑，相关证据就应当排除。[②]“排除合理怀疑”既是证明标准也是证明方法，其不仅仅适用于最终对全案的综合判断，此前对个别证据确实性与局部事实能否认定进行判断时，同样可以参照“排除合理怀疑”的标准，因为从局部与整体的关系来看，没有对个别证据或局部事实的“排除合理怀疑”，则对全案证据与整体事

---

① 《刑事诉讼法》第 58 条规定：“对于经过法庭审理，确认或者不能排除存在本法第 54 条规定的以非法方法收集证据情形的，对有关证据应当予以排除。”对此，全国人大常委会法制工作委员会刑法室认为：“不能排除存在第 54 条规定的非法取证情形的，即检察机关对证据收集的合法性的说明没有达到确实、充分的程度，审判人员对是否存在第 54 条规定的以非法方法收集证据情形仍有义务的情况。人民法院对有关证据也应当予以排除，不得作为判决的依据。”全国人大法制工作委员会刑法室：《关于修改中华人民共和国刑事诉讼法的决定：条文说明、立法理由及相关规定》，北京大学出版社 2012 年版，第 66 页。

② 参见龙宗智：《中国法语境中的“排除合理怀疑”》，载《中外法学》2012 年第 6 期。

实的“排除合理怀疑”也就丧失了前提基础。[①]

第三节 对我国定罪证明标准的再认识

2012年刑事诉讼法虽未改变我国传统的定罪证明标准，却大大丰富了其内涵，故应在结合司法解释及理论研究成果的基础上进行重新认识。

一、事实清楚

对“事实清楚”的理解主要关注点在“事实”的界定上。传统观念认为，该“事实”应当是“事实本身的真实”，即事实的真情、事物的真相。[②] 也就是说，通过“确实、充分”的证据进行证明所达到的案件真实应当是一种排除不确定性或盖然性的客观事实。[③] 但是，应当明确此处的“事实”属于法律事实而非案件本原的客观事实。苏联学者认为，“裁判中认定的事实是法律上视为真实的事实，是法官依照诉讼程序，运用证据规则和高度盖然性的证明标准，主要依据当事人主张的事实、提供的证据和通过对证据的审查判断加以确认的。”[④] 我国学者对此亦持相同的态度：“诉讼中所呈现的并最终为法院所认定的事实，乃是经过证据法、程序法和实体法调整过的，重塑了的新事实。这种新事实因为不可避免地渗透了人的主观意志，因此可以称之为主观事实；又由于它是在诉讼活动过程中形成并成立于诉讼法上、仅具有诉讼意义的事实，因此

---

① 参见龙宗智：《中国法语境中的“排除合理怀疑”》，载《中外法学》2012年第6期。

② 参见裴苍龄著：《证据法学新论》，法律出版社1989年版，第183页。

③ 参见龙宗智：《中国法语境中的“排除合理怀疑”》，载《中外法学》2012年第6期。

④ 参见［苏联］克列曼著：《苏维埃民事诉讼》，李衍译，法律出版社1957年版，第132页。

也可以称之为诉讼事实或法律事实。”① 辩证唯物主义认识论认为，认识是主观与客观相统一的过程。而在诉讼活动中，办案人员通过收集、审查、判断证据的主观活动实现对案件客观事实的认识，故其所认识的案件事实是一种包括客观存在与主观认识两方面要素的经验事实，既是对案件客观事实的认识结论，而又非单纯的客观事实。此外，作为证明依据的证据要受到证明力与证据能力规则的约束，而证明活动本身也要受一系列诉讼原则和规则的限制，裁判者只需审查控方是否已将被告人有罪问题证明到最高标准以及自己对被告人有罪这一点是否形成内心确信，因此，通过诉讼机制最初形成的裁判事实必然不再是处于原始状态的客观事实，而是受到各种程序规则限制的法律事实。

法律事实即法律意义上的事实，是指由法律规范所调整的，可以引起一定法律后果的事实。而在诉讼活动中，法律事实则是指“根据相关证据，经过人的主观活动确认的案件事实”。② 法律事实以案件的客观事实为基础，由客观事实所决定，却并不完全等同于客观事实，二者之间存在质与量的区别：一方面，“法律事实并不是自然生产的，而是人为造成的……是根据证据法规则、法庭规则、判例汇编传统、辩护技巧、法庭雄辩能力以及法律教育等诸如此类的事物而构设出来的，总之是社会的产物。”③ 故尽管法律事实是依据证据证明的事实，但运用证据进行证明却是人的主观活动范畴，故法律事实不可能是完全客观的，多少会掺杂一定的主观因素，带有主观的色彩。另一方面，在通常情况下，案件中客观事实的内容必然会大于法律事实，而因为相关条件的限制，并非所有与案件有关的事实都能够有证据加以证明而成为法律事实，一些客观

① 江伟主编：《证据法学》，法律出版社 1999 年版，第 117 页。

② 何家弘：《论司法证明的基本范畴》，载《北方法学》2007 年第 1 期。

③ ［美］克列福德·吉尔兹著：《地方性知识：事实与法律的比较透视》，邓正来译，载梁治平主编：《法律的文化解释》，生活·读书·新知三联书店 1994 年版，第 80 页。

事实会在证明过程中灭失甚至自始至终都未能进入证明过程。

二、证据确实、充分

对“证据确实、充分”，结合《刑事诉讼法》第53条的规定，可作如下理解：

“确实”是对证据质的要求，要求“据以定案的证据均经法定程序查证属实”，即据以定案的每一证据都必须经过查证确认其是客观存在的，未经法定程序进行查证并确认属实的证据不得作为定案根据。具体而言，对证据客观性的审查需要从两方面进行：其一，审查证据的来源，根据证据的来源判断其所反映的信息是否真实可信，通常包括以下内容：（1）是否因证据收集人员的主客观因素影响证据的确实性；（2）取证人员收集证据的方法是否正确、合法，固定、保管证据的方式是否得当；（3）有关人员是否因不良动机而提供虚假证据；（4）有关人员是否因自身认知或表达原因提供了失真的陈述或证言；（5）证据收集人员是否针对不同证据的不同特征进行收集等。其二，审查证据的内容，即对证据所反映的事实与待证事实直接是否存在客观的内在联系、存在何种联系，以及能够证明案件的何种情况等进行审查判断。对此，应当从案件的具体情况出发，排除证据与案件事实之间疑似的、偶合的联系，发现二者之间客观的、必然的联系。“证据的内容必须满足两个条件，才能表明证据具有确实性：一是证据所反映的是原原本本客观存在的事实，无论是言词证据抑或实物证据，都要求是其本来面目，没有加工；二是证据所反映的内容必须能够证明案情，即证据内容要与案件存在关联性，这种关联性是客观存在的，而非人为杜撰的关联。只要是符合这个标准的证据，不管其为何种表现形式，都是确实的。”①

---

① 樊崇义等著：《底线：刑事错案防范标准》，中国政法大学出版社2015年版，第125页。

“充分”是对证据量的要求，要求“定罪量刑的事实均有证据证明”，即对认定案件有意义的事实与情节有必要的足够的证据予以证明，缺乏证据证明的事实不能予以认定。传统的要求诉讼主体将案件的所有事实和情节全部查清楚的观点在诉讼中不可能做到，当然也没有必要实现。《最高人民法院关于适用〈中华人民共和国刑事诉讼法〉的解释》第64条规定，刑事诉讼中作出有罪判决需要证明的是与犯罪构成相关的事实，即（1）被告人、被害人的身份；（2）被指控的犯罪是否存在；（3）被指控的犯罪是否为被告人所实施；（4）被告人有无刑事责任能力，有无罪过，事实犯罪的动机、目的；（5）事实犯罪的时间、地点、手段、后果及案件起因等；（6）被告人在共同犯罪中的地位、作用等。在明确应当予以证明的案件事实而无遗漏后，还需要考察这些有待证明的事实是否都有充分的证据予以证明。

有学者指出，要达到“证据充分”的条件，必须满足以下要求：（1）证据齐全，具有相当的数量，即特定案件与定罪量刑有关的事实都有相应的证据证明，每个证据所证明的事实又有其他证据印证。对此，必须准确把握不同案件的构成要素，全面确定案件的证明对象。（2）证据之间没有矛盾，相互协调一致，得出的结论具有唯一性。必须对全案证据进行综合分析，审查证据之间是否存在矛盾，根据证据能否排除合理怀疑地得出唯一结论，要通过分析、印证等方法，对案件结论的可能性加以约束与限制，排除不确定性并找出确定性，从而作出科学的判断。①

此外还需注意的是，为体现重证据、重调查研究而不轻信口供的司法方针，我国《刑事诉讼法》第53条明确规定，“只有被告人供述，没有其他证据的，不能认定被告人有罪和处以刑罚”。故对某些案件，尤其是死刑案件，对与定罪量刑有关的重要事实，仅

① 樊崇义等著：《底线：刑事错案防范标准》，中国政法大学出版社2015年版，第126页。

有被告人供述而无其他证据印证的，不得作出有罪认定。以 2013 年被披露和纠正的浙江省张氏叔侄强奸杀人案为例，侦查人员在被害人尸体上找不到被告人的精斑、被告人供称在驾驶座上实施强奸而提取不到相关物证，而本案重要的物证——被害人指甲中血样的 DNA 是被害人与另一名男性 DNA 混合而成不能作为判定被告人有罪的证据的情况下，仅仅依据被告人供述及同室关押的犯人袁连芳关于被告人张辉被关押期间告知其不小心将被害人掐死的所谓的“证人证言”就作出了有罪判决。[①] 该错案即使在当时亦是显然无法达到证明标准关于证据充分性的要求的，应作为前车之鉴，引以为戒。

在审查判断证据是否确实、充分的同时，还应重视证据合法性的审查。首先，应当审查证据的法律形式是否完备，收集的手续是否齐全。法定形式与收集手续是保证证据质量的条件，对固定证据与保证证据真实性具有重要意义。我国刑事诉讼法对证据形式与收集手续有明确的规定。对证据形式与收集手续不符合法律规定的，应当要求相关人员进行补正或作出合理解释，不能补正或解释的，审判者应自由裁量是否采纳。其次，应当审查证据收集是否符合法律规定的程序。新刑事诉讼法确立了非法证据排除规则，要求在侦查、审查起诉、审判阶段发现有应当排除的证据的，应当依法予以排除而不得作为起诉意见、起诉决定和判决的依据。因此，对证据的审查判断应当严格按照法律规定进行合法性审查，对确认或不能排除存在法定以非法方法收集证据情形的证据，应予以排除，而不得作为据以定案的证据。但根据对新刑事诉讼法实施情况的观察，实践中非法证据排除规则虽然在遏制刑讯逼供及其他非法取证行为上起到了一定的作用，但由于法律规定的缺陷、刑事司法机制的影

① 有关张氏叔侄案的资料来源：《南方周末》http://www.infzm.com/content/89144,最后访问时间：2013 年 6 月 20 日。

响等，不敢、不愿排除的问题仍比较突出，实际排除仍相当困难。[①] 非法证据未能排除而成为定案的根据，显然有悖于“证据确实、充分”标准，对此必须引起重视。

在证据已经满足确实性与充分性的基础上，要“综合全案证据，对所认定事实已排除合理怀疑”。《刑事诉讼法》第53条第2款前两项属于证据标准，是对证据质与量的要求，最后一项则是对运用证据认定案件事实所要达到的程度，即证据度的要求。“排除合理怀疑”的要求并不是孤立的，而是与前两项条件紧密联系，形成一个统一的整体，应当在符合前两项条件的基础上，综合全案证据，对案件事实是否达到排除合理怀疑的认定进行判断。在该过程中要注意观察证据与事实之间、证据与证据之间是否一致，有无矛盾；如存在不一致或者矛盾，是否能够做出合理解释；如果存在合理的怀疑而无法排除的，应根据“疑罪从无”原则，宣告被告人无罪。仍以浙江省张氏叔侄案为例，两名被告人的供述在关键作案细节上严重不吻合、被害人指甲中的DNA为被害人与另一男性混合而不能排除他人作案的可能，这些都属于能够影响认定指控犯罪事实成立的“合理怀疑”，不能对矛盾做出适当解释、不能排除合理怀疑，就是达不到法定证明标准，因而就不能作出有罪的判决。

① 参见龙宗智：《新刑事诉讼法实施：半年初判》，载《清华法学》2013年第5期。

第六章　定罪证明标准的层次性问题

随着理论研究的深入，我国学界对建立多元化、多层次的证明标准体系上基本达成一致，[①] 但对其中的具体问题仍有一定争议。而在定罪证明标准中，主要涉及的是证明标准的横向层次性，而讨论的重点则为死刑案件与适用简易程序案件的适用问题，故在此进行具体分析。

第一节　证明标准层次性之探讨

一、关于刑事证明标准层次性的观点

学界对刑事证明标准层次性问题并未形成成熟的理论，但存在一定的研究，其中具有代表性的观点如下：

其一，认为有罪判决的证明标准分为“确定无疑”、“接近确定无疑”与“有确定证据的推定”三个层次。“确定无疑”是指认定犯罪事实要证据确实充分、排除其他可能性，这是我国作出有罪判决的最高标准，也是一般的证明标准。“接近确定无疑”是指为提供与犯罪作斗争的效能，有必要在坚持确定无疑标准的基础上，对某些案件以及犯罪构成的某些要件稍稍降低证明标准，规定只需达到接近确定无疑，即相当于排除合理怀疑的程度即可。“有确定

① 如陈光中先生认为：“根据认识论原理、司法公正的要求、诉讼效率原则以及司法实践中证明标准的运用经验，并借鉴国外证明标准理论，主张建立层次性的证明标准。”陈光中：《构建层次性的刑事证明标准》，载陈光中主编：《诉讼法论丛》（第7卷），法律出版社2002年版，第4页。

证据的推定”是根据法律规定，从已经证实的事实直接认定另一事实的存在，除非被追诉者提出反证加以推翻。推定反映的是一种高度的可能性，其在证明程度上低于确定无疑与排除合理怀疑。①

我国立法机关的观点是：“‘证据确实、充分’是我国刑事诉讼法对侦查机关侦查终结移送起诉、检察机关提起公诉的要求，也是审判程序中人民检察院完成被告人有罪的举证责任，人民法院判决被告人有罪的证明标准。”②

其二，刑事诉讼不同阶段适用不同证明标准，不同证明责任承担主体适用不同证明标准、不同证明对象适用不同证明标准。其主要内容包括：刑事证明标准阶段性在各国均有表现，我国刑事诉讼不同阶段适用的证明标准不同，立案的证明标准是人民法院、人民检察院或公安机关认为有犯罪事实需要追究刑事责任；移送审查起诉的证明标准是公安机关认为犯罪事实清楚，证据确实充分；提起公诉的证明标准是人民检察院认为犯罪事实已经查清，证据确实充分有罪判决的证明标准是人民法院认为案件事实清楚，证据确实充分。而由于控辩双方在举证能力与所承担责任之性质上的差异要求适用差别证明标准，各国多规定被告在负担证明责任时，其证明需达到盖然性占优势的程度，我国立法未对被告承担证明责任作出规定，亟待研究与解决。就不同证明对象适用不同证明标准的问题，国外有“证明”与“说明”、“严格证明”与“自由证明”等区分，我国也应当作出相应的规定。③

其三，将刑事证明标准分为实体证明标准与程序证明标准，其中程序证明标准是衡量证明主体的证明活动是否符合法定证明步

---

① 参见陈光中：《构建层次性的刑事证明标准》，载《检察日报》2002 年 3 月 26 日。

② 郎胜主编：《中华人民共和国刑事诉讼法修改与适用》，新华出版社 2012 年版，第 122 页。

③ 参见李学宽、汪海燕、张小玲：《论刑事证明标准及其层次性》，载《中国法学》2001 年第 5 期。

骤、方法、方式的准则与标尺，是证明效力产生的源泉，是一个渐进的过程，具有层次性。其特点为：（1）程序证明标准在诉讼过程中呈现出阶段性特点，表现为侦查阶段的单方证明、审查起诉阶段的复式确认单方证明和审判阶段对抗双方在场下的裁判证明；（2）程序证明标准随诉讼进程体系递升的趋势，而复式确认单方证明标准在层次上高于单方证明标准，双方对抗下的裁判证明标准又高于复式确认单方证明标准；（3）程序证明标准是一个动态概念，在诉讼过程中是由低向高运动的，运动着的程序作为这种证明标准的载体也使其在诉讼中处于运动状态。①

上述三种观点从不同角度论述了刑事证明标准的层次性问题，主要划分依据是不同案件性质、不同诉讼阶段与不同证明主体以及不同证明对象。下文将以我国刑事诉讼制度为基础进行评析。

二、对我国刑事证明标准体系之梳理

我国《刑事诉讼法》第 160 条规定："公安机关侦查终结的案件，应当做到犯罪事实清楚，证据确实、充分，并且写出起诉意见书，连同案件材料、证据一并移送同级人民检察院审查决定；同时将案件移送情况告知犯罪嫌疑人及其辩护律师。"第 172 条规定："人民检察院认为犯罪嫌疑人的犯罪事实已经查清，证据确实、充分，依法应当追究刑事责任的，应当作出起诉决定，按照审判管辖的规定，向人民法院提起公诉，并将案卷材料、证据移送人民法院。"据此，有学者总结认为，立法关于侦查终结、提起公诉、有罪判决的证明标准在表述上是一致的，只不过三者的判断主体不同：侦查终结时是侦查机关，提起公诉时是检察机关，而认定被告人有罪的标准则是经过庭审由法庭确定的。② 而针对该观点的反对

---

① 参见宋世杰著：《证据学新论》，中国检察出版社 2001 年版，第 256~257 页。

② 参见陈卫东著：《反思与建构：刑事诉讼的中国问题研究》，中国人民大学出版社 2015 年版，第 267~268 页。

意见认为，证明标准应根据诉讼阶段的不同而有层次性，判决时应达到最高的标准，依次往前，提起公诉、侦查终结移送起诉、逮捕、立案的证据标准应相应降低，因此公诉证据标准应低于有罪判决的标准。① 也就是说，我国刑事案件的侦查、起诉、审判三阶段均存在司法证明问题，基于案件在三个阶段所要达到与所能达到的诉讼认识不同，证明标准在不同阶段存在层次性。“我国的刑事证明标准体系是由立案侦查的证明标准、逮捕的证明标准、移送审查起诉的证明标准以及有罪判决的证明标准构成的。这些证明标准是随着诉讼的进程不断提高的，这体现了我国刑事证明标准具有一定的层次性。”② 有学者将其总结为刑事证明标准的纵向层次性。③

如前文对证明阶段的分析所述，真正意义上的证明只存在于审判阶段。我国的审判前程序中并未建立典型的司法证明机制，无论是公安机关还是检察机关都是通过一种行政化的方式从事立案、侦查、批准逮捕与审查起诉活动的。“无论是公安机关还是检察机关，都无法向中立的裁判者论证某一案件事实的存在，更不存在当庭说服裁判者信服案件事实真实性的验证过程。”④ “无裁判，无证明。在我国刑事诉讼中审判前程序中立裁判者阙如的情况下，除法庭审判阶段裁判被告人成立犯罪时检察机关需要向法院证明外，侦查机关、检察机关及其办案人员实施的所有诉讼行为，包括收集、审查和运用证据的活动，显然是不需要直接接受法院裁判的……简言之，我国侦查、起诉阶段不存在证明问题，亦无所谓证明标准在不同阶段的层次性问题，我国刑事证明及证明标准问题只存在于法

---

① 参见龙宗智：《试论我国刑事诉讼的证明标准》，载《法学研究》1999 年第 6 期。

② 陈卫东著：《反思与建构：刑事诉讼的中国问题研究》，中国人民大学出版社 2015 年版，前言第 5 页。

③ 参见聂立泽、苑民丽：《主客观相统一原则与刑事证明标准的层次性研究》，载《法学评论》2011 年第 2 期。

④ 陈瑞华主编：《刑事证据法学》（第 2 版），北京大学出版社 2014 年版，第 261 页。

庭审判阶段。”[①] 我国台湾地区“立法”规定“有犯罪嫌疑”时足以发动侦查；“有足够之犯罪嫌疑”时足以提起公诉；而达到“毫无合理怀疑之有罪确信”则足以为有罪判决。[②] 学者指出，“检察官起诉与否的判断标准（足够犯罪嫌疑）与法官为有罪判决与否的证据基准（有罪判决之确信，即毫无合理怀疑），并不完全相当。”[③]“嫌疑程度”、“证据基准”即与“证明标准”作出了区分。

证明标准主要是要解决证明到何种程度的问题，“对于承担证明责任的主体而言，证明标准实为判断其是否履行了应尽的责任，因而得以卸除其证明责任的尺度和标杆。”[④] 因此，证明标准应当包含承担证明责任的主体、判断承担证明责任主体是否履行了证明责任的中立裁判者以及供中立裁判者进行判断的尺度三个要素。而不同于域外审前程序中的法官参与，我国侦查、起诉阶段并不存在第三方判断，立法规定事实上属于对侦查机关、检察机关作出相关诉讼决定的证据要求，其以审判中的定罪标准“事实清楚，证据确实、充分”为参照，以完善案件的证据体系，保障证明责任之卸除。

由此可见，对证明标准层次性的探讨应当集中于审判阶段对案件整体、犯罪构成与部分事实的证明上，而其划分依据则主要为承担证明责任的主体与证明对象。

三、不同证明责任承担主体适用不同层次的证明标准

刑事诉讼中的证明责任原则上由控方承担，被告方不承担证明自己无罪的责任。但在控方履行了举证责任，特别是控方继续履行其说服责任使其控诉主张变得清晰明了或即将趋于清晰明了时，被

---

① 张军主编：《刑事证据规则理解与适用》，法律出版社 2010 年版，第 79 页。

② 参见林钰雄著：《严格证明与刑事证据》，法律出版社 2008 年版，第 159~160 页。

③ 林钰雄著：《刑事诉讼法》（下册），中国人民大学出版社 2005 年版，第 19 页。

④ 陈光中主编：《证据法学》，法律出版社 2011 年版，第 288 页。

告方不仅在心理上，而且在诉讼上产生了负担——在诉讼中被定罪的可能性，其外化即为被告方之举证责任，即提出证据为自己辩解，使案件回到真伪不明的状态。但控辩双方履行各自证明责任所要达到的标准是有区别的。其主要依据在于：其一，控辩双方之举证能力存在明显差异。在刑事诉讼中，控诉机关往往被赋予相当的权力与资源，具有获取全面、充分证据的能力。而被告方调查取证的权利与手段不足，同时也缺乏有效履行证明责任的主观条件，包括法律知识的缺乏与经济方面的限制，如要求证明标准上的一视同仁，将会加剧双方事实上的不平等，进一步恶化被告方的诉讼地位，与诉讼人权保障原则相悖。其二，控辩双方所承担责任之性质不同。根据“无罪推定”原则，控方不仅要提出证据证明己方主张，还须说服裁判者相信其主张成立，该责任具有法定性、最终性与不可转让性。而被告方履行举证责任的目的在于推翻控方指控，其只需破坏控方证明体系，使裁判者认为控方证明未达到法定证明标准、不能卸除其说服责任即可，故对二者之证明要求设置必然有所区别。

我国立法仅对控方承担证明责任所应达到的标准作出了规定，并未涉及被告方承担相应责任所需达到的标准，理论界也未对此进行系统研究，实践中对此应如何把握则较为混乱。英美证据法中，被告人除从逻辑、经验上对控方证据提出质疑、进行驳斥外，在进行肯定性辩护（affirmative defense），如主张自己行为时患有精神病、有法律授权或正当理由等，应当承担举证责任，但证明只需达到“证据占优势”的程度即可。对“证据占优势”之证明并无统一的解释，摩根认为，“凡于特定事实之存在，有说服负担之当事人，必须以证据之优势证明其存在。法官通常解说所谓证据之优势与证人多寡或证据之数量无关，证据之优势乃在其使人信服的力量（convincing force）。有时并建议陪审团，其心如秤（mental scales），以双方当事人之证据分置于其左右之秤盘，并从而权衡何者具有较大之重量。”①

四、不同证明对象适用不同层次的证明标准

如前文所述，证明对象与证明责任、证明标准三者有着紧密的联系，可以概括为，证明主体为履行其证明责任而将证明对象证明至法定标准，证明对象不同，所适用的证明标准亦有所差异。且就不同证明对象适用不同层次证明标准的问题，不同国家也存在不同的理念与规定。德国证据理论中对“证明”与“说明”进行了概念区分，凡使法官确信某一案件事实的，属“证明”，而“说明”则主要针对要求法官回避、重定开庭日期或行使拒绝陈述、拒绝作证等事实，且只需要一定程度之可信性。② 日本则根据对法官心证程度要求之不同，区分了证明与释明。狭义之证明要求法官对某一事实的心证必须达到无合理怀疑的确信程度，而释明适用于法律有明文规定的程序法事实，只要求形成“可以推定事实存在”的心证即可。如《日本刑事诉讼法》第 206 条规定：“检察官和司法警察员由于不得已的事由没有能够遵守前三条规定的时间限制时，检察官可以向法官说明该事由，并请求羁押被疑人。”③ 其中“说明该事由”即为释明。与德、日两国以实体法事实与程序法事实进行划分不同，英美国家根据犯罪性质适用不同证明标准，其基本思路为，根据人权保障之司法理念，指控的性质越严重，越应采取谨慎的态度，防止被告人之合法权益因错误定罪而受到侵害。我国立法与理论中对区分实体法事实与程序法事实、程序法事实适用较低的证明标准并无过多争议。对根据罪行轻重采用差别证明标准，有学者主张，“对重大案件，如死刑案件，就其关键事实情节的证明上，应达到完全确定的绝对性标准；而对一些无法实现绝对的确定

---

① 转引自李浩著：《民事举证责任研究》，中国法制出版社 2000 年版，第 127 页。

② 参见王以真主编：《外国刑事诉讼法学》，北京大学出版社 1999 年版，第 339 页。

③ 宋英辉译：《日本刑事诉讼法》，中国政法大学出版社 2000 年版，第 49 页。

性的事实要素和总体事实认定的情况，适用‘最大限度盖然性’的原则；再就一般对基本事实的认定和当事人的处罚不发生直接影响的事实要素，可适用‘优势证明’的原则。”[①] 陈光中先生也提出建构层次性证明标准，将有罪判决的证明标准分为确定无疑、排除合理怀疑、有确实证据的推定三个层次。[②]

本章将紧扣主题，着眼于全案之综合判断，对死刑案件与适用简易程序案件之证明标准进行分析，有关被告方承担证明责任适用标准与具体证明对象适用之标准等问题则归入下一章“定罪证明标准之适用”中讨论。

第二节　死刑案件证明标准

一、正方：适用更高标准

刑罚学上，根据被告人可能遭受刑罚的程度不同，可将刑事案件划分为轻罪、重罪和死刑案件三个类别。英美法系从保障人权的机理出发，认为罪行轻重的认定对被告人的实体权益影响重大，故而指控的性质越严重越要采取谨慎的态度，以免使被告人的合法权益因错误定罪或不当量刑而受到损害，[③] 因此，应当根据罪行轻重适用不同程度的证明标准。英国学者塞西尔·特纳曾经引用过布鲁厄姆（Henry Brougham）为卡洛琳王后的辩护词：“摆在我们面前的这些证据，即使用于证明一笔债务，也是很不充分的。凭它来剥夺一种民事权利，显然是不行的；凭它来认定一件微小的罪行，是荒唐可笑的；凭它来证明一件严重的罪行，是荒诞可耻的；凭它来

① 龙宗智著：《相对合理主义》，中国政法大学出版社 1999 年版，第 441 页。

② 参见陈光中：《建构层次性的刑事证明标准》，载陈光中、江伟主编：《诉讼法论丛》，法律出版社 2002 年版。

③ 参见李学宽、汪海燕、张小玲：《论刑事证明标准及其层次性》，载《中国法学》2001 年第 5 期。

诋毁英国王后的名誉，则简直是荒谬绝伦的!”① 在此基础上，特纳指出：“犯罪的性质越严重，必要的证据最低要求就越高。”② 当前英国的主流观点认为存在两种证明标准，即确信无疑与优势证据，但每一种标准中都有不同的程度。“最近的案件所引发的关于证明标准的不同意见，更可能是由词语而不是其他问题造成的。依据我们的法律，在刑事案件中，要求比民事案件更高的证明标准，这当然是毫无疑问的。但这也是有条件的，在两种案件中其实都不存在绝对标准。在刑事案件中，指控的犯罪必须被证明到确信无疑的程度，但是，在这一标准内也许还存在着证明程度，正如贝斯特首席大法官和许多其他大法官所说：‘罪行越大，证明就应当越清楚。’在民事案件中也是如此，案件可以有优势证据证明，但在这个标准中也许存在着盖然性程度。这种程度取决于主题内容。与审理过失案件所要求的盖然性程度相比，民事法院在审理一个欺诈指控时，自然会要求一个更高的盖然性程度。即使在审理一个带有刑事性质的指控时，它也未采取像刑事法院那么高的证明程度；但它仍要求一个与其场合相称的盖然性程度。”③

美国通过对死刑案件司法错误的研究认为应当确立比现行“排除合理怀疑”更高的死刑案件定罪证明标准，这一方面可以确保针对事实上实施了严重犯罪的罪犯作出死刑裁决，另一方面亦能够降低对无辜者作出错误定罪裁决的风险。④ 2004 年纽约上诉法院指出：“在死刑案件中，法官必须指示陪审团只能在排除一切怀疑

---

① ［英］J. W. 塞西尔·特纳著：《肯尼刑法原理》，王国庆、李启蒙等译，华夏出版社 1989 年版，第 548 页。

② ［英］J. W. 塞西尔·特纳著：《肯尼刑法原理》，王国庆、李启蒙等译，华夏出版社 1989 年版，第 549 页。

③ Bater v. Bater (1951) p. 35, 36-37，转引自［美］特伦斯·安德森、戴维·舒姆、［英］威廉·特文宁合著：《证据分析》，张保生、朱婷、张月波等译，中国人民大学出版社 2012 年版，第 323 页。

④ 参见［美］布莱恩·福斯特著：《司法错误论——性质、来源和救济》，刘静坤译，中国人民公安大学出版社 2007 年版，第 277 页。

的情况下才能判处被告人有罪。”[①] 而马萨诸塞州长会议曾提议，如该州重新适用死刑判决则应采用对被告人的罪行没有任何怀疑的标准（no doubt about the guilt of the defendant）。[②] 学者也对此提出了多种建议，包括：“排除任何怀疑”（beyond any doubt）[③]、“无疑”（no doubt）[④]、“排除一切怀疑”（beyond all doubt）[⑤] 或者恢复“道德确定性”（moral certainty）[⑥] 等。但研究者对新标准的适用阶段存在不同的意见，有提议仅在定罪阶段适用新标准；还有人认为应仅在量刑阶段适用新标准[⑦]；等等。

我国学界普遍认为，由于死刑案件涉及对人类生命权的剥夺，是最严重的刑罚，且判决具有不可逆转性，故其证明必须适用最高标准。[⑧] 因此，一些学者建议采取区别化立法方式，建立有差别的刑事案件证明标准。如有观点指出，死刑案件关系人的生命，相较于普通刑事案件，应当更加谨慎办理，其证明标准也应当更高，故在普通刑事案件中适用“排除合理怀疑”标准即可，而在死刑案

---

① Brief for Appellant at 338, People v. Mateo, 2 N. Y. 3D 383 (2004) (No. 21).

② See Massachusetts Governor's Council on Capital Punishment, Final Report 22(2004).

③ See William Glaberson, *Killer's Lawyers Seek to Raise Standard of Proof for Death Penalty*, N. Y. Times, Jan. 11, 2004. p. 27.

④ See Craig M. Bradley, *A (Genuinely) Modest Proposal Concerning the Death Penalty*, 72 Ind. L. J., 30(1996).

⑤ Elizabeth R. Jungman, *Note*, *Beyond All Doubt*, 91 Geo. L. J., 1066 (2003).

⑥ See William Glaberson, *Killer's Lawyers Seek to Raise Standard of Proof for Death Penalty*, N. Y. Times, Jan. 11, 2004.

⑦ See Leonard B. Sand & Danielle L. Rose, *Proof Beyond All Possible Doubt: Is There a Need for a Higher Burden of Proof When the Sentence May Be Death?* 78 Chi. -Kent L. Rev., 1370-1372(2003); Craig M. Bradley, *A (Genuinely) Modest Proposal Concerning the Death Penalty*, 72 Ind. L. J., 29 (1996).

⑧ 参见杨宇冠：《死刑案件的证明标准与程序要求》，载《人民检察》2008 年第 8 期；龙宗智：《死刑案件证明标准的规定具有重要现实意义》，载《人民法院报》2010 年 6 月 7 日第 3 版。

件中应实现“排除一切怀疑”的证明。[①] 还有学者将定罪证明表分为“确定无疑”、“排除合理怀疑”与“有确实证据的推定”三个层次，认为应当以“确定无疑”作为定罪的最高证明标准；“排除合理怀疑”标准稍低于“确定无疑”，可用于个别危害大、取证困难的刑事案件，或对案件中的犯罪构成主观要件进行证明，或被告人自愿认罪的轻罪案件的证明以及某些有利于被告人又需要进行证明的事实之证明等。[②] 该主张是建立在客观真实论的基础上的，认为尽管不可能将案件的细枝末节都查清楚，甚至难以将与定罪量刑有关的情节都查清楚，但对有关定罪量刑的基本事实，特别是被告人是否实施了犯罪这一主要事实是能查清楚而达到唯一性的，而在司法实践中，许多案件的证明是可以达到“确定无疑”的程度的。即使西方国家证据理论多认为，受人类认识能力的限制，诉讼证明不能达到绝对确实的程度，可能达到的最高标准是“排除合理怀疑”，但也有学者认为绝对确定是能够达到的，“排除合理怀疑”并不是诉讼证明可能实现的最高标准。[③] 另外有学者认为，仅根据正向思维适用我国刑事诉讼法规定的“事实清楚，证据确实、充分”标准并不足以将死刑案件事实认定错误降到最低，还应考虑反向思维，将“对事实没有其他解释余地”作为对通常标准的补充。[④] 此外，联合国文件对死刑案件证明标准的规定被主张提高死

① 参见何家弘：《刑事证据的采纳标准和采信标准》，载《人民检察》2001 年第 10 期。

② 参见陈光中：《构建层次性的刑事证明标准》，载陈光中主编：《诉讼法论丛》（第 7 卷），法律出版社 2002 年版，第 3~10 页。

③ 主要例证有，英国学者在其论著中：“尽管 D 杀了 P 是绝对确定的，也就是说，他引起了犯罪行为。”（见［英］J. C. 史密斯、B. 霍根著：《英国刑法》，李贵方等译，法律出版社 2000 年版，第 35 页。）以及丹宁勋爵认为：“在刑事案件中，控告必须被证明是无可置疑的。”（见［英］丹宁勋爵著：《法律的界碑》，刘庸安、张弘译，法律出版社 1999 年版，第 222~223 页。）转引自陈光中：《构建层次性的刑事证明标准》，载陈光中主编：《诉讼法论丛》（第 7 卷），法律出版社 2002 年版，第 5 页。

④ 参见杨正万著：《死刑的程序控制》，中国人民公安大学出版社 2008 年版，第 174~177 页。

刑案件证明标准的学者看作是有力的证明。联合国相关文件中涉及刑事证明标准的地方多数采用的是“排除合理怀疑”的提法，但1984年《关于面对死刑的人的权利的保障措施》第4条规定：“只有在对被告的罪行有明确和令人信服的证据而对事实没有其他解释余地的情况下，才能判处死刑。”①“对事实没有其他解释余地”即要求认定被告人犯罪的结论具有唯一性、不存在其他任何可能，相当于我国学界指称的“确定无疑”；而“排除合理怀疑”则不要求排除一切可能的疑问而仅要求被排除的疑问是能够说出理由，显然，该要求是高于排除合理怀疑标准的。这一方面说明“排除合理怀疑”标准并不足以在死刑案件中的错判错杀，另一方面也表明“排除合理怀疑”并不是现实可能达到的最高标准。② 此外，还有观点认为对死刑案件适用更高的证明标准，是立足于审判实践、严格涵摄于我国刑法分则之内的，法理兼备，是对我国理论上刑事证明标准的层次性构建和实践中高低搭配适用的动态性体现，具有科学性和应用性，且实践中呈现出证明标准适用的层次性是不争的事实。③

对此，相关立法中也有所反映。如2003年江苏省高级人民法院公布的《关于刑事审判证据和定案的若干意见（试行）》即区分了一般案件与死刑案件的证明标准：对普通案件，要求“审判人员根据已有证据，对被告人是否实施犯罪达到内心确认的程度，可以定案”；对死刑案件则“应做到案件事实清楚，证据确实、充分，排除一切合理怀疑，否则不能判处死刑立即执行”，其中“一

---

① Capital punishment may be imposed only when the guilt of the person charged is based upon clear and convincing evidence leaving no room for an alternative explanation of the facts.

② 参见陈光中：《构建层次性的刑事证明标准》，载陈光中主编：《诉讼法论丛》（第7卷），法律出版社2002年版，第5页；孙长永、黄维智、赖早兴著：《刑事证明责任制度研究》，中国法制出版社2009年版，第271页。

③ 聂立泽、苑民丽：《主客观相统一原则与行使证明标准的层次性研究》，载《法学评论》2011年第2期。

切合理怀疑”是指：（1）现有证据不能完全涵盖案件事实；（2）有现象表明某种影响案件真实性的情况可能存在，且不能排除；（3）存在人们常识中很可能发生影响案件真实性的情况。[①] 河南省 2008 年发布的《关于规范死刑案件证据收集审查的意见》中规定：“死刑案件的证明标准必须达到犯罪事实清楚，证据确实、充分，并且能够排除一切合理怀疑。”[②] 2009 年《关于进一步提高死刑案件办理质量的意见》则重申：“死刑案件必须达到犯罪事实清楚，证据确实充分，排除一切合理怀疑的证明程度。”[③] 而 2010 年《死刑案件证据规定》被认为是对死刑案件的证明标准作出了更为严格的规定，要求：“办理死刑案件，对被告人犯罪事实的认定，必须达到证据确实、充分。”其中，“证据确实、充分”的具体条件包括：（1）定罪量刑的事实都有证据证明；（2）每一个定案的证据均已经法定程序查证属实；（3）证据与证据之间、证据与案件事实之间不存在矛盾或者矛盾得以合理排除；（4）共同犯罪案件中，被告人的地位、作用均已查清；（5）根据证据认定案件事实的过程符合逻辑和经验，由证据得出的结论为唯一结论。

二、反方：适用相同标准

对提高死刑案件证明标准的观点，另外一部分学者提出了反对意见。美国有学者指出，“排除合理怀疑”一直被看作是最高证明标准，如确立一种新的更高的标准不仅会使死刑审判程序更为复杂，而且还会动摇现有刑事司法制度的根基——无论何种案件，被

① 《江苏省〈关于刑事审判证据和定案的若干意见（试行）〉》第 62 条、第 66 条。

② 河南省高级人民法院、河南省人民检察院、河南省公安厅 2008 年发布《关于规范死刑案件证据收集审查的意见》第 69 条。

③ 2009 年 3 月发布《河南省人民检察院、河南省公安厅关于进一步提高死刑案件办理质量的意见》。

告人只有在适用最严格的证明标准下才会被判定有罪。① 对适用诸如“排除一切怀疑”等说法，有人担心会因为标准过高而导致无法做出任何定罪裁判。②

有美国学者对可能得以作为提高死刑定罪标准的理论进行了分析，发现并不能得出肯定性结论。刑事证明标准的制定应尽力实现错误定罪与错误释放之间的平衡，包括数量与损害两方面。首先，在权衡损害情况方面，根据简单的例证，假设普通刑事案件中错误释放之损害为-1，则同种案件错误定罪的损害为-10，在假设正确裁决不能获益的情况下，根据顺向模型（Straight - forwad modeling），③ 案件的证明标准确定性为 0.91；而死刑案件中，错误定罪的损害会放大 10 倍之多，达到-100，则证明标准的确定性应提高至 0.99。但该例证是以死刑案件错误释放不会造成更大危害的假设为前提的。而在美国，由于死刑通常只适用于最恶劣的谋杀案，错误释放死刑案件的被告人比错误释放普通刑事案件被告人的后果更为严重，故死刑案件错误释放的价值会小于-1。然而，错误定罪造成的额外损害仍远大于错误释放，除非死刑案件错误释放造成的损害比普通刑事案件至少高出 10 倍，否则都应该提高死刑案件的证明标准。但上述例证是以错误定罪都必然导致死刑适用为前提的，而现实中许多被定罪的被告人并没有被执行死刑，因此，

① 参见［美］Erik Lillquist 著：《论绝对确定性和死刑》，周苇译，张斌校，载《证据科学》2011 年第 6 期。

② 参见［美］布莱恩·福斯特著：《司法错误论——性质、来源和救济》，刘静坤译，中国人民公安大学出版社 2007 年版，第 277 页。

③ 美国学者在论证刑事证明标准与民事证明标准时创立了一种顺向模型（Straight-forwad modeling），即将证明标准（SP）看作是错误释放有害性（Uag）与错误判决有害性（Uci）之间的函数，则 SP = 1/［1 +（Uag/Uci）］。See Patricia G. Milanich, *Decision Theory and Standards of Proof*, 5 Law & Hum. Behav., 87-89 (1981); Alan D. Cullison, *Probability Analysis of Judicial Fact-Finding: A Preliminary Outline of the Subject Approach*, U. Tol. L. Rev., 564-568 (1969); John Kaplan, *Decision Theory and the Fact-finding Process*, 20 Stan. L. Rev., 1072 (1968)。

其损害程度与普通刑事案件中被错判监禁的损害程度相当，即死刑案件错误定罪的实际损害比假设中要小。故结合错误释放造成的损害可能大于预期的情况，又能得出死刑案件证明标准不应高于其他刑事案件的结论。鉴于学界多不主张在死刑案件的定罪阶段适用不同的标准，而提议在被告人被判定犯有死罪后适用更高的证明标准，如此，被告人仍可能被判处死刑，故错误定罪的损害不变，但因不被执行死刑而代之以漫长的监禁，而错误释放的损害则随之减小。根据这条线索，似乎反而证明应在定罪阶段适用更低的证明标准。因此该方法并不能为死刑案件适用更高的证明标准提供支持。其次，考虑权衡错误方法，即通过分配错误的数量制定证明标准。一般认为，民事诉讼选择优势证据证明标准是因为该标准平等地在原被告之间分配了错误数量，而刑事诉讼中有利于被告人的错误比率是5∶1、10∶1、20∶1、99∶1甚至100∶1，“排除合理怀疑”标准则是达到这种分配比率的恰当机制。死刑案件适用更高证明标准的前提假设是死刑案件错误分配比率要高于其他刑事案件，并要通过适用更高的证明标准达到更高的错误分配比率。但问题是，提高证明标准能否导致有利于被告人的错误比率提高，或者说，适用“排除一切怀疑”的证明标准是否一定能减少错误定罪的相对量。从表面上看，假设在适用现行证明标准的情况下1000例案件中有10人被错误定罪，100人被错误释放，而适用“排除一切怀疑”标准能够将错误定罪减少一半，则错误比率则从1∶10变为1∶20，似乎证明采用更高证明标准是增加死刑案件错误分配比率的理想方法。但该例证忽视了提高证明标准对错误释放的影响。因此，还是假设1000例案件中，其中800例有罪判决中790例是正确的，适用更高证明标准在减少一般的错误定罪的同时亦减少了一般的正确定罪，在此情况下，有5人免予被错误执行死刑（仍有可能被判终身监禁），但却释放了近400名确实有罪的被告人，错误释放数量从100增加到495，错误比率提高到了1∶100，但为此付出的代价似乎难以被接受。[①] 因此，并没有理论能够完全论证应当在死刑案件中适用比普通刑事案件更高的证明标准。

我国也有学者认为，通过提高证明标准防止死刑滥用属于简单化的处理方式，一方面，证明标准的提高意味着定罪难度的增大，固然可以因此而减少错误定罪的案件数量，但确实有罪的被告人被错判无罪的可能性也由此增大，即正确定罪的案件数量同样会减少，实践中会导致放纵犯罪的后果。一般而言，死刑案件中的被告人绝大多数都是应被判处较重刑罚的，如果因错判无罪导致其逃脱法律制裁，则是不合理的。另一方面，刑事证明标准的制度必须考虑社会的接受能力。尽管民众或许并不关心法定的证明标准，但根据证明标准作出的裁决只有具有可接受性才能获得正当性，因此，对死刑案件定罪采用更高的证明标准必须考虑其社会可接受性。此外，尽管根据正当程序要求应对死刑案件被告人加以特殊保障，但正当程序本身并没有要求对某些案件采用特殊的定罪标准。[②]

对正方要求提高死刑案件证明标准的理由，反方亦进行了反驳。首先，对证明标准分层理论中认为“证明标准严格程度应与案件严重程度成正比”的观点可能会造成实践中的悖论，即被指控有严重犯罪行为的被告人可能因达不到较高的证明标准被判决无罪，而被指控较轻犯罪的被告人却因证明标准的较易满足而被定罪。其次，赞同提高死刑案件证明标准的观点多以“非法死刑案件被告人丧失自由比死刑案件被告人丧失生命权益要小得多”的假设为前提。但事实上，一些非死刑案件被告人所受刑罚可能对其自由造成永久性伤害甚至加速其死亡，故将被告人所受到的损害归结为“失去自由”并不恰当，因为监狱生活会增加其患病与死亡

① 参见 Erik Lillquist 著：《论绝对确定性和死刑》，周苇译，张斌校，载《证据科学》2011 年第 6 期。

② 参见陈卫东、李训虎：《分而治之：一种完善死刑案件证明标准的思路》，载《人民检察》2007 年第 8 期。

的危险。[①] 应当认识到，不得因对生命权的重视而变相贬抑自由权的价值。美国联邦最高法院认为“排除合理怀疑”就是刑事案件的最高证明标准，即使是死刑案件也不例外，因为该标准是建立在对自由与名誉价值珍视的基础上的，“由于被告人根据定罪可能失去自由，也由于定罪肯定会使其蒙受耻辱，在刑事指控过程中，被告人冒着极大的利益危险。因此，珍视每个人名誉和自由的社会，在对被告人的罪行存在合理怀疑时，就不应当对其实施的行为加以处刑。”[②] 因此，对涉及被告人生命、自由等权益的所有刑事案件都应当适用现实可能达到的最高证明标准。最后，现行的刑事证明标准已经很高，再提高并不具有实际意义，如果一味提高死刑证明标准，则很可能导致实践中对其他案件证明标准的把握降低。如我国定罪证明标准追求的案件事实与客观事实的直接符合，可以看做是一种绝对性标准。即使是英美法系的“排除合理怀疑”在概率上一般认为应达到95%~99%的盖然性，而内心确信也至少要达到96%的盖然性。[③] 而不同于科学中的盖然性，诉讼证明的“日常的经历盖然性”一般达到90%以上即被认为是“临界于确实”，大于95%则为显然事实，[④] 在这种情况下再提升证明标准，只能是100%的绝对性，但这显然是超出了人类认识能力的。此外，根据心理学研究表明，当信心超过一定值时，信心的增加对准确度的判

---

① 参见 Erik Lillquist 著：《论绝对确定性和死刑》，周苇译，张斌校，载《证据科学》2011 年第 6 期。

② ［美］罗纳德 · J. 艾伦等著：《证据法——文本、问题与案例》，张保生等译，高等教育出版社 2006 年版，第 817 页。

③ 参见［德］克劳思 · 罗科信著：《刑事诉讼法》，吴丽琪译，法律出版社 2003 年版，第 119 页。

④ 参见［德］汉斯 · 普维庭著：《现代证明责任问题》，吴越译，法律出版社 2000 年版，第 137 页。

断没有明显提高[1]，故对高于95%或96%的自信度再行提高对事实准确度的提升作用微乎其微，确立更高的死刑案件证明标准只能是一种“精神安慰”。[2] 此外，联合国文件中的“对事实没有其他解释余地”并不是指不能存在进行任何其他解释的可能性，而是强调这些其他解释是人类理智认为不具合理性的。该标准的意义在于要求对死刑案件证明使用当前可以达到的最高证明标准，各国可以通过自己的术语对其进行诠释，即如该国立法与司法对死刑案件定罪标准已经达到最高，则没有必要做出修改，可通过增加程序与严格把握执行方式等措施达到保障死刑质量之目的；而如当前死刑案件定罪标准尚有提高的余地，则应据此进行改进。[3] 而针对《死刑案件证据规定》中“唯一结论”体现了“绝对性”的观点，有学者指出，死刑案件需要证明的事实是“指控的犯罪事实”而非客观存在的案件事实本身，“唯一结论”是法官运用逻辑与经验规则推断出来的，而对任何事实的证明结论都应当是唯一的，故“唯一结论”是为严格适用我国刑事证明标准提出要求，而非对现有标准的提高。

有观点认为提高死刑案件定罪证明标准并不现实，而为提高死刑案件质量，最大限度地防止错判，可通过区分定罪环节与量刑环节，提高影响死刑适用的量刑情节之证明标准实现。因我国刑事立法对量刑证明不够重视，尚未对证明标准问题作出明确规定，司法实践中多以优势证据作出证明。而在美国，刑事案件审判中将定罪与量刑相分离，在判定被告人死刑适格，进入量刑环节后，需要权

---

① 即以证据的可能性与不正确的可能性之比率表示信心的大小，当信心指数为3：1时，信心与准确相当一致，但信心指数提高到100：1时，准确度并没有明显提高。参见［美］斯科特·普劳斯等著：《决策与判断》，施俊琦、王星译，人民邮电出版社2004年版，第192~194页。

② 秦宗文：《死刑案件证明标准的困局与破解》，载《中国刑事法杂志》2009年第2期。

③ 参见杨宇冠：《死刑案件的证明标准与程序要求》，载《人民检察》2008年第8期。

衡相关情节决定是否适用死刑。美国联邦最高法院在 Apprendi v. New Jersey 一案中确立了加重情节的要件规则，对决定适用死刑的量刑情节，应与犯罪构成要件的证明一样适用排除合理怀疑标准。[①] 故有学者主张在维持定罪证明标准不变的前提下提高量刑阶段证明标准，即“对与死刑案件的定罪采取与普通刑事案件相同的‘排除合理怀疑’的证明标准，对于判处死刑则采用更高的‘排除一切怀疑’的标准”。[②] 对此，又有学者指出，被告人被定罪之后，在量刑阶段，其本身的危险性成为调查的中心，其中包含了诸多价值判断与政策考量而不仅仅是事实认定，此时“无罪推定”原则与“严格证明规则”[③] 已经不再适用，故提高证明标准对限制法官自由裁量权并没有现实意义。[④]

三、我国死刑案件定罪证明标准的适当选择

尽管正反双方观点相持不下，但提高死刑案件办案质量，尽量避免死刑案件错误定罪并在此基础上减少死刑适用却是必须面对的现实问题。

就其国内诸如将死刑案件证明标准提升至“排除一切怀疑”、“无疑”等高于“排除合理怀疑”之程度的观点，美国学者认为并无实际意义。因为正是基于无法达到真正的绝对确定性之哲学思考才形成了“排除合理怀疑”的标准，该标准即代表了人类所能达

---

① Apprendi v. New Jersey, 530 U. S. 466 (2000).

② 参见陈卫东、李训虎：《分而治之：一种完善死刑案件证明标准的思路》，载《人民检察》2007 年第 8 期；陈卫东：《刑事诉讼法证据制度修改的宏观思考》，载《法学家》2007 年第 4 期。

③ 当然，对法定加重情节应进行严格证明，但最多只是适用于定罪相同的证明标准。参见［日］田口守一著：《刑事诉讼法》，刘迪等译，法律出版社 2000 年版，第 221 页；蔡墩铭：《刑事诉讼法》（第 5 版），台湾五南图书出版股份有限公司 2002 年版，第 223 页；李玉萍：《量刑事实证明初探》，载《证据科学》2009 年第 1 期。

④ 参见陈虎：《提高死刑案件证明标准：一个似是而非的命题》，载《中外法学》2010 年第 3 期。

到的最高证明程度，其目的是要在诉讼中获得人类可以达到的最大确定性。如在死刑案件中适用真正的绝对确定性，就会因为没有陪审团宣布自己已经达到“绝对的确定性”而不能作出任何死刑判决。而事实上，问题的关键在于，当前“排除合理怀疑”标准适用的严格性降低，法官宣布的证明标准与陪审团适用的证明标准均低于19世纪初对“排除合理怀疑”的要求，[①] 实践中陪审团成员对被告人定罪所需的确定性仅为70%甚至是更少。[②] 如在Victor v. Neblaska案中，一审法院在对陪审团的指示中说：“（合理怀疑）不仅仅是可能的怀疑；因为任何与人类诉讼有关并取决于盖然性证据的事情都有某些可能存在或推测的怀疑。”[③] 这显然是低于“排除合理怀疑”标准在19世纪时的确定性的。除了法官对陪审团指示中存在的问题，刑事诉讼程序还允许控方在候选陪审员对死刑的意见存在“阻碍或实质上损害其按照指示与誓言履行职责”可能时取消其陪审员资格也是导致死刑案件证明标准低于其应然程度的原因之一。“排除一切怀疑”、“无疑”的观点虽然听上去等同于真正的绝对确定性，但事实上提议者是在力图表述一个低于真正的绝对确定性而大致等同于十八九世纪对“道德确定性”的定义，即获得人类可获得的最大确定性。因此通过对陪审团作出“排除一切怀疑”等指示可能能够提高陪审团适用死刑的确定性，但其能否真正减少错误执行死刑的案件数量还有待考证。因此，死刑案件需要的不是一个新的证明标准，而是怎样更好地传达现有标准。[④] 可以说，死刑案件证明标准现存问题不在于现行标准本身，其解决

---

① 参见Erik Lillquist：《论绝对确定性和死刑》，周苇译，张斌校，载《证据科学》2011年第6期。

② Steve Sheppard, *The Metamorphoses of Reasonable Doubt: How Changes in the Burden of Proof Have Weakened the Presumption of Innocence*, 78 Notre Dame L. Rev., 1169(2003).

③ Victor v. Neblaska, 511 U.S. 1 (1994).

④ 参见陈虎：《提高死刑案件证明标准：一个似是而非的命题》，载《中外法学》2010年第3期。

也应从超越标准的角度来思考,[①] 解决问题的关键在于死刑案件证明标准的严格适用。

同样，我国死刑案件面临的实质问题之一即如何严格适用证明标准。在司法实践中，死刑案件出现错误的主要原因就包括对证明标准把握不当。如未按照严格证明要求，对证据能力没有实质性限制，导致大量传闻证据进入庭审程序；在证据调查方式上，证人不出庭作证、书面证据大行其道，使辩方无法展开有效反驳，都降低了裁判者对事实认定的准确性。在认定案件事实时，将有重大瑕疵的证据作为定案依据，在案件存在重大疑点、对基本事实的认定存在合理怀疑的情况下仍作出有罪判定等。因此，改变“有罪推定”思想固然重要，但严格死刑案件证明标准，防范裁判者主观随意性更是当务之急。联合国《关于面对死刑的人的权利的保障措施》的可取之处在于其既对裁判者的主观状态提出了“对事实没有解释的余地”的要求，又包括了对证据提出的必须“令人信服”的相对客观化的要求，更为具体化。[②] 我国“事实清楚，证据确实、充分”的标准的确存在难以把握的问题，对此，《死刑案件证据规定》与新刑事诉讼法增加了主观方面的规定性要求，确立了相互印证、排除矛盾、反证等方法，相信能够对准确把握证明标准、保障心证准确性发挥积极的作用。

除此之外，为提高死刑案件审判质量，还可以在改进死刑案件证明程序方面作出努力。有学者认为，多次证明、向多人证明能够提供事实认定的准确性，因为在对被告人作出死刑判决方面，多人多次判断比一人一次判断判的难度大，且判处死刑的概率小；增加审判人员数量与审理、复核的次数可以提高死刑案件质量而减少死刑数量。以美国为例，死刑案件须由陪审团一致判决被告人有罪并

---

① 秦宗文：《死刑案件证明标准的困局与破解》，载《中国刑事法杂志》2009 年第 2 期。

② 参见杨宇冠：《死刑案件的证明标准与程序要求》，载《人民检察》2008 年第 8 期。

一致决定是否适用死刑，即死刑案件的判决必须经过陪审团两次的一致裁决，故其虽未适用更高的标准，但却在实质上提高了死刑案件证明的要求。而在不实行陪审团审判的情况下，可以通过增加审级等方法，使案件经过更多的程序与人员的判断是否达到判处死刑的标准。我国当前立法规定的合议庭人数与评议机制存在一定的问题，为死刑案件的误判留下了隐患，因此应当增加死刑案件合议庭审判人员的认识并贯彻一致同意原则，实现死刑案件的程序控制。另外，在实体法方面也需要进行改进，对可能判处死刑的法定加重情节应尽量具体化。刑法总则规定“死刑只适用于罪行极其严重的犯罪分子”，而分则各罪中对可以适用死刑的情形并没有相对独立的细化规定。如《刑法》第 115 条规定：“放火、决水、爆炸以及投放毒害性、放射性、传染病病原体等物质或者以其他危险方法致人重伤、死亡或者公司财产遭受重大损失的，处十年以上有期徒刑、无期徒刑或者死刑。”相关规定的含混不清使实践中司法人员拥有很大的自由裁量权，很可能因把握不一致而导致判决不公。因此，应考虑将相关可以适用死刑的情节明确化、客观化。刑法修正案中拐卖妇女、儿童罪的规定即是很好的例证，《刑法》第 240 条对其中可以判处死刑的情形进行了细化，规定对“（一）拐卖妇女、儿童集团的首要分子；（二）拐卖妇女、儿童三人以上的；（三）奸淫被拐卖的妇女的；（四）诱骗、强迫被拐卖的妇女卖淫或者将被拐卖的妇女卖给他人迫使其卖淫的；（五）以出卖为目的，使用暴力、胁迫或者麻醉方法绑架妇女、儿童的；（六）以出卖为目的，偷盗婴幼儿的；（七）造成被拐卖的妇女、儿童或者其亲属重伤、死亡或者其他严重后果的；（八）将妇女、儿童卖往境外的”八种情形可以判处死刑。对此，学者建议通过发布量刑指南等方式将更多的适用死刑的概况情节具体化。①

① 参见陈虎：《提高死刑案件证明标准——一个似是而非的命题》，载《中外法学》2010 年第 3 期。

第三节　刑事简易程序证明标准

一、问题：程序简化对证明标准的冲击

面对犯罪数量不断增长而普通诉讼程序烦琐而难以应付的现实，简易程序作为提高诉讼效率、合理配置司法资源的重要方式，已为多数国家与地区的立法或司法实践所接受。我国在 1996 年刑事诉讼法中设立了简易程序，2012 年刑事诉讼法修改进行了进一步完善，在第 208 条第 1 款中规定："基层人民法院管辖的案件，符合下列条件的，可以适用简易程序审判：（一）案件事实清楚、证据充分的；（二）被告人承认自己所犯罪行，对指控的犯罪事实没有异议的；（三）被告人对适用简易程序没有异议的。"此处修改将简易程序适用范围扩大至基层法院管辖的几乎所有认罪案件。简易程序因程序简化对证明标准的冲击是显而易见的，在此情况下是否统一适用"事实清楚，证据确实、充分"这一很高的标准，需要认真加以思考。

诉讼证明活动中，对不确定性的消除与司法资源的耗费是成正比的，在资源有限的情况下，必须根据证明任务的重要性进行合理分配，区分严格证明与自由证明。对此二者，"法律所要求的证明方法，根据程序的阶段、审判的种类、应证明的事实的性质不同是多种多样的。即在可以使用的证据范围、证据的提出和调查证据的方法、证明的标准这三个方面，是不一致的。"① 一般来说，严格证明与自由证明的区别主要体现在：（1）对证据形式的要求不同，严格证明要求使用法定证据形式范畴内的证据，而自由证明则不受此限制；（2）证据调查方式不同，严格证明要求遵循法定的调查

① ［日］松伟浩也著：《日本刑事诉讼法》（下卷），张凌译，中国人民大学出版社 2005 年版，第 120 页。

程序与方法，贯彻直接、言词、公开等审判原则，而自由证明则可以不受相关拘束；（3）对证明程度的要求不同，严格证明应当适用“排除合理怀疑”、“内心确信”的诉讼证明最高标准，而自由证明只需达到释明程度，即“使人相信其具有可能性即可”。严格证明对证据方法与证据调查程序有着严格的形式要求，一般认为对犯罪事实之经过及行为人有无罪责等实体事项必须进行严格证明。因为实体事实涉及定罪量刑问题，与被告人的实体权利密切相关，必须提出较高的要求，为定罪判刑设置法律障碍以保障个人权利不受国家之任意侵犯。若法院将未践行严格证明之证据资料采纳为案件的裁判基础，则不但有碍实体真实之发现，还将有损于正当程序与被告人合法权利之保障。而自由证明对证据方法及其调查程序没有特别的限制，法院可自由选择，一般对程序性事实仅须适用自由证明即可。

对案件实体事实的证明须经严格证明过程，使用法定证据方法并遵守法定调查程序，是刑事诉讼的通则之一。严格证明的根本目的是在合乎法治程序的前提下发现实体真实。案件的客观事实是刑事诉讼尤其是大陆法系国家刑事诉讼的追求目标。一般而言，诉讼过程中投入的精力、人力和物力越多，越有利于查明事实真相。法庭审判给予抗辩双方公平合理的对抗机会，使双方能够平等参与、理性交涉，充分表达自己的意见。可以说，庭审过程中双方参与越充分、庭审对抗性越强，越能够促进案件客观真实的发现。但是简易程序的出现却是对严格证明程序的颠覆。简易程序最大的特征是对庭审的简化，不受证据调查次序、方法及证人、鉴定人诘问方式等方面的制约。如我国《刑事诉讼法》第 213 条规定，适用简易程序审理案件，不受普通程序中出示证据、法庭辩论程序等规定的限制。而一些国家与地区立法中的速决程序更是直接省略了庭审过程。因此，在适用简易程序的案件中，严格证明法则的两大严格形式性要求——法定证据方法和法定调查程序受到限缩，且由于其庭审对抗性较弱，对事实真相的发现必然会产生一定的副作用，实质是以牺牲一定程度的公正换取效率的提高。

自然，简易程序有其自身的合理性。因为诉讼效率也是诉讼的基本理念与价值要求之一。在司法资源有限而案件数量不断增长的形势下，必须考虑探索提高诉讼效率的特别途径。但对效率的追求可能会与事实真相的查明发生冲突，“我们既要坚持追求案件的客观事实真相，又应当让客观真实止步于一定的限度之内，以兼顾多方面诉讼价值的均衡实现。”① 此外，简易程序适用自然会以牺牲当事人尤其是被告人的一些合法权益为代价，因为一旦进入简易程序，被告人基本上就失去了被宣告无罪的权利与机会。故简易程序的适用是以被告人认罪为前提的，作为正义的主要损失者，如果被告人选择有罪答辩，即表明其承认了控方证据的证明力而不希望在法庭上与控方对抗。法庭调查的目的在于通过控辩双方的对抗查清案件事实，被告人认罪，控辩双方对指控的事实没有争议，对抗的基础已然消失，法庭调查也随之失去了意义。此外，简易程序的适用也为防止被告人利益的过度丧失而限定了适用范围，即一般适用于社会危害性较小的轻罪案件，因为该类案件性质轻微，被告人可以免受严重犯罪案件中可能面临的不利境地，其权利保护也相对容易；而社会危害性较大的重罪案件一般须经过大量举证质证方能最大程度地认定犯罪，故不得适用简易程序。因此，对被告人认罪且事实清楚，证据确实、充分的罪行较轻的案件适用简易程序，具有正当性基础。

然而正如学者所言，区别严格证明与自由证明的关键实益之一在于两者所要求的心证程度有别②。严格证明的结果须达到法定最高标准（如无合理怀疑之确信等），而对依照自由证明程序的证据

---

① 陈光中、李玉华、陈学权：《诉讼真实与证明标准改革》，载《政法论坛》2009 年第 2 期。

② 参见林钰雄著：《刑事诉讼法》（上册），中国人民大学出版社 2005 年版，第 353 页。

判断，法院在心证上认为“很有可能”或“大致相信”即可。[①] 简易程序中需要解决的一个重要问题，是在严格证明受到限缩、庭审对抗性较弱的情况下，如何认定案件事实？应该采用何种证明标准？

二、考察：适用较低证明标准的可能性

在英美法系国家，诉讼以解决纠纷为目的，在程序上采取“当事人进行主义”，强调当事人在诉讼中的主导作用，由当事人启动、推进诉讼程序；在实体上遵循“当事人处分主义”由当事人决定审理范围、须证明之事项，法官处于消极、中立的地位，诉讼中充分尊重当事人意愿，对控辩双方自愿作出的选择和交易赋予了非常大的法律效力，被告人作出正式承认（formal admissions，或称司法承认 judicial admissions），意味着其放弃“无罪推定”原则的保护，从而免除了控方证明对该事实进行证明的义务。

以美国为例，在 1966 年之前，对被告人在罪状认否程序中直接作出有罪答辩的，法官无须进行实体审查，只需在判断被告人的认罪是具有自愿性和明智性后直接进入判刑程序。在辩诉交易中更是如此，尽管法官有权对双方的交易过程与结果进行审查以确认被告人的有罪答辩是不是自愿和理智的以及交易是否具备事实基础，在被告人有罪答辩违反宪法或法律时可以拒绝承认，但事实上法官只要能够确认被告人的有罪答辩是自愿与理智的，一般都会对交易协议予以承认，而不会探究被告人是否真的有罪。法院一般认为其没有义务审查有罪答辩的事实基础，因为“有罪答辩本身才是最关键的”。[②] 1966 年美国《联邦刑事诉讼规则》第 11 条增加规定：“虽然接受有罪答辩，但法庭不能未做调查查明答辩存在事实基础

① 参见林钰雄著：《刑事诉讼法》（上册），中国人民大学出版社 2005 年版，第 360~361 页。

② Steven Schmidt, “The Need for Review: Allowing Defendants to Appeal the Factual Basis of a Conviction After Pleading Guilty”, 95 Minnesota Law Review 284, 315 (2010).

便单纯依据答辩作出判决。”[1] 明确了有罪答辩的事实基础要件。联邦最高法院在随后的 McCarthy v. United States[2] 案中指出，为贯彻《联邦刑事诉讼规则》第 11 条之规定，法官须亲自调查被告人是否理解指控内容，并让自己相信有罪答辩存在事实基础。[3] 1970 年的 North Carolina v. Alfrod 案中，联邦最高法院明确有罪答辩的事实基础必须存在“有力证据”（strong evidence），如辩诉交易的案卷材料中包含了证明被告人有罪的有力证据，即使被告人主张无罪，法院也仍可采纳有罪答辩，对其作出有罪判决。而对何为“有力证据”，判例并未予以解释，而是使用了“压倒性证据”（overwhelming evidence）的措辞，其确信程度显然低于“排除合理怀疑”。此外，根据 Libretti v. United States 案中，就辩诉交易中被告失权事项的审查，联邦最高法院认为本案法官根据充分证据证明法定的使罪犯丧失权利的规定已被满足。可见，至少对证据充分性是有所要求的。[4] 实践中，法官可以通过询问被告人、检察官、审查有关的报告或综合使用以上方法进行审查，但对此并没有建立精确的证明标准，且绝大多数法官认为无辜的被告人不会选择作出有罪答辩，故而在审查后即使怀疑被告人可能无辜，也会拒绝有罪答辩。[5]

而在大陆法系国家，由于实体真实发现原则与职权主义诉讼结构，强调法官依职权查明事实真相，不受当事人主张与意愿之限制，即使控辩双方放弃权利也不得损害事实真相的发现。因此即使

---

① 《美国联邦诉讼规则和证据规则》，卞建林译，中国政法大学出版社 1996 年版，第 46 页。

② North Carolina v. Alford, 400 U. S. 25 (1970).

③ Steven Schmidt, “The Need for Review: Allowing Defendants to Appeal the Factual Basis of a Conviction After Pleading Guilty”, 95 Minnesota Law Review 284, 315 (2010).

④ 参见［美］伟恩 · R. 拉费弗等著：《刑事诉讼法》，卞建林等译，中国政法大学出版社 2003 年版，第 1001 页。

⑤ Ear G. Penrod, The Guilty Plea Process in Indiana: A Proposal to Strengthen the Diminishing Factual Basis Requirement, 34 Indianan Law Review 1127 (2001).

被告人认罪，法官也仍然要进行实体审查以确保判决符合案件事实。如德国在处刑命令程序中，仅仅是法官认为有理由对被告人进行审判是不够的，必须通过审查案卷，排除合理怀疑地确信被告人有罪，如在审查检察院掌握的证据后认为被追诉人没有足够嫌疑的，应当拒绝签发处罚令。[①]《日本刑事诉讼法》第463条规定，简易法院审查时，如果认为该案件不能作出简易命令或作出简易命令不适当时，应当按照通常的规定进行审判即依普通程序进行审判。而在俄罗斯，被告人认罪案件的证明标准是法官内心确信，其法律规定法庭定罪处刑的条件是“受审人所同意的指控根据充分，已经被刑事案件中搜集的证据所证实”。[②]

学者认为，在职权主义诉讼结构下，法院负有澄清义务，即为查明起诉犯罪事实真相之目的而享有本于职权而调查证据之权限。该调查原则亦即实体真实发现之原则。简易程序适用必须符合比例原则，即国家利用此种手段所追求之目的及所获得之利益必须高于因此对人民所造成的不利益（如被告人诉讼权利受到限缩及受到有罪判决的结果等）。为调和冲突，简易程序必须坚守一定的底线，包括：（1）不法内涵轻微性，即只要罪名与刑度轻微之案件始得适用简易程序；（2）刑罚效果轻微性，即适用简易程序案件处刑仅得科处轻微之宣告刑；（3）事实证据明确性，通过简易程序审理并不能如普通程序般厘清案情、发现真相，如事实、证据不明确，应适用直接、言词及公开之通常审理程序以资发现真实，否则适用简易程序不仅不能达到诉讼经济之目的，反而违反了法院之澄清义务；（4）审检认定合致性，只有检察官与法官对论罪与科刑取得一致认定才能认为案件符合前项要求之事实证据明确性；若控审两方认定有所歧义，则无明确性可言；（5）被告同意与参与，

① 参见［德］托马斯·魏根特：《德国刑事诉讼程序》，岳礼玲、温小洁译，中国政法大学出版社2004年版，第210页。

② 参见刘根菊、黄新民：《从普通程序看我国刑事速决程序的构建》，载《法学评论》2005年第3期。

因为基于比例原则与听审原则，被告人之同意是省略通常审判程序之前提。因此，对适用简易程序之案件，法院除对其是否具备一般诉讼要件进行审查外，重点还须关注其是否具备适用简易程序之特别诉讼要件，即根据被告之自白与其他证据已足认定其犯罪。根据事实证明明确性的前提，简易程序判决处刑时，对被告的有罪判决与通常审判程序中法官作出有罪判决必须达到的确信程度并无二致，同样必须达到毫无任何合理怀疑之确信程度。简易程序只是调查方法之简化，即以自由证明取代严格证明，但证据裁判、无罪推定以及禁止以有罪自白为有罪判决之唯一依据等证据原则仍然适用。① 从理论角度考量，在职权主义诉讼结构中，被告人认罪与否对证明标准并无影响，为规范国家职权之运行，刑事司法中对犯罪构成要件的该当性、违法性、有责性等重要实体问题均应进行严格证明。②

但20世纪70年代协商性司法在大陆法系各国的发展，使认罪案件证明标准也开始受到影响。以德国为例，1997年联邦上诉法院在案例中指出，即使法院未在掌握相关证据之前就作出了有罪判决，但只要法庭成员与所有当事人都参与了协商，且协商是公开的，法庭与当事人就审判结果达成的合意就是被允许的。③ 协商性司法最初适用范围仅限于轻微犯罪，但到20世纪70年代末期，则扩展到涉及面广、证明困难的案件，包括重罪案件。在此类案件中，如被告人认罪，法官只需调查部分证据以确定其供述具有事实依据即可终结案件审理程序，大大缩短了审理时间，故而证明标准亦为适应这一司法实践而有所松动。

---

① 参见林钰雄著：《刑事诉讼法》（下册），中国人民大学出版社2005年版，第200~202页。

② 参见［德］克劳斯·罗科信著：《刑事诉讼法》，吴丽琪译，法律出版社2003年版，第208页。

③ 参见［德］托马斯·魏根特著：《德国刑事诉讼程序》，岳礼玲、温小洁译，中国政法大学出版社2004年版，第167页。

总结而言，有罪判决只有建立在案件事实真相的基础上才具有正当性，调查证据方法及程序的简化并不意味着有罪判决门槛要求的降低，同一犯罪事实，如果因为使用不同程序而导致被告人获得法律上的不同对待，则是违背了司法公正理念。因此，适用简易程序的刑事案件在作出有罪判决时，必须坚守住心证确证的底线。但是，在确定性程度方面，应该可以相对降低要求。主要理由包括：首先，程序简化对案件事实还原度的减损是实际存在的。大陆法系实体真实主义要求刑事诉讼应当以真实为基准解决案件，尽管由于种种条件限制，证明并不能达到绝对真实，但也应尽可能接近于事实真相。但是，对真实的探求是有界限的，如必须受到正当程序等的制约，以实现诉讼各价值的平衡。除此之外，日本学者认为，实体真实的概念也是相对的，因为根据刑事诉讼程序形态的不同，对真实探求的程度也存在差异。在普通程序中，实体的真实是法官经过正式程序、正式分析过的实体真实；而在简易程序中，真实是通过被简化了的审判程序认定实体真实；而到了略式程序中，真实虽经过法官探讨与分析，但审判程序是以被省略的实体真实为基础的；微罪处分与缓起诉除非程序中的实体真实外更是未经法官探讨与分析的真实。因此，实体真实因为所适用程序不同而带有了相对性。实体真实的相对性表明，在一些诉讼程序中，并非总要严格地追求“尽可能接近真相的事实”。① 可见，在程序简化的情况下，对证明结果的确定性要求减低是必然结果。其次，还可以从证明标准的横向层次性方面获取理论支撑，即根据罪行轻重，适用不同程度的证明标准。构建横向层次性的证明标准，是案件性质差异性的必然反映，是对刑事证明规律的正确认识，也比较符合司法实际需求及普遍的司法经验。适用简易程序的刑事案件多为轻罪案件，其严重程度一般低于适用普通程序审理的案件，因此，降低对证明程

---

① 参见［日］田口守一著：《刑事诉讼法》，张凌、于秀峰译，中国政法大学出版社 2010 年版，第 16 页。

度的要求也是比较现实的选择。最后，简易程序适用是以被告人认罪为前提的。只要能够确认被告人认罪的自愿性，一般情况下即能够保证被告人有罪供述的真实性。另外，由于人类具有趋利避害的本能，往往能够促使个人做出对自己最为有利的抉择。被告人选择认罪，同时亦进行了程序选择，表明其对适用该程序的审理过程与结果是有预见性的。在这种情况之下，对证明程度降低要求并不会有损被告人之合法权益适于公平正义原则。

三、选择：我国简易程序证明标准之适用

我国刑事诉讼立法中并未明确规定适用简易程序审判刑事案件的定罪标准。有观点认为，《刑事诉讼法》第 53 条位于“第一编总则第五章证据制度”，属于总则性规定，其对“证据确实、充分”的解释适用于整部法律关于“证据确实、充分”的规定。而《刑事诉讼法》第 195 条第 1 款第 1 项规定了一审普通程序案件须达到“案件事实清楚，证据确实、充分”，才能作出有罪判决。简易程序作为一审普通程序的简化程序，对其中立法未予明确的问题，可适用一审普通程序之规定。因此，简易程序的证明标准同样为“事实清楚，证据确实、充分”，程序简化并不意味着证明标准的宽松。① 学者指出，我国刑事简易程序证明标准仍应当为“事实清楚，证据确实、充分”，即便被告人认罪，法庭也应当查清其他所有证明，且其他证据应能独立证明案件事实，而被告人认罪的价值仅在于省略庭审中的抗辩程序。②

但实践中的刑事案件纷繁复杂，具有个别性与特殊性，“确实、充分”只能是总体上的表述和最高要求，如毫无区别地使用，必然不具有现实性。此外，在特殊的印证证明模式未得到修正的情

① 参见谢登科：《论刑事简易程序中的证明标准》，载《当代法学》2015 年第 3 期。

② 参见龙宗智：《中国法语境中的“排除合理怀疑”》，载《中外法学》2012 年第 6 期。

况下，刑事简易程序证明标准在实践适用中存在一定的冲突。印证证明模式对证据充分性有着较高而僵化的要求。而在刑事简易程序中，对案件事实的证明尽管有相当证据量的支持，但其印证性由于庭审简化必然不及普通程序，与法定证明标准的高要求存在明显的矛盾。而这一矛盾在立法中未得到相应的解决，实践中很可能导致司法人员自定标准，这种随意性终将破坏法律的严肃性与统一实施。因此，为刑事简易程序设置符合其程序特点与司法现实的证明标准更为必要。"简易程序的简化，首先是举证、质证、认证的程序简化，而且简易程序以被告人认罪为前提，此时如果仍然要求严格的证明方法并适用很高的证明标准，则与简易化的程序法理不兼容。"① 因此，大多数意见还是认为当前证明标准并不能完全与简易程序相适应。有观点指出，刑事诉讼法规定的简易程序适用条件之一是"事实清楚、证据充分"，简易程序适用于认罪案件，意味着被告人对被指控的犯罪事实没有异议，而法官对控辩双方没有异议的证据事实往往直接采信，故作为适用条件的"证据充分"实际上可等同于简易程序作出有罪判决的证明标准。② 据此，简易程序中可降低对"证据确实"的要求。但最高人民法院对此提议持否定态度，认为："适用简易程序应遵循刑事诉讼法所确定的严格证据标准。但由于证据只有经过庭审质证，才能达到确实、充分的标准，故刑事诉讼法规定适用简易程序的案件须达到'证据充分'，而非'证据确实、充分'。"③ 即"证据充分"只是简易程序的适用条件，相关证据经庭审质证后，仍要达到"证据确实、充分"的要求。

目前，学界对我国刑事简易程序定罪证明标准提出了多种建

① 参见龙宗智：《中国法语境中的"排除合理怀疑"》，载《中外法学》2012 年第 6 期。

② 参见谢登科：《论刑事简易程序中的证明标准》，载《当代法学》2015 年第 3 期。

③ 张军主编：《新刑事诉讼法法官培训教材》，法律出版社 2012 年版，第 296 页。

议，如“基本事实清楚，基本证据确实充分”[①]、“排除合理怀疑”[②] 或者“明确证据的证明”（根据公诉方的证据可排除合理怀疑地相信被告人有罪，相当于美国提起公诉的证明标准，即表见证据 prima facie case）[③]，等等。对此，本文认为可以从主、客观两方面进行改良：

在主观方面，应当适用“排除合理怀疑”的证明标准。主要原因在于：其一，刑事诉讼法修改将“排除合理怀疑”作为“证据确实、充分”的具体解释或曰辅助性标准纳入法律规范体系，故适用“排除合理怀疑”标准具有合法性依据。其二，“排除合理怀疑”属于心证之最高标准，符合前文所述不得突破心证确证底线之要求。最为重要的是，“排除合理怀疑”与我国印证模式下的“事实清楚，证据确实、充分”这一带有绝对化色彩的要求是有所区别的。“排除合理怀疑”要求事实判断者只要能够通过证据信息排除内心怀疑而建立事实确认即为符合标准。而达至此标准，既可以是充分证据印证而推出结论，也可以是因单一证据具有足以说服判断者的能力而得出结论。而“证据确实、充分”不仅要求具有内部性的排除合理怀疑，而且要求具有外部性的证据相互印证。因此，“在依靠相互印证的证据建立心证排除合理怀疑的情况下，两种标准的证明程度是相同的；但在依靠单一证据或缺乏足够印证的证据而排除合理怀疑建立心证的情况下，排除合理怀疑的标准低于证据确实、充分的标准”。[④] 在简易程序中，因被告人认罪、案件

---

① 参见刘根菊、黄新民：《从普通程序看我国刑事速决程序的构建》，载《法学评论》2005 年第 3 期。

② 参见陈光中：《构建层次性的刑事证明标准》，载陈光中主编：《诉讼法论丛》（第 7 卷），法律出版社 2007 年版，第 9 页；龙宗智：《中国法语境中的“排除合理怀疑”》，载《中外法学》2012 年第 6 期。

③ 参见何家弘：《刑事证据的采纳标准和采信标准》，载《人民检察》2001 年第 10 期。

④ 龙宗智：《中国法语境中的“排除合理怀疑”》，载《中外法学》2012 年第 6 期。

主要犯罪事实无争议，且程序被简化，对案件事实的证据并不一定能够完全达到充分印证的程度，此时适用普通程序中的“事实清楚，证据确实、充分”的证明标准并不合理亦无必要，而适用排除合理怀疑标准则是较为理想的选择，即使对案件事实的证明没有充分的证据印证，但只要已有的证据能够在事实认定上排除内心合理疑虑即可定案。

客观方面，在条件成熟时，也应当就证据充分性的要求作出改变。应当明确，适用简易程序的案件，即使证据充分性有所欠缺，但被告人已作出认罪，在相关证据确实的情况下，也可以予以定案。因为刑事简易程序以提高诉讼效率为目标，在确认被告人认罪的自愿性与理智性的基础上，查清被告人认罪的基本事实，包括主体、行为、后果等属实，裁判者可就此排除合理怀疑或者可以形成内心确信的，可以作出有罪判决。但如前文所述，刑事简易程序指示调查证据方法之简化，相关证据原则依然适用，尤其应当注意不得以被告人认罪之自白为有罪判决的唯一依据。我国《刑事诉讼法》第 53 条规定的“只有被告人供述，没有其他证据的，不能认定被告人有罪和处以刑罚”自然同样适用于刑事简易程序。简易程序定罪处刑仍须达到有罪判决之确信，而若仅凭被告人的自白而没有其他补强证据的情况下，是不可能达到确信程度的。因此，对证据充分性的降低要求必须以不违法补强规则为前提，被告人的认罪供述需要有相应的证据佐证。

第七章 定罪证明标准之适用

第一节 待证事实与证明标准

如前文所述，定罪证明标准并非仅适用于对全案的综合判断，在具体案件中，具体事实的证明同样涉及证明标准问题。刑事案件本身涉及的事实相当繁杂，但一方面受制于人类认识能力的界限，并不是所有事实都可以被认知；另一方面根据刑事诉讼的目标取向，也不是所有事实都需要查明。此外，刑事诉讼的直接目标在于确认被告人是否有一定的犯罪事实，尽管在犯罪事实之外还存在量刑事实、程序性事实及证据事实，但就定罪而言，其核心在于犯罪事实之证明，故本书仅对此作集中探讨。

德、日等国的刑事理论中，犯罪的成立应当具备构成要件符合性（该当性）、违法性与有责性三项条件。[①] 由此，刑事诉讼中的待证事实可以类型化为犯罪构成要件、违法阻却事由与责任阻却事由。英美法系与之类似，犯罪成立亦是由犯罪之本体要件（包括犯罪行为与犯罪心态）和责任充足要件（排除合法的辩护事由，包括正当化事由与免责事由）两部分组成。

一、犯罪构成与证明标准

犯罪构成原是程序法概念，其起源于中世纪意大利的纠问式诉讼程序，最初的宗旨是为控制司法权而在以类型之法定化确定被告

① 参见［日］山口厚著：《刑法总论》，有斐阁2007年版，第23页。

人的罪名与刑罚；后被引入实体法，与罪刑法定原则相配合，主要目的仍在于对司法权进行控制。刑事程序一开始就要以某种构成要件为指导辨明案件，并就其实体方面形成心证，最终以对某种符合构成要件的事实达到确实的认识为目标，这就是刑事诉讼中的实体形成过程。从证据法的观点来讲，“刑事诉讼的主要证明事项就是构成要件事实”。[①] 犯罪构成有着重要的界限意义，一个行为能否充足构成要件是区分该行为是否进入刑法规制领域的界限，构成了刑法与刑事追诉的边界，也进一步构成了公民自由的边界，由此犯罪构成要件还具有了自由保障之价值。鉴于构成要件的重要性，必须对其进行最为严格的证明，以实现国家刑罚权的正确实施与公民权利的保障。

在英、美等国的刑事诉讼中，如被告人否认公诉之犯罪事实的，由控方承担证明责任（包括举证责任与说服责任），即对由于被告人不认罪而进入正式审判程序的案件，控方必须就此向法庭举证并说服事实裁判者相信被告人确实犯有所指控的罪行，且控方对每一构成要件的证明均须达到“排除合理怀疑”的程度，如不能提供充分的证据或所提供的证据不能使陪审团相信被告人犯有所指控罪行（陪审团对被告人是否犯罪存在“合理怀疑”），则控方将承担不利后果。英国上议院在1935年的Woolmington案中明确，除精神失常的抗辩及其他由成文法规定的例外情形外，证明被告人有罪的责任由控方承担；案件审理结束时，控方或辩方提供的证据表明关于被告人是否犯罪存在合理疑问的，则为控方未证实自己的案件，被告人有权被宣告无罪，“控方必须证明被告人有罪的原则是英格兰普通法的组成部分，任何削弱该原则的企图都是不可接受的。”[②] 由该案创设的“伍尔明顿规则”（the Woolmington Rule）要

---

① 参见［日］小野清一郎：《犯罪构成要件理论》，王泰译，中国人民公安大学出版社1991年版，第137页。

② Woolmington v. DPP, (1935) A. C. 462.

求，只有控方对以下两个方面事实的证明达到排除合理怀疑的程度才能认定被告人有罪：（1）被告人导致了某一事件或某一被法律禁止的事态之存在；（2）被告人有与某一事件或事态发生相关的特定心理状态。即控方必须对构成指控犯罪的客观要件与主观要件承担证明责任。而美国联邦最高法院同样指出，“所有人都是无罪的，除非政府已经证明其有罪”，无罪推定是构成美国刑事司法的基础。[①] 而与无罪推定相伴的是有罪证明必须达到排除合理怀疑的程度的原则，二者是“蕴含在有秩序的自由之观念中的”。[②] 控方对指控犯罪的每一构成要件之证明达到“排除合理怀疑”的程度是宪法正当程序的基本要求之一，“为避免对排除合理怀疑标准的宪法地位之疑问，故明确认定，正当程序条款包含被告人不受定罪，除非构成指控犯罪所必要的每一事实已经排除合理怀疑地证明”。[③]

我国传统上认为犯罪构成是指成立犯罪必须具备的主客观要件的有机整体，由四个方面组成：（1）犯罪客体，即由刑法所保护的但为犯罪所侵犯的社会主义社会关系；（2）犯罪的客观方面，指犯罪行为在客观上的外在表现，包括危害行为、危害结果、因果关系等；（3）犯罪主体，指达到责任年龄、具有责任能力而实施了犯罪行为的人，此外，单位亦可能成为犯罪之主体；（4）犯罪的主观方面，即主体对其危害行为与结果所持有的心理态度，包括故意、过失及目的等。[④] 从证明对象来看，由于犯罪客体即犯罪行为所侵犯的法益可通过对犯罪客观要件事实之证明直接予以认定，故刑事诉讼中对犯罪构成的证明主要包括犯罪主体要件、主观要件与客观要件相关事实。根据《最高人民法院关于适用〈中华人民共和国刑事诉讼法〉的解释》第 64 条的规定，对被告人定罪应当

① Coffin v. United States, 156 U.S. 432 (1895).

② United States v. Salerno, 481 U.S. 739 (1987).

③ In re Winship, 397 U.S. 358 (1970).

④ 参见张明楷著：《刑法学》（第 3 版），法律出版社 2007 年版，第 96 页。

运用证据证明的案件事实有："（一）被告人、被害人的身份；（二）被指控的犯罪是否存在；（三）被指控的犯罪是否为被告人所实施；（四）被告人有无刑事责任能力，有无罪过，实施犯罪的动机、目的；（五）实施犯罪的时间、地点、手段、后果以及案件起因等；（六）被告人在共同犯罪中的地位、作用……"依我国刑事诉讼法之规定，认定被告人有罪应适用"证据确实、充分"之标准，故对犯罪构成之证明必须达到法定要求。但在具体案件中针对具体构成要件事实之适用必然存在一定的区别。

以故意杀人罪为例，其构成要件包括：（1）客体要件，即他人的生命权利；（2）客观要件，即非法剥夺他人生命的行为；（3）主观要件，故意杀人罪的主观方面为故意，即明知行为会造成他人死亡之结果而希望或放任死亡结果之发生；（4）主体要件，我国刑法将故意杀人归类于限制刑事责任年龄人承担刑事责任的行为，因此，故意杀人罪的犯罪主体为年满14周岁且精神正常的人。根据无罪推定原则与我国刑事诉讼法的相关规定，由检察机关承担证明被告人有罪的责任，而被告人没有证明自己无罪的责任。故检察机关向法院提起公诉的，应依法提供确实、充分的证据，最终证明被告人犯罪成立，因此，在故意杀人罪中，检察机关必须对上述四方面作出证明：

其一，对客体要件之证明。故意杀人罪的犯罪客体是他人的生命权，则检察机关应证明被害人在被告人实施犯罪行为时为有生命的个体而因犯罪行为导致死亡。对生命权的开始，我国采取的是"独立呼吸说"，可通过相关人员证言获得证明；而对生命结束，我国采取"心死说"，通过可以医疗部门出具的死亡证明等作为依据。

其二，对客观要件之证明。证明故意杀人罪的客观要件即要证明被告人实施了杀人行为，需要对该行为的时间、地点、方式及犯罪工具等作出证明，并达到"事实清楚，证据确实、充分"的程度。以杜培武案为例，在诉讼过程中，检察机关并未能证明被告人之作案时间、地点与作案工具，但在未能证明被告人之行为符合故意杀人罪之客观要件的情况下认定被告人构成故意杀人罪，最终导致错案的发生。

其三，对主体要件之证明。主要涉及对行为人刑事责任年龄与责任能力的证明。故意杀人罪的犯罪主体是年满 14 周岁、精神正常的人。对主体的刑事责任年龄可以通过户籍证明、出生证明、相关人员证言或科学鉴定获得证明。“精神失常”在英美刑事法中属于被告人的抗辩事由，被告人对此须承担相应的证明责任。我国检察机关亦无主动证明被告人精神是否正常的责任，但对被告方提出被告人患有精神病的，学界普遍认为被告人无须负担证明责任但应提供相应线索足以令人怀疑被告人作案时的辨认与控制自己行为的能力，而检察机关因此须承担证明责任，也须自行启动或请求法院启动鉴定程序以确定被告人之责任能力。此外，基于其客观真实的义务，检察机关在审查案件时发现被告人精神状况存在问题时，亦需予以证明。

其四，对主观要件之证明。犯罪的主观要件诸如故意、过失、明知、目的等都属于行为人的内心因素，除行为人自己承认外，很难通过客观证据进行证明。如列宁所言：“我们应该按哪些标准来判断个人真实的‘思想和感情’呢？显然这一标准只有一个，就是这些个人的活动。”① 有学者将定罪过程中涉及的案件事实区分为行为事实与心理事实，认为“心理事实”是行为人的一种主观心理活动，“对心理事实的认定更为困难，这里存在一个根据客观事实加以推断的问题”。② 即对行为人内心因素可通过其行为事实进行推断。一般情况下，主观意识和意志因素会通过行为而外化，故外化的客观行为能够作为判断主观要件内容的根据。如《联合国打击跨国有组织犯罪公约》第 5 条第 2 款规定：“本条第一款所

① 《列宁选集》（第 1 卷），人民出版社 1995 年版，第 383 页。
② 陈兴良著：《本体刑法学》，商务印书馆 2001 年版，第 413 页。

指的明知、故意、目标、目的或约定可以从客观实际情况推论。"[①]此处的"推断"（"推论"）是指在缺少直接证据时根据一系列间接证据进行逻辑推理以对犯罪之主观要件予以认定，如运用相关言词证据与实物证据，通过对行为人作案时间、地点、手段、方式等多方面情况的综合分析进行证明。在故意杀人罪中，其主观要件是故意，包括认识与意志两方面因素。认识因素即行为人对自己行为的危害结果有认识。行为人认识的内容包括"行为"与"危害结果"，故检察机关可从其故意杀人的客观行为、致人死亡的结果及行为与结果之间的因果关系进行证明。在客观行为方面，通过对行为对象、方式、手段、时间、地点等的证明可以综合判断行为人对自己行为性质的认识。危害结果是犯罪故意认识因素的核心，如行为人只对自己行为的违法性有认识而并未造成危害结果，并不能就此认定存在犯罪故意，否则会造成刑法圈的过度扩张。意志因素是行为人对危害结果所持的心理态度，故意伤人罪中的意志因素包括希望与放任两个方面。"希望"即行为人积极追求他人死亡的结果，在希望意志的支配下，行为人之行为一般会表现出一定的目的性、积极性与坚决性。故检察机关可以通过证明行为人在客观方面制定计划、排除障碍的活动进行证明。"放任"即行为人对危害结果能否发生并不能肯定，而采取听之任之的态度，表现为对他人是否死亡并不关心，而是追求其死亡之外的结果。对此，检察机关应当证明行为人对自己行为可能造成他人死亡的结果有认识且实际上产生了该结果，但该结果却是行为人追求其他结果之结果。[②]对主观方面的证明标准问题，首先应当明确，证明标准设定所针对的是案件的定罪事实，即影响构成犯罪的全部要件事实，犯罪主观方面的事实，也属于要件事实，如其证明未能达到法律要求的程度，则

① The knowledge, intent, aim, purpose or agreement referred to in paragraph 1 of this article may be inferred from objective factual circumastances.

② 参见孙长永、黄维智、赖早兴著：《刑事证明责任制度研究》，中国法制出版社2009年版，第407~409页。

定罪即为未达到证明标准。美国联邦最高法院即在判例中确立了正当程序条款要求控方证明构成所指控犯罪所必需的每一个事实至“排除合理怀疑”的程度。[1] 当然，证明标准并非没有弹性，在统一的证明标准之下，客观行为的证明度较之主观要件的证明度更高，这是被司法现实主义所承认的。[2]

二、犯罪阻却事由与证明标准

根据“无罪推定”原则，控方对指控犯罪的事实承担完整的证明责任，是刑事证明责任分配的基本原则。但是，无罪推定并不是绝对的，英美刑法中无罪推定仅适用于有关犯罪要件事实之证明，而不完全覆盖涉及指控犯罪成立与否的所有事实。具备犯罪构成只是认定被告人有罪之必要条件而非充分条件，刑法在确定犯罪构成的同时还规定了被告人不存在刑事责任的相关辩护事由，只有在指控犯罪的要件事实得到证明，同时相关辩护事由亦被证明不存在时，才能最终确定被告人的刑事责任。但首先应当明确的是在辩方未提出辩护事由并对其提供证明予以证明之前，并不要求控方在证明要件事实的同时假想性地反驳可能存在的辩护事由，即在被告人未就辩护事由提出必要的证据前，控方证明责任一般仅限于对构成要件事实的证明。如美国法学会制定的《模范刑事法典》第1.12条规定：1. 除非犯罪每一要件得到排除合理怀疑的证明，否则任何人不得被认定犯罪；无此证明的，推定被告人无罪。2. 尽管有第1款规定，但（1）在没有提出支持积极辩护之证据前，不要求证明该辩护事由不存在；或（2）本法的或其他成文法明确要求被告人对其辩护事由应达到优势证据的程度的，不适用本条第1款规定。1971年联邦刑法改革全国委员会的《联邦新刑法典建议

---

① ［美］约翰·W. 斯特龙主编：《麦考密克论证据》，汤维建等译，中国政法大学出版社2003年版，第676、677页。

② 参见龙宗智著：《证据法的理念、制度与方法》，法律出版社2008年版，第307页。

稿》第103条第1款规定：1. 任何人非经排除合理怀疑地被证明犯罪的每一要件，不得被定罪。在被定罪之前推定被告人无罪……2. 第1款并不要求（1）在正式起诉书、简易起诉书或其他起诉文书中声明某一辩护事由不存在；或（2）证明某一辩护事由不成立，除非由于足以产生合理疑问的证据在案件中已经就此形成了争点。①

英美法中的辩护事由可以分为：（1）证明失败之辩护（failure of proof defense），即主张控方未能证明指控犯罪的某一构成要件，如否认实施了被指控的犯罪行为或否认存在犯罪所必要的心理状态；（2）犯罪修正之辩护（offense modifications），即主张被告人行为虽符合指控犯罪的全部构成要件，但并未造成法律所要防止的危害，属于刑事禁令之例外（exemptions or exceptions to criminal prohibitions）而不必受刑事追究，包括被告人对未完成的犯罪行为的放弃以及不可能犯等；（3）正当事由，即主张被指控行为不具有违法性，包括紧急避险、正当防卫、公务行为等；（4）免责事由，即由于特殊事由的存在而使被告人不应承担刑事责任，如被指控行为并非自由意志的结果、被告人未能准确认识其行为的性质或后果、被告人不知其行为或后果是错误的以及被告人缺乏控制其行为的能力等；（5）基于不予惩罚的公共政策之辩护（non - exculpatory public policy defenses），如主张犯罪已过追诉时效、审判违反禁止双重危险原则、被告人享有豁免权等。② 以英国法为例，一般由被告人对辩护事由承担提供证据的责任或说服责任（承担说服责任的同时也承担提供证据的责任）。概括而言，被告人承担说服责任的辩护事由包括：（1）精神失常（insanity），因普通法中有神智正常的推定（presumption of sanity），即每个人都被

① A Proposed New Federal Criminal Code, Final Report of the National Commission on Reform of Federal Criminal Laws (1971), § 103(1).

② See Paul H. Robinson, Criminal Law Defenses: A Systematic Analysis, 82 Colum. L. Rev. 199 (1982).

推定为神智正常，有为自己的犯罪行为负责之足够理智，故被告人若主张自己实施被指控之犯罪时精神失常，则必须对此承担说服责任。（2）减轻责任（diminished responsibility），根据英国 1957 年《杀人罪法》第 2 条之规定，被告人如在实施杀人行为时患有对责任能力有重大损害的精神疾病的，不能被判为谋杀，但可判处故意杀人罪，对罪轻之抗辩，由被告人承担证明责任。[①]（3）自杀契约（suicide pacts），1957 年《杀人罪法》规定，如被告人杀害他人是为履行其与被害人之间的自杀契约，或是第三人杀害他人的一方当事人的，构成故意杀人罪而非谋杀罪，被告人必须证明被害人同意根据该契约被杀与被告人之行为是为执行该契约确定的意图。（4）1956 年《性犯罪法》规定之例外，被告人被控犯该法规定的罪行，如主张自己符合例外情形，则应承担证明责任。（5）成文法规定的推定为非法的相反事实。如 1916 年《腐败防止法》第 2 条规定，对给予政府官员或代表机构人金钱、礼品或其他形式的好处的，推定为非法支付、赠予与收受，有相反证明的除外。故被告人如主张相关金钱、礼品等为合法所得，应承担证明责任。（6）1971年《滥用药品法》第 28 条规定，本条适用的犯罪中，如被告人犯有指控罪行，控方必须证明该指控事实，但被告人声称不知道、不怀疑或没有理由怀疑可能存在该事实时，被告人应对抗辩予以证明。（7）成文法规定的“无过错”或“不存在不适当目的”之辩护事由。如 1953 年《犯罪防止法》中规定没有合法授权或免责事由则不得在公共场所随身携带攻击性武器。而被告人若主张其携带武器系合法授权或有免责事由的，应承担证明责任。（8）贩毒案件中的财产来源。1994 年《反贩毒法》规定，对已被定罪的被告人，在确定其是否从贩毒获利而决定是否作出没收令

① 根据英国 1964 年《刑事程序（精神失常）法》之规定，如受谋杀罪指控的被告人提出精神失常的辩护，而控方认为其只能是减轻责任的，应由控方证明其符合 1957 年《杀人罪法》第 2 条之规定。

时，法院可推定被告人一定时期内所获财产为贩毒所得，而被告人应对相关财产来源之合法性承担证明责任。(9) 例外 (exception)、豁免 (exemption)、但书 (proviso)、免责事由或资格 (qualification) 等辩护理由，根据 1980 年《治安法院法》之规定，被告人以符合任何例外、豁免、但书、免责事由或资格进行抗辩时，不论其在成文法规定某一犯罪时出现在对罪状的描述中还是出现在对控告事项的描述中，或作为控告之基础，均由被告人承担证明责任，即使告诉或控告中已包含相关否定性声明的。(10) 特别抗辩，即被告人对指控提出"不适于答辩"或生效判决已确定有罪或无罪之主张的，应承担证明责任。① 一般而言，被告人承担说服责任时，最终应达到优势证据的标准，而其提出的证据则应达到表面上是真实的程度；而只承担提供证据的责任而由控方承担说服责任的情况下，被告人提出证据只需使法官或陪审团对相关事实产生合理怀疑即可。在美国，被告人针对被指控的犯罪事实，除提出"不在犯罪现场"的抗辩外，还可主张存在正当事由或免责事由（积极抗辩），此外，法律亦规定了一些抗辩事项。而被告人应对抗辩事项承担一定的证明责任。如美国《模范刑法典》第 1.12 条第 4 款规定，在对犯罪要件以外的事实进行认定时，除本法典另有规定，依下列规定处理：(1) 以该事实的认定符合哪一方的利益或主张为根据，由控方或辩方承担对该事实的证明责任；(2)（根据具体情况）对该事实的证明必须达到使法庭或陪审团确信的程度。即被告人应在①提出积极辩护时承担提供证据的责任；②提出法定的其他无罪辩护时，根据法律相关规定程度说服责任或提供证据的责任；③就适用法律所依据的非要件事实提出辩护，如该事实之认定符合其利益或有利于其诉讼主张之实现的，承担说服责任。但由于刑法的创制权主要归属于州，故联邦与各州法律中关于抗辩事由的

① 参见孙长永、黄维智、赖早兴著：《刑事证明责任制度研究》，中国法制出版社 2009 年版，第 31~34 页。

规定存在一定的区别，且对证明责任与证明标准的规定也不尽相同。如对正当防卫的抗辩，多数州只要求被告人承担提供证据的责任，在被告人履行了提供证据责任的情况下，控方有责任证明被告人实施犯罪行为时并非出于正当防卫，且应达到排除合理怀疑的程度。但俄亥俄州法律中只要求被告人对正当防卫以优势证据予以证明即可。联邦最高法院对此指出："要求被告人以优势证据证明正当防卫之抗辩事由并未违反联邦宪法的正当程序条款，因为正当程序只要求控方排除合理怀疑地证明指控犯罪之事实要件，而正当防卫之抗辩并未否定指控犯罪之事实要件，而是提出了一个独立的争点，故可以要求有被告人承担证明责任。"① 而对同一辩护事由的说服责任，对证明标准的要求也可能有所区别。如对精神失常的抗辩，联邦法律一般要求由控方承担证明被告人没有精神失常的责任。而《模范刑事法典》中认为精神失常属于积极抗辩，应由被告人承担提供证据的责任，控方则应承担证明其不存在的说服责任。但1984年《精神失常抗辩改革法》要求由被告人对精神失常的抗辩承担证明责任且须达到"清楚而令人信服"的程度。而多数州则规定被告人应承担精神失常抗辩的证明责任，但只需达到优势证据即可。② 此外，在犯罪阻却事由内部，即违法阻却事由与责任阻却事由之间的区别可能会影响证明标准的高低，因为二者从法价值上考量是不能等同的：存在阻却违法的情况说明被告人行为并不具有实质的违法性，其行为于社会是无害的，故得以被法律秩序所认可；而在存在阻却责任时，被告人的行为是具备实质的违法性的，侵害了刑法所包含的重大法益，只是因为行为人本身具有不可非难的主观因素故不能追究其刑事责任，属于被法律秩序宽恕的情形。因此，对违法阻却事由的证明，辩方应承担较低程度的证明责

① Martin v. Ohio, 480 U. S. 197, 297(1977).

② See Stephen A. Saltzburg et al., *Criminal Law: Cases and Materials*, 2nd ed., 2000, p. 862.

任，而对责任阻却事由则必须达到较高的标准。① 美国一些州在刑事诉讼中对辩方承担证明责任的情形有两种不同尺度的规定：对免责事由的举证，辩方必须提出证明到优势证据的程度；而对正当化事由的举证，辩方只需提出足以使陪审团怀疑控告理由的若干情况即可。② 总体上看，根据英美普通法与成文法的规定，如辩方针对指控提出了积极的辩护事由，应当承担一定的提供证据责任或说服责任；而辩方一旦提供了足够证据证明辩护事由的存在，控方随即产生了反驳责任以达到最终证明被告人有罪达到排除合理怀疑的程度。从另一方面讲，英美法系待证事实由控、辩两方面的事实组成，除构成要件事实由控方承担证明责任外，一些抗辩事由可能由辩方作出证明，故“排除合理怀疑”标准并非适用于所有的归罪性事实。

大陆法系国家由于采取职权主义诉讼构造，一般情况下在对犯罪事实进行证明的同时还必须顾及被告人无罪或罪轻的情况，而法院在公诉事实同一性的范围内负有依职权查明案件事实的义务。故虽然不排除被告人举证之积极性，但并不涉及证明责任分配。在德国，19 世纪时期的刑事诉讼中多采用民事责任理念解决证明责任问题，即将刑事案件中需要证明的事项分为控诉事项与辩护事项，由控方对控诉事项承担证明责任，而被告人则对辩护事项承担证明责任。控方证明应达到确定（certainty）的程度，而被告人证明只需达到一定程度的可能性即可。③ 进入 20 世纪后，随着犯罪构成要件理论形成，根据“无罪推定”原则，理论上认为对犯罪成立的证明责任应完全由国家承担，即使被告人主张存在正当防卫、精

① 参见杜宇：《犯罪构成与刑事诉讼之证明——犯罪构成程序机能的初步拓展》，载《环球法律评论》2012 年第 1 期。

② 参见储槐植、江溯著：《美国刑法》（第 4 版），北京大学出版社 2012 年版，第 89~90 页。

③ 参见孙长永、黄维智、赖早兴著：《刑事证明责任制度研究》，中国法制出版社 2009 年版，第 104 页。

神失常等违法阻却或责任阻却事由，亦由国家承担说服责任。根据"客观证明责任理论"①，在职权主义刑事诉讼中，进入审判程序后，公诉犯罪事实、违法阻却事由或责任阻却事由，以及加重或减免除非情节等，均由法院依职权予以调查，检察官与被告人并没有提供证据加以证明的责任，但检察官有协助法院发现真实的义务。正如其刑事诉讼法典第261条所规定的，"对证据调查的结果，由法庭根据通过审理全过程建立起来的内心确信加以决定"。即根据经庭审调查的证据与控辩双方辩论的结果，法庭不能确信被告人有罪的，应按"罪疑唯轻"原则宣告被告人无罪，而无论相关疑问是针对构成要件符合性还是指控行为合法性或有责性。② 德国学界普遍认为被告人并无举证责任，但对只有被告人知道的、对其有利的事项，如被告人没有向法庭提出，法庭亦无从得知的，可能会导致对被告人不利的后果，对此被告人有事实上的举证必要，可称为"事实上的证明责任"、"说明责任"或"协力责任"。③ 概括而言，被告人并不承担对相关辩护事由的证明责任，但若其提出了可信的辩护，检察官则必须予以反驳至法庭满意为止，如检察官未能尽此责任，根据"罪疑唯轻"原则，应得出有利于被告人的结论。④ 此外，在相关法典与判例中还是存在有被告人承担证明责任的特殊情况的，如德国刑法典第186条规定，捏造或散布足以使他人受到蔑视或贬低的事实而不能证明其为真实的，构成恶意中伤罪。故如被告人否认事实是捏造的或主张所散布事实为真实，则应当加以证

---

① "客观证明责任"，又称"实质证明责任"，是指在争议事实真伪不明时，一方当事人所要承受不利判断的负担。而"主观证明责任"或"形式证明责任"则是指诉讼中，当事人为避免败诉而通过自己的活动对争议事实进行证明的责任。

② 参见林钰雄著：《严格证明与刑事证据》，法律出版社2008年版，第151~152页。

③ 参见［日］增田丰著：《刑事诉讼中事实认定的推论构造与真实发现》，劲草书房2004年版，第427页。

④ See Hans-Heinrich Jescheck, *Principles of German Criminal Procedure in Comparison with American Law*, 56 Va. L. Rev. 239,247 (1970).

明。另外，第323条a规定，故意或过失饮酒或使用其他麻醉品使自己处于无责任能力或不能排除其无责任能力的醉酒状态下实施犯罪的，处5年以下自由刑或罚金。对此，判例指出："被告人应对自己犯罪时饮酒导致无责任能力的事实承担证明责任，如不能证明，则应对醉酒状态下实施的犯罪承担刑事责任。"[①] 日本学界根据"无罪推定"与"罪疑唯轻"原则及宪法关于正当程序的规定，认为刑事诉讼中的证明责任不存在分配的问题，一般需要严格证明的事实（包括公诉犯罪事实的存在、违法阻却事由或责任阻却事由的不存在）都应由检察官承担证明责任，且证明应达到排除合理怀疑的程度；而被告人只在法定例外的情况下承担一定的证明责任。[②] 一般情况下，刑事案件待证事实只有严格证明与自由证明之分，即关于刑罚权是否存在及确定刑罚权范围的事实均应进行严格证明，即除构成要件该当性事实外，有关违法性、有责性的事实即作为处罚条件的事实、构成法定加重或减免事由的事实等，均属于严格证明的对象。[③] 但也有学者将与犯罪成立有关的事实区分为"犯罪构成要件事实"（该当构成要件）与"妨碍成立犯罪的事实"（违法阻却事由与责任阻却事由）。[④] 其认为："公诉方应对该当构成要件承担整体的证明责任；而对妨碍犯罪成立的事实，至少必须由辩方提出主张并加以证明，即辩方必须承担形式的举证责任（但为正当地适用法律，法官与检察官必须从维护公共利益的角度出发依职权努力予以证明），如对该事实仍有疑点，为贯彻当事人

---

① 参见［德］汉斯·普维庭著：《现代证明责任问题》，吴越译，法律出版社2000年版，第58页。

② 参见［日］阿部纯二编：《学说判例刑事诉讼法》，青林书院新社1981年版，第226页。

③ 参见［日］高天卓尔著：《刑事诉讼法》，青林书院1984年二订版，第196页。

④ ［日］小野清一郎著：《犯罪构成要件理论》，王泰译，中国人民公安大学出版社2004年版，第242页。

主义之必须，应由被告方承担实质的证明责任。”[①] 在证明程度问题上，“关于犯罪事实，它的心证有必要达到最高度的确信，不得残留合理的疑点。在这个意义上，对犯罪事实（构成要件）的证明不能不是严格的证明”，而对妨碍成立犯罪的理由等事实（违法阻却事由与责任阻却事由）的证明则“没有必要非达到与犯罪事实相同的最高的确信程度即‘没有合理的疑点’不可。它只有能被‘优势证据’所证明，就是说，与否定它的证据相比，肯定它的证据一方要占优势，就可以了。上述两个意义说明，它具有自由证明就足够了”[②]。而另有学者认为，对作为犯罪阻却事由的事实，如没有形成诉讼中的争点就无须加以考虑，即只有被告人提供了表明相关事由可能存在的证据资料或客观上出现了能够推出相关事由可能存在的情况，才有必要将阻却事由作为审判之对象。而阻却事由一旦成为争点，就应由检察官就其不存在承担举证责任，即对阻却事由，由被告人提出表面证据，而实质的举证责任则由公诉方承担。[③] 因此，可以说，在大陆法系国家，传统上对犯罪事实——包括犯罪构成要件存在与违法或责任阻却事由不存在——之证明均应达到使法官形成内心确信的程度。但随着两大法系的融合，对辩护事由的证明亦有与英美法系趋同的迹象。

而在我国，总体上证明责任相关问题多停留在理论争论阶段，立法中规定较少。《刑事诉讼法》第 49 条规定：公诉案件中被告人有罪的举证责任由人民检察院承担，自诉案件中则由自诉人承担。但对辩护事由则鲜有相关规定。一般情况下，由于检察官之客

---

① ［日］小野清一郎著：《犯罪构成要件理论》，王泰译，中国人民公安大学出版社 2004 年版，第 242~250 页。

② ［日］小野清一郎著：《犯罪构成要件理论》，王泰译，中国人民公安大学出版社 2004 年版，第 255 页。

③ ［日］铃木茂嗣：《刑事证据法的若干问题》，载［日］西原春夫主编：《日本刑事法的形成与特色》，李海东等译，中国法律出版社、日本成文堂 1992 年版，第 164~165 页。

观义务，对有利于与不利于被告人的证据均应加以收集并提交法庭，而庭审中，法院亦有相关查明义务。被告人可针对犯罪构成要件提出抗辩，但一般而言，其性质属于被告人之诉讼权利，并非履行证明责任。但是，被告人之辩护通常需要提供一定证据或说明理由，否则难以被法院所采纳。因此，为满足司法实践的需要，在保障人权与打击犯罪双重原则的指导下，可参考两大法系相关规定作出修正。可以考虑在立法中明确被告人对相关积极抗辩主张（包括精神失常、不在犯罪现场、正当防卫、紧急避险、有合法根据等）承担提供证据的责任。但对排除行为违法性或有责性事由（如没有犯罪故意、缺乏相关犯罪构成所必要的“明知”等），被告人有提供证据的权利，但不宜规定为证明责任。①

第二节 推定规则与证明标准

一、相关概念辨析

“在司法判例及教科书论著中，关于推定、法律之推定、事实之推定、推定性之证据、决定性之推定，颇多混淆及杂乱之用语。”② 罗森贝克在其《证明责任论》一书中指出：“没有哪个学说会像推定学说这样，对推定的概念十分混乱。可以肯定地说，迄今为止人们还不能成功地阐明推定的概念。”③ 尽管如此，还是可以对其进行基本的界定的。《布莱克法律辞典》中对“presumption”的定义是：根据已知事实或已被证明的事实所作出

---

① 参见孙长永、黄维智、赖早兴著：《刑事证明责任制度研究》，中国法制出版社2009年版，第233页。

② ［美］摩根著：《证据法之基本问题》，李学灯译，世界书局印刷1982年版，第57页。

③ ［德］莱奥·罗森贝克著：《证明责任论》，庄敬华译，中国法制出版社2002年版，第206页。

的推断或假定。大部分推定是通过特定事实即可得出相应结论的证据规则，除非相对方通过其他证据予以推翻。推定将提出证据的责任或说服责任转移给相对方，其可在此之后进行反驳。[①]《牛津法律大辞典》的定义则为："推定，在证据法中，指从其他已经确定的事实必然或可以推断出的事实推论或结论。"[②]"推定"的基本框架是根据一个事实的存在认定另外一个事实的存在。推定涉及的是已知事实与未知事实，或者是基础事实与推定事实；而其发生的依据是逻辑规则与经验法则。故从其本质上来看，"推定"是"根据两个事实之间的一般联系规律或者'常态联系'，当一个事实存在的时候便可以认定另外一个事实的存在"。[③] 即"推定产生于下面这种思维过程，即根据已知的基础事实的证明来推断出一个未知的事实，因为常识和经验表明该已知的基础事实通常会与该未知事实并存。"[④] 因此，维持推定机制的支点包括：（1）一个或一系列基础事实；（2）基础事实与推定事实之间建立在经验基础之上的逻辑联系（经验法则与逻辑法则是推定运用的基本法则）；（3）不存在有效反证（证据法意义上的推定适用的前提是允许对方反驳，只有在对方不能提出证据进行有效反驳的情况下，推定事实才能成立）。

证据裁判主义是现代诉讼制度的基石，诉讼应当以事实为基

---

① "A legal inference or assumption that a fact exists, based on the known or provern existence of some other fact or group of fact. Most presumptions are rules of evidence calling for a certain result in a given case unless the adversely affected party overcomes it with other evidence. A presumption shifts the burden of production or persuasion to the opposing party, who can then attempt to overcome the presumption." See *Black's Law Dictionary* (*Ninth Edition*), Thomson West, 2009, p. 1304.

② [英] 戴维·M. 沃克著:《牛津法律大辞典》，邓正来等译，光明日报出版社1988年版，第715页。

③ 何家弘、刘品新著:《证据法学》，法律出版社2004年版，第273页。

④ [美] 乔恩·R. 华尔兹著:《刑事证据大全》，何家弘等译，中国人民公安大学出版社1993年版，第314页。

础，认定事实则应当依靠证据，没有证据或未经司法证明，任何事实都不能被认定为真实。但实践中却存在某些事实难以证明，或由于诉讼经济与存在公认的盖然性而不必按常规模式予以证明的情况。此外，也会出现通过某种机制促使不愿提出证据的一方提出证据的需要，这些均对在运行证明机制的同时认可并推行推定机制提出了要求。推定是以事物之间客观存在的逻辑关系为基础，是事实关系的规范化，对扩大人类认识事物的能力与范围、拓展认识的手段与方法有着重要意义。首先，推定具有合目的性。适用推定，在无相反证据的情况下，可根据已查明的或显著的事实直接对另一事实作出认定，一方面可以打破事实真伪不明的僵局，克服证明困难，另一方面能够免去当事人举证与法院审查活动，简化复杂的证明过程，实现诉讼经济之目的。其次，推定具有可靠性基础。依据日常生活经验，只要不存在例外情况，即会合乎逻辑地引发另一事实，故即使推定不及用证据证明的准确性，也仍然能够达到大体准确的程度，故通过推定认定案件事实与运用证据证明几乎同样可靠。最后，推定在当事人之间合理分配举证责任，能够代表某种价值取向以促进一定社会政策的贯彻。《美国联邦证据规则》第 301 条规定，推定的法律效果，是使出示证据的责任由提出推定的一方转移到该推定对其不利一方当事人的身上。① 推定作为一种假定，其成立并得以维系的条件是不利方未能提供必要证据，推定机制转移证明责任是建立该机制的必然要求。在证明机制之外建立推定机制是出于公共政策、公平性与便利性的考虑，故有两方面制度根据，一方面是减轻推定提出一方的证明负担，这种减轻是通过转移证明负担到对方以实现，使得某些事实对推定提出一方而言比较便

① Rule 301. Presumption in General Civil Actions and Proceedings in all civil and proceedings not otherwise provided for by Act of Congress or by these rules, a presumption imposes on the party against whom it is directed the burden of going forward with evidence to rebut or meet the presumption, but dose not shift to such party the burden of proof in the sense of the risk of nonpersuasion, which remains throughout the trial upon the party on whom it was originally cast.

于认定。另一方面，是为了避免推定错误，兼顾推定不利方的利益，为其提供反驳的法定机会与条件，推定的成立亦取决于对方能否有效反驳。

学界多认为推定可区分为事实推定（presumption of fact）与法律推定。事实推定即原初形态，指根据已确认的事实，按照一定的逻辑规则与经验法则推断另一事实存在。事实推定在诉讼中主要应用于依据间接证据推断案件事实，故又被称为“推论”或“推断”。[①] 而法律推定则是将司法实践中经常运用的、相对成熟的事实推定予以立法确认。“实则各种所谓推定之起源，最初均系基于人类经验所为之推论。其中一部分，经常为同样之推论者，即逐渐形成一种法则，最终成为法律之推定……”[②] 但“事实推定”（推论）与法律推定有着重要的区别：（1）推定导致证明责任转移，而推论并不涉及；（2）推定确立了司法机关的事实认定义务，即在基础事实已经获得的情况下，如无反证，则必须承认推定事实的存在，而对推理则可以斟酌处理，视具体事实与证据情况确定；（3）推定属于法律问题，而推论则是事实问题。“可反驳推定，如未被反证推翻，其于诉讼上之效果，故与事实之推论无异，唯推论与推定，两者本质，截然不同，不能不予以究明。所谓推论，系指事实发现者，从已经发现之事实或一些事实之存在，或从诉讼中以其他方式认为业经成立之事实，本于自己之裁量权，按照逻辑推理之方法，演绎出事实真相。在陪审制度下，推论属于事实问题，推论之是非、对错，绝非法律审所得置喙。但推定则不然，推定事实之存在，系法律所拟制，其中自然涉及法律适用，本质上属于法律

① 参见陈一云主编：《证据学》（第2版），中国人民大学出版社2000年版，第181页。

② 李学灯著：《证据法比较研究》，台湾五南图书出版有限公司1993年版，第254页。

问题，法律适用之是非、对错，当然属于法律审究之范畴。”①“英美法关于推定名称混淆复杂，固不足取，即大陆法以事实之推论，复用推定制度名以见诸法律，实亦不足为训。为避免观念上制定混淆，除判例用语之宽假，又当别论外，法律条文之规定，实宜仅限于法律上推定之一种。”“所谓推定，应专指法律上之推定，已见前述。其意即谓如有甲事实之存在（或不存在），无待证据，可以推定乙事实之存在（或不存在）。法律上推定，依据法律，必须为如此演绎，与事实上制定推定（逻辑上制定推论，或推理），依据论理法则，得为演绎者不同。”② 故“一切推定严格说均属于法律推定，而非事实推定。离开法律领域，则最好用推理、演绎等措辞”③。

而法律推定亦可再次区分为可以反驳的推定（rebuttable presumption）与不可反驳的推定（irrebuttable presumption）。不可反驳的推定又称确定性推定、结论性推定，针对的是法律不允许提出证据予以反驳的事实，如英国法中规定 8 岁以下儿童不具有犯罪意图。但有学者认为：“不可反驳的推定……虽然在形式上与证据法相联系，但实际上却是用程序法语言表示出来的实体法规则。”④ 摩根也认为：“通常所称‘决定性之推定’，例如某人之年龄未满 7 岁之事实业已确立，则某人即无犯重罪之能力，自为决定性之推定。此仅系对于实体法上一种法则说明之方法，即未满 7 岁之人依法不能论以重罪而已。”⑤ 故结论性推定并不涉及证据问题，属于

---

① 陈祐治著：《佛罗里达证据法逐条释义》，翰芦出版有限公司 2006 年版，第 42~43 页。

② 李学灯著：《证据法比较研究》，台湾五南图书出版公司 1992 年版，第 299、252 页。

③ See Wigmore, *Evidence*, Chadbourm rev. 1981, p. 2491.

④ ［英］J. W. 塞西尔·特纳著：《肯尼刑法原理》，王国庆、李启蒙等译，华夏出版社 1989 年版，第 486~487 页。

⑤ ［美］摩根著：《证据法之基本问题》，李学灯译，世界书局 1982 年版，第 57 页。

实体法规范。可以反驳的推定则允许当事人提出反证推翻推定事实。“这种推定成立的条件是没有别的证据与被推定的事实相矛盾或冲突。它只能为案件事实提供表面看来确凿无疑的证明，这种证明可以被否定它的证据或与它相冲突的更有利的相反的推定所推翻。”①

此外，刑事诉讼中还存在没有基础事实的推定（presumption without basic facts），即直接推定（direct presumption），只不需要证明基础事实而由法律直接规定推定事实的存在，当事人否定该推定事实应承担举证责任，最典型的例子是无罪推定与精神正常的推定。② 但就证据法上的推定规则而言，则是指根据法律规定从已知前提事实推断未知结果事实存在并允许当事人举证推翻的证据法则。此处推定是由法律允许的即具有合法性的认定案件事实的特殊方法，只要符合法定条件就能够产生一定的法律后果，除非通过反证证明其伪。故本书论述范围仅限于证据法意义上的推定。

二、刑事立法中的推定

不同于其他证据规则，推定规则往往规定在刑事实体法中。但对我国刑法与相关司法解释中究竟规定了哪些推定规则存在一定的争议。根据前文对推定的界定，可对我国立法中的相关规范进行厘清。

其中尤其需要注意的是，司法实践中存在的对犯罪构成主观方面的“推定”问题。如前文所述，犯罪主观方面的事实也属于要件事实，是由间接证据进行的推论，原则上仍由公诉方承担证明责任，仍需要证明至法定证明标准，否则即为定罪未能达到法定要求，故其并不符合推定的特征。

---

① ［美］摩根著：《证据法之基本问题》，李学灯译，世界书局 1982 年版，第 487 页。

② 参见卞建林主编：《刑事证明理论》，中国人民公安大学出版社 2004 年版，第 155 页。

有观点认为，我国《刑法》第 125 条至第 128 条关于枪支、弹药、爆炸物的犯罪，以及第 144 条生产、销售有毒、有害产品罪，属于“抽象的危险犯”，其危险已由法律所确定而无须在个案中进行证明，属于推定，且是不可反驳的强制性推定。[①] 对此，有学者认为，推定的危险是一种假定的而非现实的危险，而刑法中的危险则是指危害行为对刑法所保护的社会关系足以发生实际损害的现实可能性，“危险犯不同于行为犯的关键之处是危险犯的行为不仅具有发生实害结果的危险，而且该行为使客体遭受实害的危险状态已经现实地发生。”[②] 故如将其看作推定规范，则不符合刑法关于危险犯的原理及立法的原意。

而对《刑法》第 141 条生产、销售假药罪，第 143 条生产、销售不符合卫生标准的食品罪与第 145 条生产、销售不符合卫生标准的医疗器械罪等，有学者认为“行为人只有实施了上述生产、销售特定商品的行为，就可以推定其具有主观的故意，至于行为人对可能发生的危害结果持一种什么态度，可以在所不问”[③]。这一观点显然与推定的定义不符，在逻辑上亦不能成立。而对《刑法》第 236 条规定的“奸淫不满十四周岁的幼女的，以强奸论，从重处罚”，即奸淫幼女犯罪，部分学者认为此为推定性犯罪，即“明知”为幼女。[④] 2003 年《最高人民法院关于行为人不明知是不满 14 周岁的幼女，双方自愿发生性关系是否构成强奸罪问题的批复》明确指出：“行为人明知是不满 14 周岁的幼女而与其发生性关系，不论幼女是否自愿，均应依照刑法第 236 条第 2 款的规定，以强奸罪定罪处罚；行为人确实不知对方是不满 14 周岁的幼女，双方自愿发生性关系，未造成严重后果，情节显著轻微的，不认为是犯罪。”可见“明知”是该罪的构成要件之一，而法律并未明文规定

---

① 参见劳东燕：《认真对待刑事推定》，载《法学研究》2007 年第 2 期。

② 鲜铁可著：《刑法中的危险犯》，中国检察出版社 1998 年版，第 5、25 页。

③ 李恩慈：《刑法中的推定责任制度》，载《法学研究》2004 年第 4 期。

④ 参见劳东燕：《认真对待刑事推定》，载《法学研究》2007 年第 2 期。

转移证明责任，即公诉方必须证明行为人之“明知”，故此次并不存在推定。而被告人针对“确实不知”进行的辩解则属于行使其辩护权，而非履行证明责任。

而对相关持有型犯罪，如非法持有毒品罪，非法持有枪支、弹药罪等，有观点认为其属于“严格责任犯罪”，除法律有特别规定（《刑法》第172条规定的“明知是伪造的货币而持有、使用”）以外，只要证明持有即无须对行为人是否具有主观故意进行证明。[①] 即在此类持有型犯罪中，检察机关只要证明了行为人持有某种特定的违禁品，就等于确立了基础事实，而根据这些基础事实，法院可以直接认定非法持有违禁品这一推定事实的成立。[②] 但根据“无罪推定”原则，除法律有特别规定外，控方应对犯罪构成要件的全部事实承担证明责任，故对主观要件的证明是控方承担证明责任的基本内容之一，不得随意卸除或转移。对持有型犯罪，法律没有规定例外情况的，控方仍须证明行为人的主观故意。因此，刑法学界主流观点认为，这些犯罪都有罪较为完整的构成要件，并未确立推定规范。[③] 但《刑法》第282条第2款规定的“非法持有属于国家绝密、机密的文件、资料或其他物品，拒不说明来源于用途的，处三年以下有期徒刑、拘役或者管制”，与第395条规定的“国家工作人员的财产、支出明显超过合法收入，差额巨大的，可以责令该国家工作人员说明来源，不能说明来源的，差额部分以非法所得论，处五年以下有期徒刑或者拘役……”均明确了行为人不履行或不能履行说明责任的不利后果，是证明责任的转移，属于推定规范。

---

① 参见陈兴良著：《刑法学》，中国政法大学出版社1992年版，第315页。

② 参见张斌：《再论被告人承担客观证明责任——以我国刑法规定的持有性犯罪为例》，载《四川大学学报（哲学社会科学版）》2009年第3期；李弘：《持有型犯罪的证明责任》，载《人民检察》2007年第7期。

③ 参见冯亚东：《试论刑法中的持有性犯罪》，载《中国刑事法杂志》2000年第2期；苗有水：《持有性犯罪与严格责任》，载《法律适用》1998年第5期。

除此之外，司法解释中亦存在相应的推定规范。如 2007 年《最高人民法院、最高人民检察院关于办理与盗窃、抢劫、诈骗、抢夺机动车相关刑事案件具体应用法律若干问题的解释》第 6 条规定“行为人实施本解释第一条、第三条第三款规定的行为，涉及的机动车有下列情形的，应当认定行为人主观上属于上述条款所称‘明知’：（一）没有合法有效的来历凭证；（二）发动机号、车辆识别代号有明显更改痕迹，没有合法证明的”。该规定与其他对主观要件的推论一样是从客观情况认定行为人在主观上的“明知”，但其实际要求行为人提出证据证明其行为之合法性，即不“明知”，如未能履行该责任则将承担相应的不利后果，出现了证明责任的转移，属于推定。最高人民法院、最高人民检察院、公安部于 2007 年联合发布的《办理毒品犯罪案件适用若干法律问题的意见》第 2 条对毒品犯罪嫌疑人、被告人主观明知的认定问题作出明确的适用推定的规定：“走私、贩卖、运输、非法持有毒品主观故意中的明知，是指行为人知道或者应当知道所实施的行为是走私、贩卖、运输、非法持有毒品行为。具有下列情形之一，并且犯罪嫌疑人、被告人不能做出合理解释的，可以认定其应当知道，但有证据证明确属被蒙骗的除外：（一）执法人员在口岸、机场、车站、港口和其他检查站检查时，要求行为人申报为他人携带的物品和其他疑似毒品物，并告知其法律责任，而行为人未如实申报，在其所携带的物品内查获毒品的；（二）以伪报、藏匿、伪装等蒙蔽手段逃避海关、边防等检查，在其携带、运输、邮寄的物品中查获毒品的；（三）执法人员检查时，有逃跑、丢弃携带物品或逃避、抗拒检查等行为，在其携带或丢弃的物品中查获毒品的；（四）体内藏匿毒品的；（五）为获取不同寻常的高额或不等值的报酬而携带、运输毒品的；（六）采用高度隐蔽的方式携带、运输毒品的；（七）采用高度隐蔽的方式交接毒品，明显违背合法物品惯常交接方式的；（八）其他有证据足以证明行为人应当知道的。”

另外，对金融诈骗类犯罪，鉴于认定“以非法占有为目的”

存在实际困难，最高人民法院在司法解释中确立了推定规范，即2001年《全国法院审理金融犯罪案件工作座谈会纪要》中明确，对行为人通过诈骗方法非法获取资金，造成数额较大资金不能归还，并具有下列情形之一的，可以认定为具有非法占有的目的：(1) 明知没有归还能力而大量骗取资金的；(2) 非法获取资金后逃跑的；(3) 肆意挥霍骗取资金的；(4) 使用骗取的资金进行违法犯罪活动的；(5) 抽逃、转移资金、隐匿资产，以逃避返还资金的；(6) 隐匿、销毁账目，或者搞假破产、假倒闭，以逃避返还资金的；(7) 其他非法占有资金、拒不返还的行为。对"以非法占有为目的"的推定与前述对"明知"的推定相同，都是根据特定基础事实的存在以直接认定行为人主观方面的替代证明方法。而作为推定事实的基础事实多是通过证据证明的客观行为。这种根据客观方面的事实认定被告人主观方面的方式是立法确立的推定规范的主要功能。而作为法律推定，被告人如能够提出证据证明基础事实不存在或自己并未实施过相关行为，则可以推翻"明知"或"以非法占有为目的"。

推定在一定程度上是克服证明困难、实现诉讼经济、实现政策目标的有效机制，故我国刑事立法应在现有推定规范的基础上，根据司法实践的需要，参考国际刑事司法准则与域外立法例，创制相应的规定。如日本刑法第207条规定的共同伤害案中不能辨认所加伤害轻重或不能别人是何人所伤时以共犯论；德国《反有组织犯罪法》对贩毒者家中查出的与其收入不相称的大量财产实行来源非法的推定等。但同时，推定亦是对无罪推定原则与由控方承担证明责任的一般证明原理的突破，必须限定在个别例外的情况下，以防止其滥用而侵犯公民的合法权利。

三、推定与证明责任

推定的内核在于根据特殊情况在诉讼当事人之间重新配置证明责任，将原属于控方的部分证明责任分配给辩方。这涉及两个主要问题：其一，重新配置的对象是证明责任还是举证责任；其二，重新配置属于证明责任转移还是证明责任倒置。

对第一个问题，美国学者提出了对立的观点。首先，塞耶（James Thayer）提出只转移举证责任而不转移说服责任的推定理论，此类推定被称为“塞耶推定”（Thayer Presumption）。塞耶认为，反方当事人为抵消推定效果而提交相反证据无须达到排除合理怀疑、优势证据等程度，从推理的一般情况看，相反的证据只要使人感到与推理事实相对立的观点是“合理可能的（rationally probable）”，推定效果就不应再存在了。[①] 对此，批评者认为是不合情理、不能接受的，此举会让推定的程序效力变得“极其微弱且转瞬即逝”[②]。如按照塞耶的观点，对方当事人甘冒被质证以及作伪证的风险对推定事实进行相反陈述，即便陪审团不相信该陈述，推定效力也就归于消灭。“如果（推定的效力）这么容易被消灭，那么，推定的设定本身就显得毫无意义。”[③] 1933 年，摩根在批判塞耶学说的基础上提出了不仅转移举证责任且转移说服责任的推定理论，即“摩根推定”（Morgan Presumption）。摩根则认为，推定的诉讼价值与证明责任分配所依据的法理基础并无实质性的区别，故没有必要将推定仅视为一种转移证明责任的机制，而应增强其效力，即一旦基础事实得以确立，不仅要求对方当事人承担关于推定事实不存在的举证责任，同时也应要求其就此承担说服责任，如到案件审理终结时，其不能使陪审团确信推定事实不存在的，则将就此问题承担不利后果。[④] 该学说的支持者指出，许多法庭看似采纳

---

① James B. Thayer, A Preliminary Treatiese on Evidence at The Common Law, Little, Brown, and Company (Boston: 1898), p. 337.

② Edmund M. Morgan, John MacArthur Maguire, Looking Backward and Forward At Evidence, Harvard Law Revies, Vol 50, 1937, p. 913.

③ See Steven D. Smith, the Effect of Presumption on Motions For Summary Judgment in Federal Court, UCLA Law Review, June, 1984, p. 1109, n 48.

④ See Edmud M. Morgan, Basic Problems of Evidence, Michigan Law Review, vol. 53, 1955, pp. 32-34.

了塞耶的理论，但同时仍要求对方当事人就推定事实不存在提供能使正常人作出此认定的重复证据，这其实与满足说服责任的优势证据标准相差无几，实际上已经转移了说服责任。[①] 但反对者也对此提出了诸多批评意见，如认为其将推定作为转移说服责任的依据，是将推定的效力推到了另一个极端，将可能导致说服责任与举证责任两层次功能划分丧失必要的程序机制；与“无罪推定”原则以及由此产生的证明责任分配相冲突而无法适用于刑事诉讼等。[②]

对此，我国学界也存在类似的争论，需要结合具体情况进行分析。英美证据法中有三个相关概念，即证明责任、举证责任（burden of producing evidence 或 burden of production，burden of evidence）与说服责任（burden of persuasion）。根据《元照英美法词典》的解释，证明责任是当事人为避免不利于己的裁判而提出证据证明其主张的事实并说服事实认定者确信其主张的责任；举证责任则指主张某一事实或提出某一争点的当事人提出充分的证据以证明其主张的事实成立，或就该争点获得对己有利的财经的责任，若当事人未能履行其举证责任，将会导致诉讼被驳回或法庭作出指示裁断；说服责任是说服事实认定者确信其所提证据指向的事实或要件为真实的责任，若当事人未能履行其说服责任，事实认定者即须就该事实或要件作出对该当事人不利的裁决。[③] “举证责任一次指提出或满足对某特定问题之‘表见证明’性展示的义务论；这就是说，该展示有充足的分量来要求将该争议问题提交陪审团……说服责任之在法庭上说服事实认定者相信锁具证据指向之问题的‘真实情况’的责任。换言之，说服责任要求诉讼律师表现其辩论

① See Edward W. Cleary, Presuming and Pleading: An Essay on Juristic Immaturity, Stanford Law Review, vol. 12, 1959, p. 20.

② 参见秦策：《美国证据法上推定的学说与规则的发展》，载《法学家》2004 年第 4 期。

③ 参见薛波主编：《元照英美法词典》，法律出版社 2003 年版，第 179 页。

的艺术，而且主要是在其对陪审团的最后论述之中。”[①] 由此可见，举证责任与说服责任的区别主要在于：其一，对象不同，前者对象为法官，后者为陪审团；其二，时间不同，前者发生在法庭调查之前，后者则在法庭调查之后；其三，证明标准不同，前者较低，后者较高。故举证责任相当于初步的证明责任，说服责任则为最终的证明责任。[②] 因此，英国证据法中又将说服责任称为最终责任（ultimate burden）或全面责任（general burden）。[③] 我国并未采用陪审团模式，并不需要对证明责任作出阶段性的划分，故举证责任转移的概念并不存在于我国证据法学语境之中。因此，在我国，推定的适用，转移的是完整的证明责任，包括举证责任与说服责任。“被告人有效履行举证责任，也是同时在履行说服司法机关认定自己无罪的责任。法律规定的‘说明’要求，可以被认为既包含举证责任，又包含说服责任。”[④]

对证明责任转移抑或是倒置的问题，同样需要进行具体分析。英美证据法中一般只使用“证明责任转移”（shifting the burden）的说法，指“诉讼中提供证据证明某一事实的责任从当事人一方转移至另一方。在一方当事人通过出示证据，完成了初步证明后，即要求另一方当事人提出相反证据予以反驳”[⑤]。而证明责任倒置则是德国法上的概念，“它是为修正法律要件分类说而提出的，是指法律出于维护法律政策或法律秩序的需要，没有遵守证明责任分配的基本规则而特别设置一些让相对方承担证明责任的例外规

---

① ［美］乔恩·华尔兹著：《刑事证据大全》（第2版），何家弘等译，中国人民公安大学出版社2004年版，第393页。

② 参见何家弘：《论推定规则适用中的证明责任和证明标准》，载《中外法学》2008年第6期。

③ 参见齐树洁主编：《英国证据法》，厦门大学出版社2002年版，第179页。

④ 龙宗智：《推定的界限及适用》，载《法学研究》2008年第1期。

⑤ 薛波主编：《元照英美法词典》，法律出版社2003年版，第1254页。

定。"[1] 由此，大陆法系观念中的证明责任转移则是指"在诉讼的审理进行中，承担证明责任的当事人提出本证对要件事实予以证明后，相对方基于使该项证明发生动摇的必要性所承担的提供证据的责任"，是指"应由此方当事人承担的证明责任被免除，由彼方当事人对本来的证明责任对象从相反方向承担证明责任"。[2] 在此层面上，证明责任转移与证明责任倒置的区别在于，前者仍符合"谁主张谁举证"的一般原则，而后者则是对该原则的颠覆。刑事诉讼中，适用推定规则时，是由案例强制被告方承担证明控诉方主张不能成立的责任而非其提出一个积极的事实主张进行积极抗辩，即主张推定事实的当事人不承担证明责任，而由主张推定事实不能成立的当事人承担证明责任，显然属于证明责任的倒置。

四、推定中的证明标准适用

刑事诉讼中适用推定规则所涉及的证明标准问题主要包括两个方面：首先，适用推定规则时，控诉方仍要承担初始的证明责任，或者说基础事实的证明责任，存在证明标准问题；其次，证明责任倒置后，被告方承担证明责任所须达到的标准。

适用推定规则，原来承担证明责任的一方当事人仍要对基础事实承担证明责任。刑事诉讼中，对基础事实的证明应当达到法定最高标准，故就巨额财产来源不明罪而言，公诉方必须对被告人的财产或支出超过其合法收入且差额巨大证明到"事实清楚，证据确实、充分"的程度。推定不利的一方即被告方可以从对基础事实与推定事实的反驳两方面阻却推定规则的适用。其中，对基础事实的反驳属于辩护事由，不承担证明责任，自然不存在证明标准问题，其举出反证证明基础事实不成立的行为是权利而非义务，主要

---

① 卞建林主编：《刑事证明理论》，中国人民公安大学出版社 2004 年版，第 227 页。

② 卞建林主编：《刑事证明理论》，中国人民公安大学出版社 2004 年版，第 227 页。

目的是阻止控方证明达到法定标准。以巨额财产来源不明罪为例，被告方可反驳其财产或支出并未大大超出合法收入，可通过证明公诉方指控属于他的财产并非为其所有，或公诉方确认的某些支出实际上不是由其支出，且其提出的证据只要能够使法官对公诉方主张的基础事实产生合理怀疑即构成有效的反驳。

不利方对推定事实的反驳属于其证明责任，需要提出证据进行证明并达到一定的标准。一方面，由于推定中对事实的证明规则是只要能够证明事实 A 的存在，事实 B 即得以证明，而并不需要有能够证明事实 B 存在的证据，故在已证明事实 A 的前提下，事实 B 存在的保障仅为 A 与 B 之间的常态联系，而该联系存在非正常的可能，故推定证明存在更大的风险；另一方面，刑事推定中的不利大多是指向被告人的，推翻推定要受推定不利影响的被告人提出反证实现的，基于保障被告人人权的考量，其进行反驳所需达到的证明程度，自不能等同于运用证据证明所需达到的程度，因此，推定中的证明标准必然有所降低。①

摩根教授总结了对推定效力的八种不同处理方法，包括：(1) 只要对方当事人提供的证据可能会使陪审团认为推定事实不存在，不论其科学与否，推定的效力均归于消失；(2) 只有陪审团完全不相信反驳推定事实的证据，推定才发生效力；(3) 只要陪审团不相信反驳推定事实的证据，推定即发生效力；(4) 反驳推定事实的证据应具较强说服力，达到实质性（substantial）的程度，才得抵消推定的效力；(5) 反驳推定事实的证据使陪审团确信推定事实存在或不存在具有相同可能性则推定效力归于消灭，而在此之前，推定效力发生作用；(6) 一旦基础事实得以确立，对方当事人须就推定事实不存在承担举证责任与说服责任；(7) 如产生推定的事实属于对方当事人之特别知悉范围，则由对方当事人

---

① 参见李玉华著：《刑事证明标准研究》，中国人民公安大学出版社 2008 年版，第 145~146 页。

承担说服责任，但不影响推定事实本身的说服责任所属；（8）因符合上述（1）、（4）、（5）所列条件而导致推定效力终止的，与推定事实相关联的证据仍具效力，仍可由陪审团作出推论。① 美国联邦最高法院则在 Turner v. United States 案中宣称，采用要求推定事实的存在排除合理怀疑的学说是极不必要的。② 实践中，一般使用“合理联系”、“比不可能更可能”、“极有可能” 等说法界定推定的证明标准，如在 Leary v. United States 案中指出：“我们认为一项法定刑事推定被认为是非理性的、主观武断的，因此，也是违宪的，除非有实质性把握说，那个推定事实极有可能产生于其所依据的而且已被证明的事实……”③

就我国而言，一般情况下，被告方进行反驳会提出一个与推定事实相反的主张，即通过证明相反事实的存在以证明推定事实不成立。仍以巨额财产来源不明罪为例，其推定事实是被告人的巨额财产属于非法所得，而被告人要对此进行反驳则需证明其财产具有合法来源。一般情况下，此时的证明标准应当低于对公诉方的“事实清楚，证据确实、充分”要求，而只需达到“优势证据”的证明程度即可。

第三节　非法证据排除之证明标准

非法证据排除规则作为一种程序性制裁机制，其目的在于解决侦查人员程序性违法行为的法律后果，通过排除非法取得的证据，给予违法取证行为受害者以程序性救济，并以此迫使刑事司法机关遵守法定程序，进而防止违法取证行为的发生。由于我国传统证据

① See Edmud M. Morgan, Basic Problems of Evidence, Michigan Law Review, vol. 53, 1955, pp. 34-37.

② 参见［美］约翰·W. 斯特龙主编：《麦考密克论证据》，汤维建等译，中国政法大学出版社 2003 年版，第 679~680 页。

③ 龙宗智著：《证据法的理念、制度与方法》，法律出版社 2008 年版，第 304 页。

理论不承认有争议的证据事实属于证明对象，故对其的研究相对不足。但非法证据的排除有可能对定案产生重要影响，非法证据的证明也是司法实践中必须面对的现实问题，故本书拟在此对相关内容进行初步分析与探讨。

一、非法证据排除中的证明责任

刑事诉讼中的证明责任分配主要涉及证明被告人之罪责或其他事项如何在相关机关与个人之间进行配置的问题。根据“无罪推定”原则，证明被告人有罪的责任始终由控诉方承担是刑事诉讼证明责任分配的基本准则，除此之外，还须考虑：（1）利益衡量原则，即在特殊案件中，基于其他因素而将证明责任分配给被告方以进行适当的利益平衡；（2）诉讼便利原则，即根据经验法则判断在某种形式案件中由何方当事人举证更为便利，或根据对盖然性的预测，由主张不符合通常情形的当事人承担证明责任，以体现诉讼公平。刑事诉讼中有关证据合法性的争议属于程序性争议，须通过程序性裁判予以解决。而对程序性事实的证明，一般应遵循“谁主张、谁举证”的原则分配证明责任。但基于被告人在刑事追诉中的特殊处境，完全由其承担所主张的证据非法之证明责任，并不符合证明责任分配的利益衡量与便利性原则，故还需要根据具体情况进行考量。

当前，多数国家已通过立法或实践确立了非法证据排除规则，对证明责任分配问题也有相关规定。其中，英国在 1984 年《警察与刑事证据法》中规定，对警察采用“强迫”或者其他可能导致证据不可靠的方式所获取的被告人供述，法庭不得采纳为不利于被告人的证据；对被告人供述以外的证据，法庭则在考虑包括取证方式在内的所有情况后，认为采纳该证据将对诉讼公正性造成不利影响的，可以予以排除。在强制排除的场合，控方律师负有侦查行为合法性的证明责任，即证明侦查人员没有采取强迫等非法取证手段获取被告人的供述，并应达到最高证明程度，否则，法官可以排除该项供述；在适用自由裁量排除的情况下，提出排除非法证据申请的被告人必须证明该证据一旦被采纳将会导致诉讼公正性受到不利的影响，法官才会做出排除的裁决，否则将确认该证据的可采性。[①] 美国对非法证据的证明责任分配则需要根据证据种类予以确定。在搜查与扣押证据合法性的证明问题上，除对基于同意而进行搜查的合法性证明由控方承担已基本达成共识外，对其他非法搜查、扣押的证明责任分配，则存在较大的分歧。有观点认为应当将举证责任与说服责任完全分配给被告人；反对者则认为应当将证明责任完全分配给控方；另有观点提出应当在控辩双方之间进行证明责任分配，即首先由控方承担提供证据以显示搜查、扣押行为有合理的根据，若控方证明被法庭所接受，则搜查的合法性即被确立，其后由被告人承担说服责任以反驳控方证据，证明搜查、扣押的非法与无效。对此，联邦法院的一贯做法是根据搜查、扣押是否事先经过了司法授权而进行区别对待，即在有证搜查、扣押的情况下，如被告人质疑其合法性，则由被告人承担证明责任；在无证搜查、扣押的情况下，由被告人首先承担提供证据的责任，证明搜查、扣押是非法的，如从表面上看为证据确凿，则由控方承担证明搜查、扣押合法的最终责任。在被告人自白的合法性问题上，实践中存在强制排除与法官裁量排除两种情况。裁量排除即根据案件具体情况由法官决定自白是否出于本人意愿，如认为自白系以强制方法获得的，则予以排除，而控辩双方就自白是否自愿发生争议时，则由控方承担证明责任。强制排除适用于嫌疑人被羁押或以其他方式剥夺了人身自由后接受官方讯问时所作的陈述，只要证明执法人员违反了“米兰达规则”，则不论口供是否出于被告人自愿，一律予以排除，此时，对警察是否遵守程序规则的客观事实审查代替了对自白自愿性的审查。在米兰达案中，联邦法院将证明被告是在明智、自愿的情况下放弃沉默权的责任分配给控方，随后大多数州亦要求控

---

① 参见陈瑞华:《非法证据排除的中国模式》，载《中国法学》2010 年第 6 期。

方就自白的合法性承担提供证据与说服的责任。在有关“警察圈套”的争议中，由于“警察圈套”属于被告人的积极抗辩，故遵循一般的证明责任分配原则，被告方应当就抗辩承担提供证据的责任，但由于联邦与各州对合法性的区分标准不同，证明责任分配也因此存在一定差异，如遵循“主观经验标准”（subjective tests）的州法院一般主张由被告方首先证明被政府秘密侦查员引诱之事实，其次证明责任则落到控方，控方必须证明被告人有“犯罪倾向”；采取“客观经验标准”（objective test）的州法院认为“警察圈套”为被告人的积极抗辩事由，没有否定所控犯罪的任何一部分事实，故整个证明责任均由被告方承担。[①] 在辨认程序的合法性方面，一般由辩方承担证明辨认程序违反正当程序的责任，然后证明责任转移到控方，由控方证明该程序足够可信、在正当程序要求下是可接受的。对“毒树之果”问题，一般要求被告人必须提出具体的证据证明污染的存在，而政府则承担最后的说服责任，即证据没有受到污染。总体而言，美国关于非法证据的证明责任分配不存在统一的做法，而强调法官在具体案件中发现法、创造法的能动性，体现出了较强的灵活性。美国学者指出，证明责任既是一个法律问题，也是一个政策问题，证明责任分配必须考虑诉讼便利性与当事双方的举证能力。刑事诉讼中控方举证能力远大于辩方，追诉犯罪的证据又是由控方获取与收集，故联邦和多数州判例坚持控方负有证明控诉证据来源合法性的责任，但出于利益权衡、举证便利等考虑，法官也可能事先推定警方的某些行为合法，从而要求被告人在特定情形中承担控诉证据非法的证明责任。而实践中法官一般会在先例的影响下，综合个体案件的具体情况，对案件涉及的多种利益进行权衡，进而作出正确的判断，但同时强调必须考虑充分保护犯罪嫌

---

① 参见李学灯著：《证据法比较研究》，台湾五南图书出版公司 1992 年版，第 215 页。

疑人、被告人的宪法性权利不受公权力的任何无理侵犯。[①]

在大陆法系国家，真实的发现与诉讼的推进均由法官依职权进行，在证据能力问题上发生疑问或争议时，原则上也是由法官依职权调查后予以认定（法律有明文规定的，如证据禁止，则除外）。如德国刑事诉讼第 244 条第 2 款规定，为查明事实真相，法院应依职权将证据调查延伸到对裁判有意义的所有事实和证据。[②] 法国刑事诉讼法第 456 条规定，法庭可依职权或根据检察院、民事当事人或被告人要求，为查明事实真相责令进行实地调查。[③] 有学者指出，“大陆法系认自白之证据能力，本属程序的事实。程序的事实，法官得依其职权调查之，当事人并不负举证责任。是自白证据能力之事实的证明，既属程序的事实之证明，以经自由的证明为已足，并不生立证之问题。”[④] 可以说，对非法证据问题，大陆法系国家一般委诸法官依职权进行调查，并不适用证明责任分配规则。但在具体案件的诉讼过程中，如被告人意图争辩某一控诉证据的合法性，则仍有必要提供一定的证据或说明，以促使法官启动职权调查程序。而在日本，情况则有所不同，原则上控辩双方对各自请求调查的证据具有证据能力承担证明责任，即控方请求调查的证据，如其证据能力受到辩方质疑，则由控方承担证明责任；反之，控方对辩方提供的证据提出质疑时，辩方必须证明其具有证据能力。

综上所述，对非法证据之证明责任，各国规定并不相同，并未形成统一的理论，但一般而言，证明控诉证据合法性的责任应由控方承担，如控诉证据的合法性受到质疑而控方不能履行其证明责任

---

① See Paul F. Rothstein, Evidence: State and Federal Rule. West Pub. Co., 1981, p. 99.

② 参见岳礼玲、林静译:《德国刑事诉讼法典》，中国检察出版社 2016 年版，第 107 页。

③ 参见余叔通、谢朝华译:《法国刑事诉讼法典》，中国政法大学出版社 1997 年版，第 157 页。

④ 陈朴生著:《刑事证据法》，台湾三民书局 1979 年版，第 373 页。

的，该证据将被作为非法证据予以排除。

二、非法证据排除之证明标准

对非法证据之证明标准，各国的立法与实践也各具特色。

英国上诉法院在 1983 年的 R v. Ewing 案中指出，初审法官应要求控方以排除合理怀疑的标准证明文书上的笔迹是被告人的。学者对此分析认为，成文法中规定的“任何书写必须证明是真实的，达到法官确定的程度”，尽管从措辞上看并未涉及应当适用何种证明标准，但由于指示是由法官作出的，且证明标准是由普通法所调整的，在刑事案件中适用时则必须适用刑事标准；虽然制定法可以规定控方对某个事实的证明标准低于普通法的要求，但并没有制定法作出如此规定。因此，总体而言，在证据可采性的证明问题上，如由控方承担证明责任，则必须证明到排除合理怀疑的程度，如由被告方承担，则只需达到优势证据标准。这主要基于以下考量：其一，双方获取证据手段的差异性，控方拥有侦查权，有财力、物力、人力和制度上的充分保障，而辩护方收集证据的收集则极其有限；其二，双方所处境遇不同，控方工作就是收集证据进行指控，而被追诉人处于被追诉境遇，收集证据的能力受到一定的限制。①此外，根据 1984 年《警察与刑事证据法》第 76 条（2）、（3）的规定，如被告人一方提出异议，或法庭自行提出要求，证明被告人供述可采性的责任就在于控方，且证明须达到排除合理怀疑的程度。②

美国对证据合法性的证明至今仍无统一的标准。刑事诉讼中确定被告人有罪的排除合理怀疑标准、民事诉讼中的优势证据标准，以及中间清楚的有说服力的证据标准，在不同的司法辖区，针对不

① Lord Templeman & Rosamund Reay, Evidence, 2nd edition, Old Bailey Press, 1999, p. 90.

② 参见中国政法大学刑事法律研究中心组织编译：《英国刑事诉讼法（选编）》，中国政法大学出版社 2001 年版，第 318~319 页。

同的争议事实，上述三者都有可能在排除证据的听证中使用。以自白自愿性之证明为例，有观点认为，为对非法证据排除规则的价值进行充分保护，有必要适用排除合理怀疑的标准。但反对意见认为，“既然自愿性听证设计的目的与提高陪审团裁判的准确性无关，则有关判断自白可采性采取优势证据标准会损害 Winship 案的指责是无理的……考虑到无罪推定的主旨是用以防范不公平的定罪，高标准是必要的。一个定罪判决并不会因自白可采性采取了较为不严格的标准而被认为其可信性较低或与 Winship 规则不一致。”“仅对排除规则所提供的价值的重要性之强调本身足以证明宪法同样要求可采性的证明必须达到排除合理怀疑程度的观点是没有说服力的。违反第四修正案获得的证据被排除在联邦刑事审判之外已经多年，同样也适用于在州和联邦审判中提交的被强迫的自白的真实性的考察。但从这段时期的实践看，没有实质性的证明表明以优势证据决定可采性问题会损害联邦的权利。……在这一点上没有提出进一步的合理的理由，目前也没有发现。既然排除规则的主要目的在于阻止警察与检察官的非法行为，故加强控方在第四、五修正案排除听证上证明责任的有效性或其比将可能的证据提交陪审团以达到作出定罪或无罪的正确决定而获得公共利益更有价值，是值得怀疑的。”因此，对非法自白的证明，“控方必须至少证明自白的自愿性达到优势证据的程度”。[①] 此后，联邦最高法院在 Colorado v. Connelly 案中肯定了优势证据标准的适用，“如果自白的自愿性仅需要优势证据证明即可，则米兰达规则中附属性保障权利的放弃的证明应当不需要更高的证明负担。”[②] 目前，联邦法院和多数州适用优势证据标准，而一些州则坚持排除合理怀疑或清楚而有说服力的标准。对搜查、扣押证据的排除，Lego 案的观点占据主流地位，即排除证据听证中有约束力的证明标准应不超过优势证据标准。但

① Lego v. Twomey, 404 U. S. 477, 92 S. Ct. 619, 30 L. Ed. 2d 618 (1972).

② Colorado v. Connelly, 479 U. S. 157, 107 S. Ct. 515, 93 L. Ed. 2d 473 (1986).

联邦最高法院指出各州可以自由运用较高的证明标准。总体来看，美国非法证据的证明多适用优势证据标准，但在一些情况下可能采取高于优势证据的标准，包括排除合理怀疑与清楚的有说服力的证据。

由于大陆法系证据能力问题属于程序法事实，由法官依职权进行调查，一般情况下当事人不负举证责任，尽管被告人需要提供一定的证据或说明以促使法官启动调查程序，但总体而言，对证据合法性之证明标准涉及不多。以德国为例，学界多同意适用定罪证明标准，即一旦存在是否排除证据的合理怀疑，证据就应当被排除，而实践中法官则通常会排除“具有很大可能性”系通过违法活动取得的证据。① 在日本，通说认为对非法自白的证明应当采取严格证明的方式，证明标准应当达到排除合理怀疑的程度。②

三、我国立法之评析与建议

我国 2010 年《非法证据排除规定》对非法证据证明问题作出了初步规定，2012 年刑事诉讼法进一步予以了明确。其中第 56 条第 2 款规定：“当事人及其辩护人、诉讼代理人有权申请人民法院对以非法方法收集的证据依法予以排除。申请排除以非法方法收集的证据的，应当提供相关线索或者材料。”第 57 条第 1 款规定：“在对证据收集的合法性进行法庭调查的过程中，人民检察院应当对证据收集的合法性加以证明。”《最高人民法院关于适用〈中华人民共和国刑事诉讼法〉的解释》第 96 条规定：“当事人及其辩护人、诉讼代理人申请人民法院排除以非法方法收集的证据的，应当提供涉嫌非法取证的人员、时间、地点、方式、内容等相关线索或者材料。”第 99 条规定：“开庭审理前，当事人及其辩护人、诉

---

① 参见岳礼玲：《德国刑事证据制度中的若干问题》，载《陈光中教授七十华诞祝贺文集——诉讼法新探》，中国法制出版社 2000 年版，第 396 页。

② 参见孙长永著：《日本刑事诉讼法导论》，重庆大学出版社 1993 年版，第 104 页。

讼代理人申请排除非法证据，人民法院经审查，对证据收集的合法性有疑问的，应当依照刑事诉讼法第一百八十二条第二款的规定召开庭前会议，就非法证据排除等问题了解情况，听取意见。人民检察院可以通过出示有关证据材料等方式，对证据收集的合法性加以说明。”总结而言，我国非法证据排除中的证明责任分配规则为：（1）对被告人供述合法性，采取“两步式”的证明责任分配规则，即首先由被告人及其辩护人向法庭提供相关线索与证据，包括涉嫌非法取证的人员、时间、地点、方式、内容等相关事实和信息。其次在法庭对被告人供述取得的合法性产生疑问后，则由控诉方承担证据合法性的证明责任。（2）对其他言词证据的合法性，由举证方对其取证的合法性予以证明，即由向法庭提交该证据的一方承担证明责任。（3）对物证、书证的合法性，尚未明确证明责任承担主体。当前相关规定是综合考虑了控辩双方的实际情况做出的较为均衡的选择，初步确立了较具特色的非法证据证明责任分配制度。但在实践中也出现了一些问题，如法官在证明责任转移中裁量权滥用的问题，要求被告方进行严格证明、对其履行举证责任提出严苛要求，甚至将证据合法性的证明责任转嫁给被告方等。此类问题不仅反映了相关人员的认识欠缺，也暴露了立法上的疏漏，其中最主要的即为非法证据排除的证明标准问题。

我国各界对非法证据证明标准的认识并不统一，在2010年《非法证据排除规定》颁布之前即存在诸多争议，不同职业群体的观点相差较大。如公安人员多认为辩护方要求排除非法证据必须要证明到“事实清楚，证据确实、充分”的程度，而律师则强调只要辩护方基于合理的理由提出控诉方的证据系以非法手段取得，控方主张非法手段不存在则应达到排除合理怀疑的程度。① 也有学者

① 参见陈瑞华：《刑事诉讼中非法证据排除问题研究》，载《法学》2003年第6期；徐静村等著：《中国刑事诉讼法（第二修正案）学者拟制稿及立法理由》，法律出版社2005年版，第87页。

指出控诉方对证据合法性的证明标准“应高于合理根据或初步证据的证明标准，达到优势证据的标准，即一方提供的证据比另一方的证据更可信或更有说服力”。[①] 还有学者主张，“程序问题虽不同于实体问题，但程序问题涉及司法机关是否依法诉讼，司法机关举证证明诉讼程序合法，证明标准必须达到排除合理怀疑。”[②]

2010 年《非法证据排除规定》，2012 年《刑事诉讼法》以及相关司法解释的规定对非法证据的认定标准作出了规定。《非法证据排除规定》第 11 条规定了“对被告人审判前供述的合法性，公诉人不提供证据加以证明，或者已提供的证据不够确实、充分的，该供述不能作为定案的根据”。《刑事诉讼法》第 58 条的规定则为：“对于经过法庭审理，确认或者不能排除存在本法第五十四条规定的以非法方法收集证据情形的，对有关证据应当予以排除。”从条文上来看，似乎可以认为我国立法对控诉方在证明合法性问题上规定的证明标准应当为“证据确实、充分”。

对被告方的证明标准，即被告方提出相关线索或材料，承担初步的举证责任所应达到的程度，《非法证据排除规定》第 7 条规定：“经审查，法庭对被告人审判前供述取得的合法性有疑问的”，可以启动非法证据排除规则的听证程序；《刑事诉讼法》第 56 条第 1 款规定，法庭审理过程中，审判人员认为“可能存在本法第五十四条规定的以非法方法收集证据情形的”，应当对证据收集合法性进行法庭调查；《最高人民法院关于适用〈中华人民共和国刑事诉讼法〉的解释》第 99 条与第 100 条规定，对当事人及其辩护人在庭前或庭审中申请排除非法证据，人民法院或审判法庭经审查，“对证据收集的合法性有疑问的”，应当启动审查程序。依照刑事诉讼法第 182 条第 2 款的规定召开庭前会议，就非法证据排除

---

① 张剑秋、韩阳、谭琦：《被追诉人权利保障中的刑讯逼供的证明机制》，载《学术交流》2007 年第 3 期。

② 王俊民、沈亮：《论程序性辩护中的举证责任》，载《政治与法律》2008 年第 1 期。

等问题了解情况，听取意见。人民检察院可以通过出示有关证据材料等方式，对证据收集的合法性加以说明。第100条规定："法庭审理过程中，当事人及其辩护人、诉讼代理人申请排除非法证据的，法庭应当进行审查。经审查，对证据收集的合法性有疑问的，应当进行调查；没有疑问的，应当当庭说明情况和理由，继续法庭审理。"有观点认为，立法对被告人初步举证的证明程度要求为，达到使法官对证据收集合法性产生疑问的程度。①

非法证据的认定标准既不能设置得过高亦不能过低。证明标准设置得过高可能会造成公诉方的证明困难，导致存疑证据难以决定的情况。而一旦设置得过低，则可能出现无法排除非法证据，导致非法证据排除规则难以落实的情形。② 我国立法将非法证据认定标准设定为"证据确实、充分"的最高标准，反映了立法从根本上遏制刑讯逼供、促使侦查人员增强证据意识的倾向，若能够正确适用，将能够有效推动对非法证据排除规则的实施及其价值目标的实现。但当前实践中出现的问题，亦反映出立法上的疏漏之处，需要引起重视。

首先，根据《刑事诉讼法》第58条规定，排除非法证据的标准是"确认或者不能排除"存在以非法方法收集证据的情形。从条文上来看，立法确立的排除非法证据标准包括"确认"存在非法取证情形与"不能排除"存在非法取证情形两种。有学者认为，针对某一事项的证明标准应当是单一的，刑诉法的双重表述不仅造成了理解上的困惑，更直接导致了实践中的适用混乱。且其中，对"确认"的标准，法院只能通过主动调查核实或辩方提供强有力证据而获得"确认"，并不能从证明责任主体的举证中得到确认。这一表述极易导致将非法证据证明标准理解为由被告方承担取证违法

---

① 参见陈瑞华：《程序性裁判中的证据规则》，载《法学家》2011年第3期。

② 参见杨宇冠、孙军：《构建中国特色的非法证据排除规则——〈关于办理刑事案件非法证据排除若干问题的规定〉解读》，载《国家检察官学院学报》2010年第4期。

性的责任，不仅不利于被告方，也违背了证明责任分配规则，当前实践中已经出现了法院以被告人没有证据证明取证违法而决定不予排除的情形。[①] 对“不能排除”的标准，立法机关的解释是指“检察机关对证据收集的合法性证明不能排除存在非法证据的可能，审判人员对是否存在法定的以非法方法收集证据情形仍有疑问的情况”[②]。有学者分析，“不能排除”是指检察机关虽然提供了一定的证据，但仍然不能排除存在非法取证的合理的可能性，法院应当以非法证据加以排除，故我国非法证据排除证明标准应界定为“排除合理怀疑”。[③] 如前文对域外立法的分析，对被告人供述自愿性的证明，各国多适用了最高标准，以提高人权保障力度。我国在立法完善中也应考虑删除“确认”之表述以避免引起混淆，保留“不能排除”，明确对被告人供述合法性应由控诉方证明到最高标准。

其次，对被告人举证的证明责任，虽从立法规定中可读取为“使法官对证据收集的合法性产生疑问”，但由于文本的模糊性，导致了实践中的曲意释法，成为非法证据排除程序难以启动的重要原因。根据非法证据证明责任分配规则，被告方应首先履行初步举证责任，再由法官决定将证据合法性的证明责任转移给控诉方承担。可见法官在证明责任转移上存在自由裁量权，而在没有明确具体的被告方的证明标准的基础上，法官的自由裁量权将不受任何限制，很有可能出现同一情况在不同法官处得到不同的处理，影响法律的统一适用；甚至出现法官要求被告方进行严格证明而对被告方

① 参见陈光中、郭志媛：《非法证据排除规则实施若干问题研究——以实证调查为视角》，载《法学杂志》2014 年第 9 期。

② 朗胜主编：《中华人民共和国刑事诉讼法释义》，法律出版社 2012 年版，第 127 页。

③ 参见樊崇义、吴光升：《审前非法证据排除程序——文本解读与制度展望》，载《中国刑事法杂志》2010 年第 11 期。

降低标准。[1] 如前文所述，实践中的案例已经证明了这一担忧。因此，明确被告方的证明标准同样是立法需要完善的重要环节。对被告方证明标准的设置，可参考国外优势证据标准。优势证明“系指证据力量较为强大，更为可信者而言，足以使审理事实之人对争执事实认定其存在更胜于其不存在，因此，所谓证据之优势，也即为盖然性之优势”[2]。以优势证据为标准，一方面，考虑到由于被告方的举证能力有限，提出过高的证明要求既不现实也不公正，而要求被告方证明使法官达到50%以上的确信承担，既符合常识与逻辑，也能够很好地平衡被告方举证责任与举证能力之间的矛盾，具有现实性；另一方面，该标准虽大为降低了被告方的证明难度，但仍为其设置了限制，以防止其滥用非法证据排除申请权。

第四节　我国定罪证明标准适用中的问题与对策

一、孤证不得定案

学者曾经列举了一个典型案例说明我国刑事司法实践中的孤证不能定案问题：某宾馆一房间被入室盗窃，公安机关在现场提取到由外向内的指纹一枚，但未能破案。一段时间后，犯罪嫌疑人在翻窗进入该宾馆另一房间时被当场抓获。经审讯，犯罪嫌疑人供认其翻窗的目的为行窃。而经鉴定，前次提取指纹为该犯罪嫌疑人所留，且查实其于前次盗窃案发生当晚入住该宾馆被窃房间的隔壁房间。由于犯罪嫌疑人拒不供认前次盗窃行为，亦未查获相关赃物与

---

① 参见马可、吕升运：《非法证据排除规则适用中的司法证明问题——以〈非法证据排除规定〉、2012年〈刑事诉讼法〉修正案及司法解释为视角》，载《苏州大学学报》2014年第3期。

② 李学灯著：《证据法比较研究》，台湾五南图书出版公司1992年版，第337页。

销赃情况，[1] 根据我国刑事诉讼证明理论与实践，现有证据并不能证明该犯罪嫌疑人实施了前次盗窃的事实。从法理上看，指纹属于间接证据，必须结合证据锁链[2]才能证明案件主要事实而不能单独予以证明；后次盗窃事实对前次盗窃而言属于品格证据，亦不能证明案件事实本身。故前、后两个事实之间的共同性逻辑关系只能说明被告人具有作案的可能性，而由于有关前次犯罪事实的证据印证性不足，不符合我国刑事诉讼证明的要求与标准，故不能对该事实作出认定。但同样的案情在其他国家，根据自由心证原则，由于被告人对自己入住及现场留下的指纹不能作出合理解释，且排除了通过其他渠道在现场留下特定方向指印的可能性，根据经验法则，法官或陪审团对其作案事实是可以建立内心确信而作出有罪判决的。在美国，凶杀案中只要有一名目击证人作证而犯罪嫌疑人亦承认案发时到过现场，即使其不承认杀人，仍可进行起诉，且审判中陪审团可能相信目击证人的证词对其定罪；但此种情形在我国基本不存在起诉与定罪的可能。造成实践差异的原因在于我国刑事司法中对定罪证明标准采取的"孤证不能定案"原则，而其背后则是证明模式影响下证明机制的差异性。

证明模式即诉讼中实现证明的方式。继通过显示神意的方式进行事实判定的神示证明模式与通过计算由法律实现规定的证据证明实现证明的法定证明模式后，现代各国通用的理性证明模式为自由心证，即法律不预先对证据之证明力作出限制，而由事实裁判者根据案件的实际情况对各项证据的证明力与全案事实作出自由判断。

---

① 参见龙宗智：《印证与自由心证——我国刑事诉讼证明模式》，载《法学研究》2004 年第 2 期。

② 我国刑事司法中运用间接证据证明案件要遵循以下规则：（1）每一个间接证据都必须查证属实；（2）每个间接证据都必须与案件事实存在关联性，即对案件事实具有实质的证明价值；（3）各间接证据证明方向必须协调一致而不得存在无法合理解释的矛盾；（4）全案间接证据应相互衔接，构成完整的证明链条；（5）运用间接证据组成的证明结论必须具有确定性与排他性。参见龙宗智：《诉讼证明模式与证据审查评断》，载何家弘主编：《证据学论坛》（第 8 卷），中国检察出版社 2004 年版。

边沁指出，司法证明制度应当是“自然的证明体系”而不应是“人造的技术体系”，不应对证明规定任何规则，“无论纠纷是什么，法官应当看一切可以看的东西，听一切可能知晓案情者的陈述；听一切人的，尤其是最可能了解案件情况的当事人的话”。[①]美国学者也认为，“案件事实的证明本应是自由的”，虽然“在英美法律制度中，证明应该完全自由的观点只能是毫无希望的乌托邦式空想，顶多也只能存在于证据法的教材之中”，但是“有一种观点是可行的，即道德和政治上的理想倾向于证明的自由，因此在实践中每个与该理想相背离的做法都必须有自己的正当理由”。[②] 法国于 1808 年在其立法中确立了自由心证原则，[③] 大陆法系各国随后均对此作出规定，如日本现行刑事诉讼法第 318 条直接规定：“证据的证明力，委诸法官自由判断。”英美法系国家法律中虽无明确规定，但实践中亦遵行自由判断原则。资产阶级革命中为反对法定证据制度中的刑讯逼供而提出了“自由证明”的概念。而鉴于自由证明在满足惩罚犯罪之客观需要方面的不足，伏尔泰、贝卡利亚等基于现实主义（功利主义），认为应当提高法律的有效性，指出“自由证明”就是允许裁判者根据“每个具有良知的人都必然接受的一种行事所需不期而然的习惯”[④]，即“常情常理”[⑤] 的认识进行案情推断，最终做出事实认定。因此，现代自由心证制度的根本意义在于解除法定证据制度中对“法律真实”标准的严格

---

① William Twining, *Rethinking Evidence: Exploratory essays*, (1990) p. 39.

② ［英］乔纳森·科恩：《证明的自由》，何家弘译，载《外国法译评》1997 年第 3 期。

③ 1808 年《法兰西刑事诉讼法典》规定：法律不计较陪审官通过何种方法认定事实，也不为陪审官规定据以判断证据是否完全和充分的任何规则，法律仅要求陪审团深思细察，并本着良心，诚实推求已经提出的对被告人有利和不利的证据，在他们理智上产生了什么印象。

④ ［意］贝卡里亚著：《论犯罪与刑罚》，黄风译，中国大百科全书出版社 1993 年版，第 19 页。

⑤ 周叔厚著：《证据法论》（第 3 版），台湾三民书局 1995 年版，第 333 页。

限制而确认事实裁判者对案情进行可能性推断的权力。这种可能性推断即情理推断机制由此成为了自由心证的核心内容。情理推断虽然强调认知主体的自由意志，但其同时亦具有客观性，即要求认知主体的推断必须符合认知对象的规律性，裁判者的推断应当符合情理而不能是主观臆断，当然，这种限制多依赖于裁判者的良心与理性。需要明确的是，一般情况下该情理推断具有现实的准确性，但由于人的主观性导致其在行为时并不必然按照“情理”行事，且“情理”本身亦具有多元性，故推断本质上属于一种可能性推断。因此，不同裁判者对同样的证明不一定形成相同的确信，故有罪确信与疑罪之间并没有绝对稳定、明确的界限，理论上存在可被质疑的余地。尽管情理推断在规范性与确定性方面具有不可避免的缺陷，但为了实现惩罚犯罪的目的，又不得不对这些缺陷加以容忍。情理推断的积极意义就在于其能够在犯罪控制与人权保障之间实现一定程度的平衡。而情理推断的合法性在于其通过司法程序的民主性与开放性征召了一种“集体意识”。[①] 根据现代政治哲学的基本理念，只要符合公共常识的，就是合理合法的。自由心证制度正是因为其不仅减少了强制取证的必要性而且加大了对犯罪进行惩罚的可能性，兼顾了文明司法与惩罚犯罪两种功能，从而具有了正当性标签，得以合法化。为尽量降低其缺陷的不利影响，大陆法系国家在维持基本的自由心证原则的同时，又通过立法规范司法证明活动，如对证据收集方法与程序进行严格规定，确立非法证据排除规则与被告人口供补强规则，确立法官心证公开制度等，形成了相对自由的证明模式。“自由心证不是由法官任意证明，而是要求法官根据其个人的自由确信而确定证据；法官的个人确信是指他的个人确认，这种确认必须依据明智推理，建立在对证据结果之完全、充

① 参见左卫民、周洪波：《证明标准与刑事政策》，载《比较法研究》2006 年第 2 期。

分、无相互矛盾地使用之上。”[①] 英、美等国同样通过各项证据规则与审判制度对自由证明进行了限制。但是，情理推断机制依然是司法证明的重要方式。在该机制中，“对诉讼事实的证明并不要求必须依赖于客观知识和证据在质与量上具有构成唯一指向的客观性，而是认可根据人的行为习惯之认知而建立证据对待证事实的相对确定指向性”。[②] 因此，在证据来源上，部分与案件事实非直接相关但间接有用的证据信息得以被纳入诉讼证明中。“当待证事实无法得到与其直接相关的证据的客观证明时，常常会拿环境证据来强化前者的指向性，如被告人与被害人之间的恶劣关系、案发前的准备活动或案发以后被告人逃逸等行为，往往都会促进裁判者形成有罪确信，证人的宣誓行为、与当事人的特殊关系或法庭上的表情等，对证言的真伪判断往往都具有重要的参考作用。”[③] 另外，在裁量方式上不仅使一些较为符合群体生活习惯的知识成为定案依据，还使一些仅符合法官个体经验体系的知识成为定案依据。

而我国实践中使用的是印证证明模式与客观证明机制。从广义上来看，我国印证证明依然隶属于自由心证体系，因为法律亦未对证据证明力作出限制，个体证据之证明力与证据的综合判断主要依靠法官根据案件具体情况作出，但事实上该模式与典型的自由心证存在着明显差异。我国诉讼证明中极为强调证据的客观性与证据之间的相互印证性，因此一般情况下不具有直接证明力的环境证据是不得作为定案根据的，而即使是具有客观性与相关性的证据，也必须得到其他证据的印证。[④] 我国刑事诉讼中一般认为，“对某一案

---

① 李昌珂译：《德国刑事诉讼法典》引言，中国政法大学出版社 1995 年版。

② 周洪波：《客观证明与情理推断：诉讼证明标准视野中的证明方法比较》，载《江海学刊》2006 年第 2 期。

③ 周洪波：《客观证明与情理推断：诉讼证明标准视野中的证明方法比较》，载《江海学刊》2006 年第 2 期。

④ 参见李建明：《刑事证据相互印证的合理性及其限度》，载《法学研究》2005 年第 6 期。

件事实的认定，仅凭审查某一证据是否具有真实性、可靠性，无法达到确认案件事实的目的。任何一个证据都无法借助自身来证明其真实性、可靠性，只有与其他证据结合起来，加以综合分析、判断，才能确认其真伪。只有通过综合考察所有证据之间的相互关系以及这些证据与案件真实之间的关系，才能对案件事实作出正确的认定。”[①] 单一证明不能单独证明案件事实而必须获得其他具有信息同一性的证据之支持。因此，实践中即便法官能够从某一证据中建立确信，如果其缺乏外部的印证性，也仍然不能就此作出判定，因为这与判断标准不符。因此出现了“孤证不能定案”、“一人供听、二人供信、三人供定”的潜规则。学者认为，我国刑事诉讼证明的关键在于获得相互支持的证据，刑事诉讼法规定的“证据确实、充分”的证明标准，其中“确实”是对证据可靠性的要求，需要通过证据间的相互印证来确认；“充分”不仅要求根据所收集的证据足以认定案件事实，更是要求有充分的证据量，即必须有多个证据，且其所含信息具有同一性；证据相互印证是达到“证据确实、充分”的基础性要求。[②] 而 2010 年《死刑案件证据规定》第 5 条第 2 款规定的“证据之间具有内在的联系，共同指向同一待证事实，且能合理排除矛盾的，才能作为定案的根据”；“据以定案的间接证据之间相互印证，不存在无法排除的矛盾和无法解释的疑问”；“据以定案的间接证据已经形成完整的证明体系”等则是将印证规则纳入了我国成文法律体系之中。此外，不同于自由心证模式中容许基于个人感受与经验作出证据判断，我国的印证模式强调的事实认定是一般经验所能够确认的，即法官对证据的判断应具有普遍的可接受性。

从本质上来看，我国与西方的证明模式并无优劣之分。西方自

---

① 陈卫东、谢佑平主编：《证据法学》，复旦大学出版社 2005 年版，第 391 页。

② 参见龙宗智：《中国法语境中的“排除合理怀疑”》，载《中外法学》2012 年第 6 期。

由心证模式更重视人类的经验理性，也更符合人类认知的基本方式，同时亦能够将间接有用的信息纳入证据范围，能够在一定程度上摆脱证据不足的现实困境，并在维持较高证明标准的同时，从客观上减少疑案的数量，实现了错判无辜与错放犯罪之间的相对平衡。而我国的印证模式对证据的客观性、直接性、印证性有更高的要求，不仅操作方便且内容上亦更为可靠，有助于促进案件事实真相的发现，实现公平正义。可以说，“证据相互印证是司法理性主义的题中应有之义——具有解决证据审查判断和认定案件事实困难的必要功能，且内含实体公正与程序公正两项基本价值。”[①] 但由于绝大多数与案件事实间接相关的证据材料不得进入庭审，而据以定案的依据还必须具有充分的印证性，实质上提高了刑事案件的证明要求，并且抑制了法官内省性的功能，导致法院常因为证据充分性不足而难以对案件事实予以认定，进而陷入“要么错放、要么错判”的悖论。[②] 实践中，由于对印证性的强调，如对证人证言常需要被告人口供、其他证人证言或实物证据的支持，导致一些“一对一”的案件经常出现证明困难。以贿赂案件为例，即使存在其他间接证据，但若接受贿赂的情景只有行贿人之陈述而没有受贿人的供述予以印证的，法官通常也不敢贸然判定存在受贿事实，而关键情节不能认定，必然导致整个案件无法做出结论。另外，印证意味着对证据，尤其是关键证据在数量上的要求，而实践中由于时间流逝等因素的影响，证据取得的难度往往较大，为了实现印证的目的，侦查人员会想尽办法，因此更容易采取比较灵活的手段以达到取证目的。“在实践中满足高标准的要求，常常不是以牺牲追诉

① 李建明：《刑事证据相互印证的合理性与合理限度》，载《法学研究》2005 年第 6 期。

② 龙宗智：《印证与自由心证：我国刑事诉讼证明模式》，载《法学研究》2004 年第 2 期。

犯罪为代价，而是以违法行使职权取证来达到。”① 由于打击犯罪与实现社会控制的压力，为获得实现证明的必要证据，侦查中自然难免出现非法取证行为，这也成为我国限制违法取证与非法证据排除规则难以真正确立的重要原因。“一旦严格的证明标准开始被立法所采纳，一种替代证明机制以保证对被告人定罪的刑讯制度就不可避免地产生了。”② 因此，理论上强调证据间的相互印证是有必要的，但如将其作为对诉讼证明的基本要求、没有印证就不得定案则并不适当。而随着刑事诉讼中人权保障水平的不断提高，控方取证手段将受到越来越严格的控制，适用传统的印证证明模式将更加举步维艰。在这样的形势下，提高法官心证的自由度、开放情理推断机制是较为现实的选择。但同时也应当注意，我国采用印证证明的重要原因是诉讼证明缺乏程序规制导致法官自由裁量之合法性缺失，审判中不得不寄希望于通过事实的客观性支撑判决的正当性，故实现自由心证，必须同步确立相关程序规则与制度以限制法官自由裁量权，实现合法化与正当化。

二、疑罪从轻

我国《刑事诉讼法》第 195 条规定，对“证据不足，不能认定被告人有罪的，应当作出证据不足、指控的犯罪不能成立的无罪判决”，由此确立了疑罪从无原则。《最高人民法院关于适用〈中华人民共和国刑事诉讼法〉的解释》第 241 条进一步明确，证据不足，不能认定被告人有罪的，应当以证据不足、指控的犯罪不能成立，判决宣告被告人无罪；案件部分事实清楚，证据确实、充分的，应当作出有罪或者无罪的判决；对事实不清、证据不足部分，不予认定。但事实上，根据“疑罪从无”原则作出无罪判决的案

---

① 周洪波：《刑事审判证明制度视野中的公诉法律原理》，载《西南民族学院学报》2008 年第 12 期。

② 参见［美］米尔吉安·R. 达马斯卡著：《比较法视野中的证据制度》，吴宏耀、魏晓娜等译，中国人民公安大学出版社 2006 年版，第 305 页。

件为数甚少，司法实践中往往采取的是“疑罪从有”的做法，即对事实不清、证据不足，未达到法定证明标准的案件作有罪判决。该现象在死刑案件中极为凸显，法院对被告人的犯罪事实存在疑问时并非按法律规定作出无罪判决，而是判决被告人有罪，但为避免错杀造成不可挽回的错误而选择在量刑上从轻，改判死缓或者无期徒刑，此即我国刑事司法实践中特有的“疑罪从有”、“留有余地”的判决方式。以浙江张氏叔侄案为例，一审法院对两名被告人分别判处无期徒刑与死刑，二审则改判为死缓与有期徒刑 15 年，判决书中对此说明为：“鉴于本案的具体情况，张辉尚不属必须立即执行死刑的罪犯。”①

“疑罪”或曰“疑案”，是指既有一定的证据说明被告人有犯罪嫌疑，但全案证据又未达法定标准之要求而不能确定被告人是否有罪。由于案件本身的复杂性与事实认定中的主客观条件限制，疑案的出现是不可避免的。不同制度中对疑案都有相应的处理原则，如封建专制社会实行有罪推定，对疑案往往采取判决有罪但从轻处罚的方式；资产阶级革命中确立了无罪推定原则，对存疑案件进行有利于被告人的解释与处理，即疑罪从无。但事实上，疑罪从无原则一直没有得到完全严格的遵行。如前文所述，西方定罪证明标准是建立在盖然性基础之上的。“我们决不会真正确信无疑，而只可能通过制度设计来使我们接近确信无疑。”② 但是，通过建构公正的诉讼程序抑制判决的主观随意性的希望并不能完美实现，因为程序正义始终是不完善的，无论程序设计如何精妙都不能避免无辜者被判有罪而有罪者逍遥法外的可能。此外，“在程序规制下仍然存有当事人的策略行为，法庭的商谈结束于一个程序法的真空，判决

---

① 有关张氏叔侄案的资料来源：《南方周末》，http://www.infzm.com/content/89144,最后访问时间：2013 年 6 月 20 日。

② ［美］迈克尔·沃尔泽著：《正义诸领域：为多元主义与平等一辩》，褚松燕译，译林出版社 2002 年版，第 360 页。

的作出取决于法官的职业能力”，① 而无论法官本身具有多高的职业技能，都无法逾越情理推断本身所固有的滞碍。因此，在西方自由证明的情理推断机制下，“有罪判决与其说是一种确信，不如说是一种决断。”② 有罪判决的作出不仅仅是纯粹的事实认定，还受其他因素的影响。法国学者通过考察发现，在其历史上，自由心证制度中确认的程度与惩罚的严厉性程度存在一定的比例关系，即当法官不能完全肯定一桩罪行时，会倾向于将不确定性转化为减轻处罚，而实践中，相当一部分疑罪案件通过减轻处罚的方式作出了判决；法国1832年刑事法确立了减轻情节，从表面上来看是为了缓和法律的严肃性，但事实上却是为了防止因陪审团不愿完全严格执行法律而太过经常地作出无罪判决。③ 学者认为，“疑罪从轻”的潜规则一直在法国现代司法实践中悄悄运行着，而“对疑罪是否作出有罪判决主要基于被告人危险性的考虑……被告人品行不端的往往更容易被判有罪”。④ 同样，在英国的刑事司法实践中，有罪判决也不总是以有罪确信为基点。⑤ 美国亦存在类似的情形，有时陪审团在遇到无罪释放与认定有罪都不能接受的极端情况时，可能会选择“中间路线”。⑥ 因此，即使“疑罪从无”已经成为现代社会的普遍性法治原则，“疑罪从有”的做法也并未真正根绝。在对

① ［德］哈贝马斯著：《在事实与规范之间：关于法律和民主法治国的商谈理论》，童世骏译，生活·读书·新知三联书店2003年版，第290页。

② 参见左卫民、周洪波：《证明标准与刑事政策》，载《比较法研究》2006年第2期。

③ 参见左卫民、周洪波：《证明标准与刑事政策》，载《比较法研究》2006年第2期。

④ 参见［法］米歇尔·福柯著：《不正常的人：法兰西学院演讲系列（1974—1975）》，钱翰译，上海人民出版社2003年版，第14~25页。

⑤ 参见［英］麦高伟、杰弗里·威尔逊主编：《英国刑事司法程序》，姚永吉等译，法律出版社2003年版，第332~340页、第364页。

⑥ 参见［美］马丁·梅耶著：《美国律师》，胡显耀译，江苏人民出版社2001年版，第175~178页；［美］道格拉斯·N. 胡萨克著：《刑法哲学》，谢望原等译，中国人民公安大学出版社2004年版，第66~74页。

被告人是否犯罪存有疑问时，出于防范危险、保护社会安全等目的，裁判者往往没有信心作无罪释放处理，因此，为了寻求平衡，选择“疑罪从轻”就成为一种必要。有学者指出，将“疑罪从轻”视为非正常状态、归咎于法官个人的非理性，是“不成熟的唯个人主义解释形式”。[①] 正如法国学者所言：“不断追求社会控制的有效性是现代性的根本逻辑，而所谓‘权利’，一定程度上不过是对新的权力程序的政治回应。”[②] 现代刑事司法在随意与暴虐的表象之下隐藏的是其软弱性，而现代社会则试图按照理性主义的观念进行人为控制以实现“良好的秩序”。“人们已经充分认识到，在秩序与自由之间，现代社会更关心前者。”[③] 尽管现代社会权力控制的有效性已经大大提高，但仍有其无能的一面，而“疑罪从轻”或根据形式化证据作出判决则是权力无能性的必然结果。[④] 因此，从防范危险与保护社会的角度看，“疑罪从轻”的做法并非是一无是处的，其与“疑罪从无”、非犯罪化、非刑罚化趋势之间存在内在的一致性。另外，西方国家经历了从“司法国家”到“行政国家”最终到“治理国家”的转型，[⑤] 而现代“治理国家”中的“治理”主要是通过将人“病理化”而使得权力获得正当性，通过挖掘个体的潜在危险性，以防范危险、保护社会为名对个体进行控

① 参见［美］洛克斯·庞德著：《法理学》（第1卷），邓正来译，中国政法大学出版社2004年版，第203页。

② ［法］米歇尔·福柯著：《性经验史》，畲碧平译，上海人民出版社2000年版，第79~85页。

③ 参见［英］伟恩·莫里森：《理论犯罪学》，刘仁文等译，法律出版社2004年版，第23~63页。

④ 参见［法］米歇尔·福柯著：《必须保卫社会：法兰西学院演讲系列（1976）》，钱翰译，上海人民出版社1999年版，第10、259页；［法］米歇尔·福柯：《治理术》，赵晓力译，载《社会理论论坛》1998年第8期。

⑤ 参见［法］福柯著：《治理术》，赵晓力译，载《社会理论论坛》1998年第8期。

制，即从个体出生伊始就对其进行不断地监视、记录、考评与矫正。[①] 故在前现代社会中，权力只能在犯罪发生后才被动出击，根据被追诉者所涉嫌的犯罪行为对政权之威胁性大小决定处罚的程度；而在现代社会中，对犯罪的控制无疑极大地提高了权力的主动性与准确性，因为有了对个体的日常治理信息，为确定被追诉人是否实施了犯罪提供了更多帮助，故在无法直接根据证据确定其是否实施了犯罪时，亦能通过其日常行为表现出的对被害人与社会的危险性为评价其已然或潜在的实施犯罪的可能程度提供参考。或许，可以说，这属于基于公众对安全心理的需求促成的一定程度的社会共谋。尽管并非没有认识到从个人习性证据中得出推论的危险性，但大陆法系国家的证据理论关注的是这些过去的信息是否有证明价值，如果有，即为可采纳之证据。在英美法系中，虽然规定了诸如品格证据规则等以防止因过度关注被告人的危险性而对犯罪事实本身的查明造成不当影响，“但规范是一回事，经验又是另外一回事，即使专业的法官对犯罪记录亦非常重视”。[②] 因此，正如吉米·边沁在其学说中所主张的，现代社会往往试图通过对犯罪行为的社会治理即规范化的监视记录以证明犯罪的可靠性，从而减轻法官情理推断的负担，[③] 而这一做法事实上能够在一定程度上避免作出有罪判决的随意性。[④] 总结而言，就是在法律推理不能产生确定

① 参见［法］福柯著：《治理术》，赵晓力译，载《社会理论论坛》1998 年第 8 期。

② 参见［美］米尔建·R. 达马斯卡：《漂移的证据法》，李学军等译，中国政法大学出版社 2003 年版，第 21~22 页、第 42~43 页。

③ 参见［英］吉米·边沁著：《立法理论》，李贵方等译，中国人民公安大学出版社 2004 年版，第 455~470 页。

④ 当然，在刑罚之外，现代社会还存在着更广泛、更具针对性的社会控制机制，在无法确信个体是否实施了犯罪或即使已经确认其实施了犯罪，有时也并不需要提出控诉或作出定罪，而可以根据其危险性特征采取其他防范性措施，如强制接受精神治疗等。

的结果时，往往不得不基于对政策的考量而作出司法决定。[①] 在证据不能明确地证明案件事实的情况下，裁判者很可能会根据强化社会控制的刑事政策，对被告人表现出较大危险性的，更倾向于作出减轻处罚的有罪判决，而这样的“疑罪从有”具有事实上的合理性。以美国为例，有超过三分之一的被控杀害亲戚、朋友或其他有亲密关系的被捕者，大陪审团拒绝以谋杀罪提出指控，陪审团也常拒绝判断被告人犯有杀人罪，因为这些人看起来对一般社会公众不具有侵害的危险性；[②] 另外，刑事案件中的黑人被告人更容易被定罪，表面上看是对种族与穷人的歧视，实际上则是因为根据日常经验，黑人似乎更具有犯罪的危险性。[③]

我国对疑案问题曾经采取过回避的方式，即对事实不清、证据不足的案件要求进行继续侦查、补充侦查，往往导致案件久拖不决，形成“疑罪从挂”的现象。1996 年刑事诉讼法明确了“疑罪从无”原则，但在司法实践中并未得到真正彻底的贯彻。而“疑罪从有”现象的泛滥，其中虽然有与上述西方国家相似的必要性因素，但主导性原因还在于证明标准的操作问题。我国“事实清楚，证据确实、充分”的定罪证明标准往往被理解为“实事求是”、“不枉不纵”，证明过程中坚持客观证明机制而反对情理推断，避免在事实认定中掺杂法官的个人判断，要求对案件事实的证明必须达到“客观真实”，将案件办成“铁案”。但这种理想性的要求不仅本身不具有可操作性，而且“改变人们的司法预期，即使从纯技术角度看完全合理，也是违背法治原则的。这不仅可能影响司法机关的合法性——人们下意识的认同，更可能引起许多

① 参见［美］理查德·A. 波斯纳著：《法理学问题》，苏力译，中国政法大学出版社 1994 年版，第 40 页。

② 参见［美］唐·布莱克著：《社会学视野中的司法》，郭星华等译，法律出版社 2002 年版，第 4~5 页。

③ 参见［美］博西格诺等著：《法律之门》，邓子滨译，华夏出版社 2002 年版，第 85 页。

人……规避法律，或借助其他手段追求实质正义，进而使司法制度形同虚设”。[①] 因为事实上并没有具体的可供参照的标准，实践中往往会出现一些自定的标准，如“证据基本确实”、“差不离”等成为了事实上的定罪标准。[②] 自然，“疑罪从有”或“疑罪从轻”成为这些异化了的定罪证明标准的必然结果。此外，与西方不同的是，我国为实现惩罚犯罪的目的而不得不依据情理作出的有罪判决，由于缺乏西方国家对个人行为的规范化监视记录机制，其实际上的证明力更为虚无，而且司法实践中的有罪判决率居高不下，有罪判决的作出往往超越了情理推断所能包容的限度，还在于重刑化思想未能得到缓解之缘故。因为放纵犯罪难以获得社会认同，基于犯罪治理与社会控制考虑而提高定罪率、减少错放是不能回避的现实需求，法院即使对定罪证明标准有着清晰的把握，但来自同级政府与上级政策的压力往往也逼使其采信“疑罪从有”或“疑罪从轻”的实践策略。[③] 再者，西方国家由于司法独立，法律效果与社会效果（尤其是政治效果）保持着相对独立关系，排除了仅因为社会影响较大或政治因素较多而形成的“疑案”，也排除了相应的干扰因素，客观上减少了司法错误发生的可能性；而侦破技术的发达亦提高了进入庭审证据的充分性，疑案相对更少。而我国正与之相反，经常会出现为社会效果而干涉司法的情况，在事实认定或法律适用出现不确定时，尤其是在大案、要案中，往往因强调错放罪犯会影响社会控制效果，即使证据不足也必须定罪。[④] 如在“命案必破”、“限期破案”等司法政策的影响下，将涉及的社会因素较

---

① 苏力著：《法治及其本土资源》，中国政法大学出版社 1996 年版，第 165 页。

② 参见龙宗智：《印证与自由心证：我国刑事诉讼证明模式》，载《法学研究》2004 年第 2 期。

③ 参见林喜芬：《证明理性化与刑事定罪标准之调整——基于防控司法错误的视角》，载《法制与社会发展》2011 年第 1 期。

④ 参见林喜芬著：《转型语境的刑事司法错误论》，上海人民出版社 2009 版，第 20 页。

多的刑事案件界定为重大疑难复杂案件，不仅导致证据收集活动违法可能性增大，在庭审中也往往适用“疑罪从有”或“疑罪从轻”的策略，最终造成错判无辜的发生。当然，注重社会治理效果的刑事政策契合了当前加大犯罪治理与社会控制的需求，具有合理性。但若因社会效果而施行“疑罪从有”，则不仅会导致错判无辜，同时亦存在错放真正罪犯的风险。

对疑案的处理，固然应当兼顾社会控制之目的，但并不能因此而罔顾人权，破坏定罪证明标准的统一、严格适用。刑事司法实践中，对证据显然不足之案件，法院可以敦促公诉机关继续履行举证质证，另外，在职权主义诉讼构造中，法院亦有自行收集证据之权责。故在检察官不继续举证而法院自行收集亦无法获得证明被告人犯罪之充分证据时，必须根据“疑罪从无”原则，作出无罪之判决。近期以来，针对一系列重大冤假错案的纠错与披露，相关部门就此开展了防止冤假错案的专项活动。中央政法委在《关于切实防止冤假错案的指导意见》中指出：“对定罪证据不足的案件，应当坚持疑罪从无原则，依法宣告被告人无罪，不得降格作出‘留有余地’的判决。”① 因此，在新刑事诉讼法实施过程中，必须严格适用证明标准，坚持“疑罪从无”原则，本着“宁纵勿枉”的精神，对定罪事实不清、证据不足而未达到法定证明标准的案件依法作出无罪判决。

① 资料来源：http://www.legaldaily.com.cn/index_article/content/2013-09/06/content_4828592.htm? node=6148.

第八章　定罪证明标准适用的保障与监督

我国“事实清楚，证据确实、充分”的定罪证明标准经新刑事诉讼法的解释细化已经在一定程度上修正了传统观念中的不足之处。但正如一些冤假错案中法院作出的有罪判决都有“事实清楚，证据确实、充分”的表述一样，对定罪证明标准的解释与适用如果缺乏有效约束，很容易陷入随意化的泥潭。因此，定罪证明标准的正确适用除却其本身的明确性、可操作性因素外，与外部相关机制亦有着重要联系。正如学者所言，“我们无法直接干预心证形成的生理过程，但可以为合理心证创造条件——改善心证形成的外部条件：选择优良的事实发现者、制定良好的程序、保障事实发现者的独立……”①

第一节　保障机制

无论确立何种定罪证明标准，对证据的评判始终是一个主观过程，为保障评判的正确性，必须对这一主观过程进行规范。定罪证明标准的正确适用首先要落在对裁判者主观认识的保障与规范上。而建设公正、高效、权威的社会主义司法制度提出了进行刑事司法改革、增强裁判正当性的要求，而裁判的正当性也是建立在对案件事实的正确认识基础之上的。一般而言，诉讼证明过程中影响事实裁判者认识的因素包括：案件事实材料本身、事实裁判者对相关材

① 秦宗文著：《自由心证研究》，法律出版社2007年版，第153页。

料的感知方式、事实裁判者的思维方式、事实裁判者的个人立场等。为保证事实裁判者尽可能获得对案件的正确认识，应当对上述因素进行分析，排除其中可能出现不利影响的情况。

一、证据裁判原则

法律适用必须以一定的事实为基础，裁判所认定的事实应最大限度地接近于客观事实才能够实现真正的定分止争。因为案件事实的不可回溯性，对此，只有通过一定的证据加以判断、认定。证据裁判原则即是指“裁判者对案件事实的认定必须是根据一定的证据作出的，没有证据则不能认定案件事实”。[①] 证据裁判原则是在资产阶级革命中对口供制度进行深刻批判的基础之上产生的，对于反对刑讯逼供、保障诉讼人权以及促进案件事实真相的发现具有重大意义。当然，因为裁判者仅根据提交于法庭的证据进行判断，而这些证据并不能确保全面性，故依据证据重构的事实未必与案件的事实真相相符，“法庭关于特定事实已获证明的判断并不必然反映实质真实，它在很大程度上建立在形式真实基础上：仅根据面前的证明材料，而且这些材料通常是那些当事人出示的符合证据规则的证据……实际上，法官并不查明事实，他所作的是根据呈现于他面前的证据，那些警察是不全面的而且法官本人不参与其收集与出示的证据，作出判决。法官所看到的只是由证据规则限定的材料。”[②] 但是，为实现对自由心证的限制，防止事实裁判者主观擅断造成恶果，在人类理性能够达到的范围内，证据裁判无疑是最为理想的选择。证据裁判原则在现代刑事诉讼中占据着重要地位。大陆法系国家大都对证据裁判原则进行了明文规定。法国刑事诉讼法第 427 条规定：“对轻罪案件的审判，除法律另有规定外，犯罪可通过证据

---

① 参见陈光中、郑曦：《论刑事诉讼中的证据裁判原则——兼谈〈刑事诉讼法〉修改中的若干问题》，载《法学》2011 年第 9 期。

② Merve, S. E, Morkel, D. V., Paizes, A. P., & Skeen, A. St Q., *Evidence*, Capetown: JUTA & CO. LTD. 1983. pp. 415-416.

予以确定，并由法官根据内心确信作出判决，且法官之判决只能以提交审理并经双方辩论的证据为依据。”日本 1876 年的《断罪依证律》将其《改定律例》中“凡断罪，依口供结案”的规定修改为“凡断罪，依证据”，并明确“依证据断罪，完全由法官确定”，[①] 其现行刑事诉讼法第 317 条则直接规定：“认定事实，应当依据证据。”我国台湾地区“刑事诉讼法”第 154 条也规定：“犯罪事实，应以证据认定之。”而英美法系国家的法律条文与理论学说中虽然没有明确提出证据裁判，但刑事诉讼中大量的证据使用规则与证据裁判精神存在相通之处，即便是有罪答辩与辩诉交易亦有赖于证据裁判之保障，故一般认为该原则是不言自明的。[②]

证据裁判原则的基本内涵主要包括以下方面：

首先，无证据即无心证，刑事诉讼中的事实认定必须依据证据，证据是认定案件事实的基础。“认定犯罪事实，须依证据……尤不能以推测理想之词，以为科刑判决之基础。”[③] 如法国法中规定：“法官只能以提交庭审辩论并经各方当事人自由争论的材料作为形成内心确信的依据，不得以仅有其个人了解的事实为依据，或以并未向对方当事人通知、交阅的文件为依据。”[④] 另外，“无证据则无心证”还有着没有证据即不得对相关事实予以认定的含义，“没有证据既包括没有任何证据，也包括证据不充分的各种情形。没有证据固然不能认定案件事实，即使仅有一部分证据，或者有证据但没有达到法定程度，亦不能对事实进行认定。”[⑤]

其次，证据必须具有适格性。对证据的适格性，大陆法系国家

---

① 参见［日］土本武司著：《日本刑事诉讼法要义》，董璠舆、宋英辉译，台湾五南图书出版公司 1994 年版，第 310~311 页。

② 但英、美等国陪审团有不顾事实与证据作出裁判的权利，故证据裁判原则并不是绝对的。

③ 刁荣华主编：《比较刑事证据法各论》，汉林出版社 1984 年版，第 41 页。

④ 何家弘主编：《外国证据法》，法律出版社 2003 年版，第 354 页。

⑤ 樊崇义、吴宏耀：《论证据裁判原则》，载《法律应用研究》2001 年第 6 期。

通过证据能力进行规范。自由心证制度中，由事实裁判者对证据证明力作出评价，但评价的前提在于证据适格，即证据具有证据能力。事实裁判者必须根据有证据能力的证据认定案件事实，不得以不当之事实材料影响事实裁判者之心证。证据能力包括消极要件与积极要件两方面要求。证据能力的消极要件要求据以定案的证据非为法律禁止使用的证据。德国刑事诉讼法中有一系列证据能力禁止规定。如其刑事诉讼法典第136条a规定："违反禁止规定而确定的被告人陈述，即使被告自己同意，也不得作为证据。"而相关判例则进一步发展了证据能力之禁止，如要求对未履行的假设就其拒绝证言权必须加以告示的义务的，其因此所作之证言不得作为证据；基于基本法规定的秘密录音、秘密摄影等不得在刑事诉讼中作为证据等。[①] 证据能力的积极要件即证据必须经过严格的调查程序才能作为认定案件事实的基础。即证据必须经过法定程序进行举证、质证与辩论，以保证证据的可靠性与可信性得到充分的揭示；未经依法审查判断的证据不得作为定案根据。因此，在大陆法系国家，相关证据资料必须是未经禁止使用而又经法定程序调查的，才能取得证据能力，成为案件裁判之依据。而在英美法系国家，对证据资格的限制是通过证据可采性规则实现的。其普通法中存在一系列诸如自白任意性规则、传闻规则、品格证据规则等作为规范证据资格的主要依据。对不具可采性的证据材料往往在庭审前即被排除，能够进入庭审对事实裁判者之心证发挥作用的应当是不被证据规则所禁止的相关证据材料。

我国历史上存在"春秋决狱"、"论心定罪"、"以情折狱"等非规范化的断案方式。现行《刑事诉讼法》第53条明确规定了"对一切案件的判处都要重证据，重调查研究"，体现了证据裁判原则之精神。2007年最高人民法院、最高人民检察院、公安部、

① 参见［德］克劳思·罗科信著：《德国刑事诉讼法》，吴丽琪译，三民书局1998年版，第243~247页。

司法部联合颁布的《关于进一步依法办案确保办理死刑案件质量的意见》明确指出要“坚持证据裁判原则，重证据、不轻信口供”。2010年《死刑案件证据规定》第2条则规定：“认定案件事实，必须以证据为根据。”进一步推动了证据裁判原则在我国刑事立法中的确立。但不可否认，我国刑事立法与司法实践与证据裁判原则的要求仍存在一定的差距，需要加以改进，以确保刑事诉讼中事实认定的准确性。如在证据能力问题上，我国相关证据规则如传闻规则、非法证据排除规则等立法规定并不完善，实践中亦未能得以正确施行。以非法证据排除规则为例，我国在2010年的《非法证据排除规定》第2条中明确规定：“经依法确认的非法言词证据，应当予以排除，不能作为定案的根据。”同时亦规定了相应的操作规则。2012年，刑事诉讼法修改则在立法上对非法证据排除规则予以确认。但由于法律本身的不完整与模糊性，加之相应体制与观念因素的影响，非法证据排除规则在实践中收效甚微，并未能完全发挥其排除非法证据、提高案件质量的应有功能。

二、裁判者资格限制

任何诉讼活动都是人认识的总结，刑事诉讼中必然存在相关主体的主观判断活动，证明标准达到与否最终也依赖于裁判者的主观判断。因此，事实裁判者的主观因素对保障准确认定事实、正确适用证明标准有不可忽视的影响。自然，在自由心证制度下，要求裁判者应依据经验法则与论理法则形成心证。经验法则是根据已知事实推导未知事实时能够作为前提的有关知识经验常识的法则，是从人类实践生活中抽象出来的，基于人类日常生活经验所得的定则，是相当范围内人们所普遍承认的命题，具有一般性，能够保证事实认定的合理性与可接受性。论理法则或逻辑法则要求裁判者在综合评价证据价值据以断定事实真相时应当依一般推论及演绎结论的基本逻辑规范，主要提供以经验法则为根据从已知事实推导未知事实的推理工作，是衡量证据评价是否妥当的准据。但经验法则与论理法则只是对裁判者思考方式的制约，而自由心证所依据的裁判者的“良心”与“理智”往往因各自专业知识、道德素质与个人立场的不同而产生差异，实践中案件的处理往往因此而受到影响。

以死刑案件为例，研究发现，“陪审员的死刑态度与其在刑事审判中判决被告有罪还是无罪的倾向之间，存在稳定牢固的联系。”① 因此，在死刑案件中挑选陪审团成员时，检察官与辩论律师均非常关注陪审员候选人对死刑的态度，其中强烈赞成或反对死刑的候选人往往会被要求回避。学者认为，裁判者的个人态度在审判中往往会对判决产生重大影响。首先，表现在对证据进行评价时，尤其是在对一些模糊信息的处理上。事实裁判者“作为一般性原则，对模糊残缺的信息的理解，会倾向于以与初始态度一致和印证预期的方式进行”，“赞成死刑并支持公诉方的陪审员将倾向于以符合公诉方主张的方式理解那些模糊不全的证据，而反对死刑的陪审员会按符合被告辩护的思路解决这些看法上的问题。”② 其次，表现在对推理过程的影响上。根据心证形成的故事模式理论，案件审理实际上就是一个事实裁判者选择、建构故事的过程。③ 尽管其在制度的设计上是被动、中立的，但在审理过程中，事实裁判者却不是被动地等待控方出示证据直至所有证据出示完毕方才给出结论。在审判开始时，控方通过起诉书向事实裁判者提供了一个“故事”，而事实裁判者的任务就是在审判过程中根据控辩双方的举证质证不断检验控方所提供“故事”的可信性；到审判结束时，若事实裁判者认为控方主张的“故事”是可信的，则作出有罪认定，否则就会判决被告人无罪。但是，在控辩双方的举证质证之

---

① ［美］菲尔·艾尔斯沃思：《态度与判决之间的步骤》，载里德·黑斯蒂主编：《陪审员的内心世界》，刘威、李恒译，北京大学出版社 2006 年版，第 72 页。

② ［美］菲尔·艾尔斯沃思：《态度与判决之间的步骤》，载里德·黑斯蒂主编：《陪审员的内心世界》，刘威、李恒译，北京大学出版社 2006 年版，第 72 页。

③ 秦宗文著：《自由心证研究——以刑事诉讼为中心》，法律出版社 2007 年版，第 109 页以下。

外，事实裁判者还会根据其个人经验与常识进行推理，而“这种推理对控辩双方的举证起着填补空隙的作用，使故事看起来更加可信或不可信”。[①] 一项研究中发现，在陪审团据以作出裁决的所有信息中，有55%是审判中由控辩双方所提供的信息，而另外的45%则是其根据陪审团自己的推测作出的，尤其是当控辩双方的意见出现严重对立而难以查明案件事实真相时，裁判者认为对双方的意见进行折中可能对得出可信的事实而言是很有必要的。而法官在对案件进行总体评价时，对双方意见折中认定的事实和需要再三考虑的怀疑可能占据了审判中所认定的案件事实真相的三分之一。[②] 认知和社会心理学家的研究表明，态度对人们关于复杂事件的看法之影响，其中一个重要途径就是“通过填补断裂的推导过程”来实现的。[③] 因此，事实裁判者在对推理所必需的经验和常识进行选择及据之进行推理时，其个人态度发挥着重要作用。最后，表现在对证明标准的把握上。因为无论采取何种证明标准，其本质上均依赖于裁判者的主观判断，即“合理怀疑”是否已经排除，“内心确信”能否得到确立，虽然应当在证据的基础上判断，但事实上最终还取决于裁判者的主观心理状态。如在死刑案件中，“赞成死刑者较之于反对死刑者会降低定罪的临界值”。[④]

事实裁判者主观因素的影响是不可避免的，需要考虑的是如何保证裁判者不至于任意妄断，将不利面减至最小。“许多世纪以来，人们一直在设法尽量缩小个别法官对审判活动的个人英雄，而法律的历史和经济秩序进程都说明他们的努力，如同我们能够期待

---

① 秦宗文：《死刑案件证明标准的困局与破解》，载《中国刑事法杂志》2009年第2期。

② 秦宗文著：《自由心证研究——以刑事诉讼为中心》，法律出版社2007年版，第114页以下。

③ ［美］菲尔·艾尔斯沃思：《态度与判决之间的步骤》，载里德·黑斯蒂：《陪审员的内心世界》，刘威、李恒译，北京大学出版社2006年版，第64页。

④ ［美］菲尔·艾尔斯沃思：《态度与判决之间的步骤》，载里德·黑斯蒂：《陪审员的内心世界》，刘威、李恒译，北京大学出版社2006年版，第65页。

于任何人类活动的情形，已经取得了成功。”[①] 在陪审团制度中，可以通过陪审员挑选程序的设计排除有强烈偏见的候选人，在审判过程中则可以通过加强法官的引导与控制，减少陪审团主观评判的随意性和非理性，保障证明标准的达成建立在合理、合法的基础上。而在职业法官制度中，需要考虑的则是法官精英化问题。法官精英化的主要支撑理由包括：首先，法律的复杂性使普通人难以进行掌握，“必长期刻苦钻研者始能窥其堂奥”，[②] 故只有少数人才能具有成为职业法官所必需的法律知识，取得法官资格；其次，纠纷解决对裁判者知识的渊博性、对法律理解的精确性、司法经验的丰富性以及逻辑推理与判断能力有很高的要求；最后，判决的可接受性与司法权威性等对法官精英化也提出了一定的要求。[③]

如前文所述，在裁判活动中作为裁判者的法官个体的素质，包括其法律知识与司法经验对案件事实认定与最终处理有着重要影响。当代自由心证对心证主体适格性有着较高的要求，因为心证之“自由”可能被素质低下的法官所玩弄而造成不正义之恶果，故各国对职业法官的道德素质、培训背景、法律素养等都有着严格规定，法官甄选非常注重对其内在条件的审查。联合国《关于司法机关独立的基本原则》第 10 条亦规定：“被甄选担任司法职位的人应是受过适当法律训练或在法律方面具有一定资历的、正直的、有能力的人……”如在英国，只有从业超过 10 年、年满 50 周岁的出庭律师才有资格经大法官提名而被女王任命为高等法院法官，即使是作为业余法官的记录法官也必须由女王根据大法官之推荐从从

① ［美］罗·庞德著：《通过法律的社会控制·法律的任务》，沈宗灵、董世忠译，商务印书馆 1984 年版，第 79 页。

② ［美］汉密尔顿、杰伊、麦迪逊：《联邦党人文集》，程逢如、在汉、舒逊译，商务印书馆 1995 年版，第 395 页。

③ 参见丁以生：《司法的精英化与大众化》，载《现代法学》2004 年第 2 期。

业至少10年以上的出庭律师或事务律师中任命。[1] 在日本，判事补要从司法考试合格并经司法研修所培训的人员中选任；简易法院判事则要从有3年以上法律职业经验的判事补、检察官、律师、法院事务官、法务事务官、法学教授等人员中任命；而高等法院院长和判事则从判事补、检察官、律师及其他从事10年以上法律职业的人员中任命。[2] 不可否认，法官精英化存在固有的缺陷，但对我国而言，由于法官选任制度的偏差，法官职业化程度不高，提高法官队伍整体素质是现实存在的、必须加以解决的问题。对此，学者设计了相应的可行路径，包括改革现有法官遴选与任命制度，改革法院内部管理体制，建立各类人员的不同序列与管理制度，建立现职法官培训及继续教育机制，以及完善法官薪俸、任期、免职、惩戒、免责等事项规定，等等。[3]

三、直接言词原则

人类的认识过程首先要通过对客观事物的直接感知活动感性认识，以此为基础才可能进一步上升为理性认识，故对客观事物的直接感知对获得正确的认识有着至关重要的作用。在刑事诉讼中，对案件事实的认识依赖于对证据材料的审查判断，裁判者要获得正确的认识，应当直接接触相关证据材料以获得对证据材料的亲身感知。正因如此，刑事诉讼中确立了直接言词的基本原则。

直接言词原则是在法、德等国反对纠问式诉讼间接书面审理的变革中确立的审判原则与证据规则。英、美等国虽没有明确的相关规定，但其普通法上的传闻证据规则使直接言词原则得到了充分

---

① 参见宋英辉、孙长永、刘新魁等著：《外国刑事诉讼法》，法律出版社2006年版，第88~90页。

② 参见［日］田口守一著：《刑事诉讼法》，张凌、于秀峰译，中国政法大学出版社2010年版，第175页。

③ 参见王晨光：《法官的职业化精英化及其局限》，载《法学》2002年第6期；樊学勇：《司法公正与法官精英化》，载《法学家》2001年第3期。

的、甚至更严格的体现与践行。直接言词原则包括直接原则与言词原则。其中，直接原则即直接审理原则，主要要求为：（1）庭审中，各诉讼主体必须亲自出席法庭，始终参与案件的全部审判活动。[①] 对此，各国立法中多有关于不得缺席审判的规定，如德国刑事诉讼法第 230 条第 1 款规定，对未到庭的被告人不得举行审判。日本刑事诉讼法第 286 条规定了被告人出庭原则，明确了被告人在公审期日不到场时不得开庭。（2）参与制作裁判的法官必须亲自参与案件审理，否则不得制作裁判。如在德国法中要求："作成判决的法官，需要自己审判；原则上，其不得将证据之调查工作委由别人来完成，例如受命或受托法官。"[②] 如在德国，"作成判决的法官，需要自己审判；原则上，其不得将证据之调查工作委由别人来完成，例如受命或受托法官"。[③]（3）庭审应尽可能采用原始证据，物证应尽可能采用原件，证人证言应尽可能讯问亲自感知案件情况的人。此既是实质的直接审理原则，也是直接审理原则的第一重意义，即"法院之审理仅得以直接证据而为之主义"。[④] 德国学者指出，"法院需自己将原始的事实加以调查，亦即其并不得将假借证据的代用品替代之。"[⑤]（4）只有在审判中通过直接调查所得证据才能作为定案根据。如意大利刑事诉讼法典第 526 条规定："法官在评议中不得采用不是依法在庭审中调取的证据。"言词原则即言词审理原则，要求：（1）庭审采用言词陈述的方式进行。如法国刑事诉讼法规定："证人应当口头作证，且在法庭听取证人作证与鉴定人说明前，庭长不得将文件与鉴定报告提交陪审员阅读，或者

---

① 故"直接原则"又被称为"在场原则"（Anwesenheitsgrundsatz）。

② ［德］克劳思·罗科信著：《德国刑事诉讼法》，吴丽琪译，法律出版社 2003 年版，第 491 页。

③ ［德］克劳思·罗科信著：《德国刑事诉讼法》，吴丽琪译，法律出版社 2003 年版，第 491 页。

④ 黄东熊著：《刑事诉讼法》，三民书局股份有限公司 1987 年版，第 16 页。

⑤ ［德］克劳思·罗科信著：《德国刑事诉讼法》，吴丽琪译，法律出版社 2003 年版，第 491 页。

不经宣读而将任何其他文件提交陪审员阅读，尤其是在这些材料尚未交予被告人阅读的。”[①] 我国台湾地区“刑事诉讼法”第221条亦规定：“判决，除由特别规定外，应经当事人之言词辩论为之。”（2）未经当庭以言词方式调查的证据资料不得作为定案的依据。直接原则与言词原则相互融会贯通，共同构成对案件审理方式的基本限制。根据直接言词原则之基本要求，法官必须参与审判全程，相关证据须当庭提出并接受控辩双方的质证，这样不仅有利于全面揭示案件客观事实，更重要的是可以使法官获得对相关证据与案件事实的直接印象，尤其是当事人当庭陈述与证人当庭作证可使法官直接观察其神态而据以判断相关陈述与证言的可信度与证明力，最终得出正确的结论。

我国古代审判中“五听”的审判方式即体现了直接言词原则之精神。刑事诉讼法亦有“证人证言必须在法庭上经过公诉人、被害人和被告人、辩护人双方质证并且经查实以后，才能作为定案的根据”的规定，[②] 以及当事人应当到庭的一些规定。但实践中的一些现象与做法却与直接言词原则背道而驰。

首先，是证人不出庭作证的问题。裁判者直接接触证人证言是获得直接感性认识的关键。但我国最高人民法院1998年发布的《关于执行〈中华人民共和国刑事诉讼法〉若干问题的解释》中补充证人可以不出庭作证的情形，[③] 因规定的粗疏笼统，为实践中的任意性留下了很大空间，最终使证人出庭作证流于形式。实践中证人出庭作证率低于5%，庭审中大量使用证人证言笔录而无法进行

---

① 参见［法］卡斯东·斯特法尼、乔治·勒瓦索、贝尔纳·布洛克著：《法国刑事诉讼法精义》，罗结珍译，中国政法大学出版社1998年版，第742页。

② 1979年刑事诉讼法第36条，1996年刑事诉讼法第47条，2012年刑事诉讼法第59条。

③ 1998年《最高人民法院关于执行〈中华人民共和国刑事诉讼法〉若干问题的解释》第141条规定：证人应当出庭作证。符合下列情形，经人民法院准许的，证人可以不出庭作证：（一）未成年人；（二）庭审期间身患严重疾病或者行动极为不便的；（三）其证言对案件的审判不起直接决定作用的；（四）有其他原因的。

质证以辨别真伪，[1] 最终不仅造成程序不公，还导致社会公众对最终审判结果的公正性的质疑。2012 年刑事诉讼法修改时考虑到我国现有司法资源与民众整体法律素质的状况下要求所有证人都必须出庭作证并不具有现实可行性，试图采取一种“务实”的做法，即在第 187 条第 1 款规定了关键证人必须出庭作证制度，要求“公诉人、当事人或者辩护人、诉讼代理人对证人证言有异议，且该证人证言对案件定罪量刑有重大影响，人民法院认为证人有必要出庭作证的，证人应当出庭作证”。此外，还规定了证人作证保护与补偿制度、强制到庭制度与拒不作证的惩罚制度等。但修正后的立法中，仍然存在法院对证人是否有必要出庭的自由裁量权过大、未明确拒不出庭作证之证人证言处理方式等，尚未能彻底解决证人出庭率过低的问题，而已经构建的强制出庭作证、证人补偿等制度也不够精细，在实际操作中一些问题也逐渐显现。新法实施一年多以来，证人出庭率并未得到提高，有数据显示，2013 年某省刑事案件中证人出庭率只有 0.03%。[2] 对此，应当在对相关问题作出积极回应的基础上，从宏观上构建证人作证制度，逐步实现全面化、体系化与精细化。

其次，直接言词原则要求裁判应由直接参与审判的法官、合议庭独立作出，因为其接触的是第一手资料，能够获得较为全面、客观的感性认识，进而获得正确的理性认识，符合认识论的一般规律。但我国法院的审委会决定案件的做法对此产生了严重冲击。我国的审判委员会是按民主集中制原则在各级法院内部设立的机构，以“总结审判经验，讨论重大的或者疑难的案件和其他有关审判工作的问题”。[3]《刑事诉讼法》第 180 条规定：“对于疑难、复杂、

---

① 参见史立梅：《我国刑事证人出庭作证制度的改革及其评价》，载《山东社会科学》2013 年第 4 期。

② 资料来源：http://www.legaldaily.com.cn/Lawyer/content/2014-03/17/content_5366933.htm.

③ 《中华人民共和国人民法院组织法》第 10 条。

重大的案件，合议庭认为难以作出决定的，由合议庭提请院长决定提交审判委员会讨论决定。审判委员会的决定，合议庭应当执行。”可见，审判委员会对案件拥有“讨论”与“决定”的权利，承担着实质的审判职能。尽管赞同者认为审判委员会对防止法官腐败、统一法律事实、促进司法独立与司法公正有重要作用，是一种相对有利、有效且公正的司法制度。① 但从世界范围来看，各国司法理论与法院组织所认可的审判组织形式只有独任法官与合议庭两种，且具体参加案件审判全过程是审判组织构成的必要条件之一，否则会因违背直接审理原则而导致判决合理性的丧失。而我国审委会决定案件的做法则造成了判审分离、庭审流于形式的恶果。审判委员会只通过听取承办法官口头汇报的方式对案件进行讨论并作出决定，而不能亲自参与审判、直接接触证据，不仅造成事实认定准确性缺乏可靠的来源，还使相关庭审规范性制度与规则，如审判公开、直接言词审理、辩论等名存实亡。此外，根据《最高人民法院关于执行〈中华人民共和国刑事诉讼法〉若干问题的解释》第178的规定，“审判委员会讨论决定的案件应当仅限于拟判处死刑、合议庭成员意见有重大分歧、人民检察院抗诉、新类型以及有重大社会影响等案件”，但现实中却出现了审判委员会包揽案件，更有甚者几乎达到了“案必躬亲”的地步。因此，必须对我国这一独特的审判委员会制度进行改革。首先，从当前国情来看，不可否认审判委员会的重要作用，故可以进行适当保留。其次，从相关审判原则出发，为保证司法公正，必须对审判委员会的功能进行调整。审判委员会不应继续涉足具体案件的审判，而应将工作重心与主要任务放在总结审判经验、研究与解决审判工作中带有共性的相关问题上，以促进审判人员总体水平与案件审判总体质量的提高。此外，审判委员会应进行去行政化改革，由相关领域内具有丰富经验

① 参见苏力：《基层法院审判委员会制度的考察及思考》，载《北大法律评论》（第1卷），法律出版社1999年版，第320~364页。

的审判人员组成，摆脱当前多由法院院长与各庭室行政领导组成的“行政会议”的性质。最后，可以考虑在条件成熟的情况下，废除审判委员会制度而代之以专家咨询委员会，对法院审判中带有共性的问题或疑难问题进行研究并提出相应的建议，但建议对具体案件中独任法官与合议庭的裁判仅具参考价值而没有约束力。

四、有效辩护

英国法官指出，“获得真相的最佳方法是让当事人各自寻找能够证实真相的各种事实，然后双方展示他们所获得的所有材料……两个带有偏见的寻找者从田地的两端开始寻找所漏掉的东西比一个公正无私的寻找者从地中间开始寻找所漏掉的东西要少得多。”① 刑事诉讼中实行控辩双方对抗、法官居中裁判被认为是最为合理与科学的模式。控辩双方的对质与争斗不仅实现了被告人辩护权的保障，也符合对立统一的认识规律，是发现真相的最好方法。被告人通过辩护制度能够对抗控方指控，削弱或者破坏法官根据控方所提供证据形成的有罪心证，包含自身的合法权利。可见，辩护制度兼具实现程序正义与实体正义两大功用，而要实现辩护制度的功能，促进事实裁判者正确认定案件，必须强化刑事诉讼中的有效辩护。

刑事被追诉人有权获得辩护是刑事诉讼的基本原则，而刑事被追诉人获得之“辩护”应为有效辩护。“有效辩护”（effective assistance of counsel）概念的核心含义是要求“辩护足以发挥其在刑事诉讼权力架构中应有的作用”。②“有效辩护原则为各国宪法和刑事诉讼法所普遍确认，因而成为刑事诉讼中当然的原则。”③

有效辩护是诸多条件的综合结果，主要包括：

其一，获得合格的律师帮助。被追诉人在刑事诉讼中自始至终

① P. D., *The Judge*, Oxford University Press, Oxford, 1979, p. 61.

② 冀详德：《刑事辩护准入制度与有效辩护及普遍辩护》，载《清华法学》2012年第4期。

③ 宋英辉主编：《刑事诉讼原理》，法律出版社2003年版，第117页。

都享有进行自我辩护的权利，但显然，通过作为职业法律家的律师的帮助，更有利于辩护权的保障与实现。美国法谚有云：Anyone who represents himself in court has a fool for a client and an ass for an attorney.（当事人自我代理是极其愚蠢而糟糕的行为。）美国联邦最高法院在判例中指出："很多情况下，如不结合获得辩护律师帮助的权利，被告人接受审判的权利也将变得毫无意义。外行人，即便足够聪明且受过良好的教育，其关于法律的知识也是有限的。如果没有律师帮助，被告人因为缺乏进行辩护所需的知识与技能，很难对指控做出判断，而很可能会被以不当的指控提交审判或以不具适格性的证据判定有罪。因此被告人在刑事诉讼的各环节都需要律师的帮助，否则，即便其确实无罪，也可能因不知道如何进行证明而面临被定罪的危险。"① 因此，尽管自我辩护是被追诉人的当然权利也是基本的辩护方式，但律师辩护显然是最佳方式。"在刑事司法对抗制模式下，没有什么权利比获得律师帮助权更为关键。"② 1999年联合国《关于律师作用的基本原则》（以下简称《律师作用原则》）指出："要使公民权利得到充分保护，就需要使所有的人都能够有效地获得由律师提供的法律服务。"对此，多数国家与地区的立法明确规定了刑事被追诉人得在诉讼任何阶段随时委托辩护人。如德国刑事诉讼法第137条规定："被指控的人可以在程序的任何阶段委托辩护人为自己辩护。"日本刑事诉讼法第30条第1款则规定："被告人或犯罪嫌疑人，可以随时选任辩护人。"我国台湾地区刑事诉讼法第27条也规定："被告人得随时选任辩护人。"律师帮助主要问题在于指定辩护制度。刑事诉讼中设置指定辩护的目的在于保护被追诉人不至于因经济困难等因素而丧失获得律师帮助的权利。美国联邦最高法院指出，获得律师帮助是一项基

① Powell v. Alabama, 287 U.S. 45 (1932).

② "In an adversary system of criminal justice, there is no right more essential than the right to the assistance of counsel." Lakeside v. Oregon, 435 U.S. 333, 341 (1987).

本权利，“任何人，无论其财富、教育或者阶层，在没有律师的帮助下，不得因犯罪而被强迫去面对指控并受到审判的意旨是十分明确的，一个人如无力聘请律师，则国家应为其提供免费的律师帮助以保障其获得公正的审判。”[①] 因此，《联邦刑事诉讼规则》第44条规定：“凡不能获得律师的被指控者，从首次到庭直至上诉的各个阶段均有获得指定律师帮助的权利，除非其自行放弃该权利。”联邦最高法院在案例中判定，在刑事案件的审判与上诉阶段，各州法院应当依据宪法第六修正案之规定为无力聘请律师的被追诉人提供律师帮助；其后，更是将提供律师帮助的时间扩展到侦查阶段。[②] 对此，美国设立了法院指派律师制度、签约律师制度以及专门的公设辩护人办公室为贫困的被追诉人提供法律帮助。在大陆法系国家与地区，多在刑事立法中明文规定了指定辩护制度与具体操作方式。以日本为例，其指定辩护制度主要表现为国选辩护人制度。日本刑事诉讼法第36条明确规定：“在被告人因贫困或其他原因不能选任辩护人时，法院依据被告人之请求，应为其指定辩护人。”并紧接着在第37条明确了法院依职权指定辩护的相关条件。获得律师帮助的另一个重要方面在于获得合格的律师帮助，主要涉及辩护律师的素质问题，要求刑事辩护律师不仅要具备执业的基本条件，还应有精深的专业知识、丰富的辩护经验、高尚的职业道德与强烈的责任感等。在美国，调查显示，死刑案件中的律师辩护质量存在很大的问题，出庭律师往往没有足够的经验。[③] 据统计，1973年至1995年，有68%的死刑判决因严重错误而被推翻，而其

① Gideon v. Wainwright, 372 U. S. 335 (1963).

② Massiah v. United States, 377 U. S. 201 (1964).

③ See Jordan M. Steiker, *Improving Representation in Capital Cases: Establishing the Right Baselines in Federal Habeas to Promote Structural Reform Within States*, 34 Am. J. Crim. L. 293 (2007).

中的大多数则是因辩护律师严重不称职造成的。[①] 学者认为，死刑判决往往不是因为被告人的犯罪行为及其背景或个性，而是由于辩护人不合格或辩护人缺乏专业知识或没有时间准备造成的。[②] 有鉴于此，美国各州对死刑案件指定辩护的律师往往有严格的资格限制，如要求辩护人必须是律师协会的成员、有高度的责任感、达到最低的从业时间与代理案件数量要求。此外，一些州还要求相关律师应定期参见法律培训，并对被指派参与死刑辩护律师尚未完成的工作量进行限制，以确保其能够全身心投入到死刑案件辩护之中，等等。

其二，充分的辩护准备。辩护准备是进行有效辩护的前提，要求庭审前辩方应当能够获取充分的与案件有关的信息从而为庭审中的有效抗辩做好准备，其主要涉及会见权、阅卷权及强制取证权等。首先，辩护律师会见押犯罪嫌疑人、被告人能够及时了解其相关情况，为辩护作准备。《律师作用原则》第 8 条规定："遭遇逮捕、拘留或监禁的一切个人应有充分的机会、时间和便利条件，毫无迟延地，在不被窃听、不经检查和完全保密情况下接受律师来访与律师联系协商。"可见，会见权的保障重点在于会见的及时性与保密性。其次，由于辩护方证据收集能力有限，辩护律师多需要通过查阅案件对案件进行全面了解。故阅卷权的本质是听审原则下的被追认之"请求资讯权"，[③] 即被追诉方有权请求获得拥有强大证据收集能力的作为追诉方的国家机关所获取的案件相关信息并在辩护中加以利用。阅卷权的行使不仅能够实现控辩双方的"武装平等"，提高辩方与控方的实质对抗能力，进而增强辩护之效果，且

① See Whitney Cawley, *Raising the Bar: How Rompilla v. Beard Represents the Court's Increasing Efforts to Impose Stricter Standards for Defense Lawyering in Capital Cases*, 34 Pepp. L. Rev. 1139 (2007).

② See Jill Miller, *The Defense Team in Capital Cases*, 31 Hofstra L. Rev. 117 (2003).

③ 参见林钰雄著：《刑事诉讼法（上册）》，中国人民大学出版社 2005 年版，第 171 页。

辩方通过阅卷还能够发现被控方所忽视的有利于被追诉人之信息，有利于促进案件事实的澄清，实现实体正义。如《律师作用原则》第21条规定："主管当局有义务确保律师能有充分的时间查阅当局所拥有或管理的有关资料、档案和文件，以便使律师能向委托人提高有效的法律协助，且应尽早在适当时机提高这些查阅机会。"最后，为保证辩方能够获得进行有效辩护所必要的证据，还需要赋予其强制获得对己有利的证据的权利，包括申请法院收集、调取相关证据以及强制对己有利的证人出庭作证等。学者认为："抗辩式诉讼程序默示享有律师的权利和提起辩护的机会。但是，如果没有强制程序，这些权利就没有意义。"① 各国立法对被追诉人强制取证权均有所规定。如美国联邦宪法第六修正案中明确："所有刑事被告人，有强制对己有利的证人出庭作证的权利。"② 日本亦在其宪法第37条规定："刑事诉讼中的被告人应被充分予以对一切证人询问之机会，并有运用公费为自己要求强制手段求得证人之权利。"德国刑事诉讼法中规定侦查机关在第一次询问犯罪嫌疑人时即应告知其可以申请法官收集对己有利的证据。

其三，辩护权得以有效行使，要求辩方能够在法庭上进行举证、质证，充分行使辩护权，且辩护意见能够得到认真的对待，对案件事实认定起到实质性影响。刑事诉讼过程中，辩护权的实质在于辩方能够有效参与裁判的制作过程，积极影响裁判结果的形成。而辩方要获得有利于己的裁判，一方面需要提出己方主张并积极运用证据加以证明，从而说服裁判者采纳己方主张；另一方面则要对控方之指控进行有效反驳。其中，辩方在庭审中对控方证人证言的对质诘问显得尤为重要。对质诘问权包括对质权与诘问权两部分。对质权要求被告人在审判中与不利于己的证人面对面对质，既是人

---

① ［美］爱伦·豪切斯泰勒·斯戴丽、南希·弗兰克著：《美国刑事法院诉讼程序》，陈卫东、徐美君译，中国人民公安大学出版社2002年版，第74页。

② Right to have compulsory process for obtaining witness in his favor.

类的本能要求，也是促进真相发现、确保审判公平的要素。诘问权则是辩方对控方证人进行询问的权利。因为通过诘问很可能得以戳破证人知觉、记忆、表达能力之瑕疵以及发现证人在诚实性上的问题，故诘问的主要目的在于发现疑点或澄清事实，以确保真实的发现。有学者认为，诘问制度是人类为发现真实所发展出的最伟大的法律器具（the greatest legal engine ever invented for the discovery of truth）。[①] 在英、美等国，被告人对质权自17世纪后逐渐被纳入司法实务，而在被告人被赋予获得律师帮助的权利后，诘问权更成为律师保护当事人之合法权利、发现真实的重要方式。美国联邦宪法第六修正案规定了“所有刑事被告有与证人对质诘问的权利”。[②]《欧洲人权公约》第6条第3款（丁）项则明确规定被追诉人有与对方证人对质的权利，且尽管法院在传唤证人上享有自由裁量权，亦不得违反控辩双方平等原则而剥夺和限制被追诉人之对质权。

其四，为保障有效辩护的真正实现，还必须对出现无效辩护情况时的救济措施作出相应规定。以美国为例，其联邦最高法院在1984年的Strickland v. Washington案中确立了无效辩护对被告人进行救济的途径——无效辩护之诉，即如被告人因律师的无效辩护而遭遇不公正的审判，则是对其由宪法第六修正案所赋予的律师帮助权之侵害，构成了无效辩护，此时被告人可通过上诉或申请人身保护令的方式提起无效辩护之诉，请求上诉法院审查律师对其所提供的辩护是否达到了有效性之标准，如经审理确认未达到相应标准的，则属违反第六修正案律师帮助权条款，得推翻对被告人不利之判决。[③] 此后，联邦最高法院亦吸收了实践中形成的关于有效辩护的标准，如在2005年的Rompilla v. Beard案中，辩护律师没有调查先前的定罪记录并收集能够减轻被告人刑事责任的相关证据，而

---

① John H. Wigmore, *Evidence*, James H. Chadbourn, 3rd ed. 1974, p. 32.

② Right to be confronted with the witnessed against him.

③ Strickland v. Washington, 466 U. S. 688 (1984).

使得被告人获得了不利判决，故决定推翻原判决，发回重审。[①]

我国自古就有“两造具备，师听五辞”，“兼听则明、偏信则暗”的说法，对诉讼中的辩护有一定关注。但是，实践中辩护质量低下问题却是我国刑事辩护的顽疾之一。首先表现为律师刑事辩护参与率低下且呈现出逐年下降的趋势，以陕西省为例，75%以上的刑事案件均没有律师参与，“过去7年，陕西省刑事律师人均年办案量，从1.56件下降到了0.86件”。[②] 而在有律师辩护的情况下，多数当事人对律师辩护并不满意，行业内人士亦认为律师刑事辩护的水平很低。[③] 而在指定辩护方面，尽管2012年刑事诉讼法在一定程度上扩大了其适用范围，但仍需要在确立被追诉人申请权与具体申请程序、实现按需指定辩护等多方面进行完善。其次是辩护律师执业权利未能得到充分保障，无法进行充分的辩护准备。尽管新刑事诉讼法为减少对会见权的限制，在第37条第2款明确了在普通刑事案件中，辩护律师只需凭“三证”（执业证书、律师事务所证明与委托书或法律援助公函）即可于48小时内在看守所会见在押犯罪嫌疑人、被告人，但现实中，律师会见仍未能突破现实的障碍：如因看守所会见位置少而难以实现48小时内会见，甚至申请预约亦有困难；看守所自创“解释”限制会见；滥用“需侦查部门审批”案件[④]的会见限制；以秘密关押方式阻止会见；等等。[⑤] 在阅卷权方面，立法作了进一步改革，规定辩护律师自检察

---

① Rompilla v. Beard, 255 F. 3d 233 (3d Cir. 2004).

② 资料来源：http://www.legaldaily.com.cn/Lawyer/content/2014-03/17/content_5366933.htm.

③ 参见赵晓秋：《刑辩律师突击光明之路》，载《法律与生活》2008年11月上半月刊；冀祥德：《刑事辩护准入制度与有效辩护及普遍辩护》，载《清华法学》2012年第4期。

④ 《刑事诉讼法》第37条第3款规定，对危害国家安全犯罪、恐怖活动犯罪、特别重大贿赂犯罪案件，在侦查期间的会见，应经侦查机关许可。

⑤ 参见尚权律师事务所：《新刑诉法实施状况调研报告（2013年第1季度）》，http://www.sqxb.com/content/details20_3071.html.

院对案件进行审查起诉之日起可查阅、摘抄、复制本案的案卷材料，解决了辩方在审查起诉阶段不能全面阅卷的问题。但实践中，相关规定并未得到有效执行，甚至不被承认。在强制取证权方面，辩方申请调取有利于被告人的证据权利在实践中难以得到落实，相关责任机关往往对此视而不见。[①] 再次，如前文所述，证人不出庭问题成为被告人对质诘问权实现的最大障碍，亟待立法与司法的有效回应。实践中辩护意见并不总是能够得到尊重与重视，律师在法庭上的据理力争有时竟会被扣上“闹庭”的帽子。[②] 最后，对无效辩护之救济，我国立法尚无专门规定，需要时机成熟时，通过参考国外立法，在上诉审相关规定中就此问题作出回应。

五、司法独立

研究者在调查中发现了我国司法实务中存在的一种现象：在对是否符合证明标准要求存有疑问时，少有刑事法官因此对相关犯罪事实不予认定的情况。在具体案件中，当公诉方所提供的证据并不充分时，法官会因主观认为被告人的辩解无相应证据，从而认定了起诉的事实。[③] 因为人类的社会本质，人们往往倾向于在与其周围相似的人进行比较后作出对自我能力与观点的评价。在审判中，因为无法通过对比验证其对案件事实的判断正确与否，故法官对个案的判断往往取决于其能否得到其他同行的认同。而由于司法机关内部绩效考核的压力，法官不得不考虑自己的判断能否得到其领导与上级法院的支持。此外，由于法院内部的行政化领导体制，合议庭所作判决可能还要受到庭长、院长、审判委员会的检验，故法官在

① 参见尚权律师事务所：《新刑诉法实施状况调研报告（2013 年第 3 季度）》，http://www.sqxb.cn/content/details16_1428.html.

② 参见尚权律师事务所：《新刑诉法实施状况调研报告（2013 年第 3 季度）》，http://www.sqxb.cn/content/details16_1428.html.

③ 胡建萍：《证明标准问题司法实务考察》，载陈光中、江伟主编：《诉讼法论丛（第 7 卷）》，法律出版社 2002 年版，第 157 页。

对案件作出结论上更倾向于考虑该结论能否得到其他同行之认同，即便最终的结论不同于自己的真实想法。因此，如何保证裁判者认定案件事实与作出结论时排除各种非正常因素的干扰是必须考虑的内容，而这主要涉及司法独立的问题。

“第三方中立”是诉讼“三方组合”结构的基本保障，其具体表现即为法官的司法独立。学者认为，司法独立的核心要求是“司法机关只根据法律实现正义，只有法律才是影响判决内容的唯一因素。其他任何政府机构，无论其地位如何，都不得对司法机关之判决进行干涉”。[①] 完整的司法独立包括实质独立、身份独立、集体独立与内部独立。其中，实质独立要求法官在履行审判职能与作出最终判决时只服从于法律的要求与其良心的命令，而不受外界的不当干涉。司法独立是三权分立体制的结果，而现代的司法独立已经突破了其服务于权力制约的历史渊源之限制，而拥有了确保法院公正审判以获得裁判可接受性的普遍意义，从而为各法治国所确认。“司法独立，尤其是独立于行政机关，其本身并不具有终极价值，即其本身不是一种目的，而只具有工具性价值，司法独立的最终目的是确保另一价值——法官公正无私地解决争端——的实现。”[②] 当然，从经验来看，法官实质独立的最大威胁来自于外部诸如行政机关、立法机关与社会舆论。这些外在压力多表现为不是从直接审判而是从其他渠道为法官认定事实或适用法律设立一个预决的结论，而这一结论多属于预断、偏见或者是非理性的猜测，与认识活动的客观规律不相符合。权力机关对案件审判的干涉能力来源于其所拥有的对法官个人及法院整体处境产生影响的能力，从而得以对法官产生压力或控制。社会舆论的影响主要表现在，传播媒介对尚未有结论的案件进行定性（该定性预断同样不是来自于对

① Mauro Cappelletti, “Who Watches the Watchmen? -A Comparative Study on Judicial Independence”, in Judicial Independence, 1985 by Martinus Nijhoff Publisher.

② Mauro Cappelletti, “Who Watches the Watchmen? -A Comparative Study on Judicial Independence”, in Judicial Independence, 1985 by Martinus Nijhoff Publisher.

案件的直接审理)，而公众情绪多易被挑动，最终形成对法官的压力。如果法官不能够抵抗外部压力，则其所作裁判之根据往往不是在公正的庭审中形成的认识或按正义之要求所作的价值选择，而是上述非理性的预断、偏见与猜测。因此，集体独立与身份独立成为实质独立的重要保障。集体独立是法院整体的独立。为保证法官不受行政机关之控制或者其他力量的压力，法院不应受到任何可能对其履行职能有影响的经济、财务等方面的干涉。故集体独立要求法院能够对其自身司法行政事务进行管理，包括人事管理、财政预算、基础设施建设等。身份独立则要求法官的任期与任职条件应得到充分保障而不得受行政机关之控制。故法官的任免、薪俸、纪律处分等与任职有关的事项应由法律直接予以规定，并且不受行政机关控制。[①] 内部独立是指在法院内部，法官在审判中应独立于其同事与上级法院，即法官在具体案件中拥有独立认定案件事实与独立适用法律的权力而不受其同事与上级法院之干涉。具体案件中司法权的行使是由个体的法官实现的，真正的司法独立是在法院集体独立基础之上的法官个体独立。“在法官作出判决的瞬间，被别的观点，或者被任何形式的外部权势或压力所控制或影响，法官就不复存在了。宣布决定的法官，其作出的决定哪怕是受到其他意志的微小影响，他也不是法官……法院必须摆脱胁迫，不受任何控制和影响，否则他们便不再是法院了。”[②] 因此，司法独立的完整内涵在于，法官对具体案件的事实认定与裁判制作，只服从于法律与良心，不受外部机关与人员的干涉，同时亦独立于其同事与上级。

在我国，宪法、刑事诉讼法与法院组织法等法律明确规定：“人民法院依照法律规定独立刑事审判权，不受行政机关、社会团体与个人的干涉。”由此确立了司法独立原则。但我国的司法独立

① 参见陈瑞华著：《刑事审判原理论》，北京大学出版社 1997 年版，第 165 页。

② ［英］罗杰·科特威尔：《法律社会学导论》，潘大松等译，华夏出版社 1989 年版，第 236~237 页。

还表现出了一些特殊性。首先，我国的司法独立是法院独立而非法官独立。学者们认为这主要是与现行体制背景下，法官总体素质不高等状况相对应。[①] 其次，我国的司法独立并非是政治独立。法院独立于行政机关、社会团体与个人，但不包括执政党与国家权力机关。我国实行人大监督下的一府两院制，司法机关与立法机关之间是下位与上位的关系，同时司法机关还要受到党的政治领导。最后，实践中的司法独立是有限独立，法院内部的行政化结构，现实中行政机关、社会舆论的不当干涉，以及相应保障机制不健全均导致了司法独立的程度十分有限。独立程度不高必然导致具体案件审判中法官所作裁判受到更多不当因素之干扰，于司法公正有极大的损害。如法院与党的领导之间，应当明确各级党委、政法委不得干预具体案件的审理。司法实践中政法委“协调定案”、“拍板定案”的做法不仅违背了司法的亲历性要求与宪法规定的公安司法机关“分工负责、互相配合、互相制约”的原则，而且造成了对法院审判权的僭越与干涉，影响了裁判的正确性与正当性。而上下级法院之间的请示汇报现象则是对法院内部独立的破坏。对此，最高人民法院曾经明确“严格禁止下级法院就个案的事实认定和如何处理进行请示”，[②] 但效果并不理想。而如前文所述，院长、庭长审批案件，审判委员会决定案件更是普遍现象。因此，必须理顺各方面关系、完善各项保障机制，以确保司法独立的真正实现。

六、一致裁断原则

对被告人犯罪行为的证明是否达到了定罪标准最终是由单个的事实裁判者作出判断的，而不同的裁判者被说服所需要的证据与力度并不相同。学者指出，“陪审团人数就是一种保障，人数越多，

① 参见李昌林：《从制度上保证审判独立——以司法独立的国际标准为参照》，载《西南政法大学学报》2005年第3期。

② 2007年《最高人民法院关于完善审判工作监督机制促进公正司法情况的报告》。

个别陪审员对最后裁断的影响越小，反之则越大。”[①] 从概率上来看，如果个体裁判者认定有罪的错误概率是 1/2，则两名裁判者同时出错的概率则是 1/2×1/2 即 1/4，裁判者人数越多，判决错误的可能性越小。[②] 因此，合议制的重要意义即在于尽量降低个别裁判者的不适格对案件裁判的影响。而在合议制中，表决规则的适用对证明标准判断有着重大意义。

审判中的表决规则即在于由多数主体组成的审判组织以多少比例可以作出裁判的制度设置。[③] 审判中的表决规则主要包括一致裁断原则、复杂多数原则、简单多数原则等。一致裁断原则要求裁判必须经得审判组织全体成员的一致同意，即一票否决制。关于一致裁断原则的起源，一种观点认为其来源于神学观念，即一致的裁决是“上帝声音的完美标准”，另一种说法认为在知情陪审团时期，陪审员作为案件的证人，需要通过一致裁决才能够排除伪证。[④] 无论其如何发端，一致裁断原则都被认为是以集体智慧为模式的陪审团的关键要素，是陪审团合法性与准确性的基石。英美法系学者认为一致裁断原则更易于说服被告人和一般公众，陪审团全体一致的定罪已经达到证明标准，因而减少了存在误判的疑虑。[⑤] 故英、美等国陪审团审判是一致裁断原则的典型代表。美国《联邦刑事诉讼规则》第 31 条规定，陪审团裁决必须一致通过，如不能达成一致意见，则要求陪审团进一步评议或解散陪审团。复杂多数原则要求须经审判组织中较大比例（4/5 或 2/3）的多数成员同意才能做

① See Peter Gillies, Law of Evidence in Australia (Second Edition), Legal Books, 1987, p. 71.

② 参见魏晓娜：《排除合理怀疑之哲学基础与程序保障》，载陈光中、江伟主编：《诉讼法论丛》（第 6 卷），法律出版社 2001 年版，第 90 页。

③ 参见姚莉：《刑事审判组织表决规则研究》，载《法学研究》2009 年第 1 期。

④ 参见［美］博西格诺等著：《法律之门》，邓子滨译，华夏出版社 2002 年版，第 593 页。

⑤ 参见［英］麦康维尔：《英国刑事诉讼导言》，载中国政法大学刑事法律研究中心组织编译：《英国刑事诉讼法选编》，中国政法大学出版社 2001 年版。

出裁判。大陆法系国家定罪裁判多采取复杂多数原则。法国刑事诉讼法典第359条规定，重罪法庭（由12人组成的合议庭）中如要作出对被告人不利的裁判，则至少需要8票赞成，如表决结果为7票赞成、5票反对的，视为有利于被告人。[①] 德国刑事诉讼法则规定，任何对被告人不利的裁判均应以多数一致作出，在由3名职业法官与2名非职业法官组成的合议庭中，要求必须有4名意见一致才能形成裁判；而在由1名职业法官与2名非职业法官组成的合议庭中，则要求至少有2人意见一致。[②] 而在英美法系国家，近年来，复杂多数原则开始动摇了一致裁断原则的根基。如英国1976年《刑事审判法》引进了多数一致制度，在一般情况下，法院对陪审团作出总结指示后，要求陪审团作出一致裁断，但如陪审团经一段时间的评议未能作出裁断的，则产生多数裁断问题。[③] 而美国联邦最高法院在1972年的Johnson v. Louisiana案与Apodaca et al. v. Oregon案中对一致裁断原则提出了质疑，允许各州自行选择是否适用一致裁断原则。但尽管如今多数州适用少于12人的陪审团审判部分案件，却少有根据联邦最高法院授权而尝试非一致裁决的，只有路易斯安那州与俄勒冈州允许在未达一致时对重罪作出有罪裁决；佛罗里达州虽允许陪审团多数裁决谋杀罪成立，但该裁决只属于咨询性建议，可以被司法推翻；另一些州则许可被告人放弃获得一致裁决的权利。简单多数原则即少数服从多数原则，指裁判只要有超半数裁判者的同意即可成立。国外简单多数原则一般适用于对量刑、程序性事项以及轻罪案件、法律审的裁断。如法国刑事诉讼法规定，对公开辩论的有可能危害国防机密的案件，即使是对

---

① 参见［法］卡斯东·斯特法尼、乔治·勒瓦索、贝尔纳·布洛克著：《法国刑事诉讼法精义》，罗结珍译，中国政法大学1999年版，第774、777页。

② 参见［德］克劳思·罗科信著：《刑事诉讼法》，吴丽琪译，法律出版社2003年版，第454页。

③ 参见［英］麦康维尔：《英国刑事诉讼导言》，载中国政法大学刑事法律研究中心组织编译：《英国刑事诉讼法选编》，中国政法大学2001年版。

被告人不利的判决，也由7票简单多数通过。[①] 德国法院组织法则规定，对诉讼要件成立与否、诉讼费用等事项的表决仅需简单多数即可，而第三审裁判中，除法定情形外，只有简单多数即可作出裁判。[②]

一般而言，一致裁断原则能够促进对真相的追求，保障司法公正的实现，但是，它往往又会造成对效率价值的贬抑。"一旦陪审员的社会同质性不再得到确保，便渐难做出一致的裁决。……限制意见不一致和僵持不下的局面更为经常，数量众多的意见分歧的陪审团带来的威胁使得陪审团的审判更为笨重拖沓。"[③] 因此，在司法实践中要求所有裁判均须达成一致并不现实，且会极大地增加司法成本。但同时我国的简单多数原则[④]亦不尽合理。少数服从多数固然是民主的基本理念，但司法与民主并不能简单替代，刑事审判中表决规则的构建不能以民主为单一的价值基础，更需要尊重相应的客观规律。简单多数原则的缺陷在于：首先，在实践中，即使有法官对有罪判决存有疑问，也会因少数服从多数原则而不能对裁判产生实质影响，这实际上并不符合我国"事实清楚，证据确实、充分"标准的要求，也不利于事实真相的发现。其次，因为只需1人的多数即可形成判决，意味着1名法官的偏向即有可能决定案件的判决乃至被告人的命运，其正当性令人担忧。合议制的用意在于消除法官个人偏向对案件裁判的影响，而简单多数原则则消解了这一设置，将复杂的评议过程异化为对单个法官的说服。因此，简单多数原则在公正性方面显然有很大的不足。为在公正与效率之间寻

① 参见［法］卡斯东·斯特法尼、乔治·勒瓦索、贝尔纳·布洛克著：《法国刑事诉讼法精义》，罗结珍译，中国政法大学1999年版，第774页。

② 参见［德］克劳思·罗科信著：《刑事诉讼法》，吴丽琪译，法律出版社2003年版，第454、533页。

③ ［美］H. W. 埃尔曼著：《比较法律文化》，贺卫方、高鸿钧译，清华大学出版社2002年版，第162页。

④ 我国《刑事诉讼法》第179条规定："合议庭进行评议的时候，如果意见分歧，应当按多数人的意见作出决定……"

求最佳平衡，人们更多地将目光投向了相对能够更好地实现二者平衡的复杂多数原则。我国学者认为，证明标准实施存在着双重不确定性：其一，在个体判断层次上，因为个体之确信程度是任何诉讼制度都无法加以保障的，属于无法克服的缺憾；其二，则是合议制的审判集体职责，通过一致裁断或复杂多数的表决规则可以从制度层面上消解集体的不确定性。① 一致裁断的表决规则可以为证明标准达成与否提供外部的判断标准，还因为其较高的难度而能够促进证明标准的严格适用。如在“排除合理怀疑”的证明标准下，哪怕只有一名裁判者对定罪存有异议，即表明合理怀疑未得到排除。因此，通过一致裁断可以在一定程度上克服证明标准的模糊性，降低实践中对证明标准降格适用或模糊适用的危险性。② 对于死刑案件改革，多数观点都认为在裁判者对证明标准把握能力既定的情况下，向多人证明的难度显然要大于向一人证明，因此，从概率上来看，由多人一致认定更有利于保证事实判断的准确性。③ 因此可以考虑改变我国的单一简单多数的表决规则，对定罪事项，根据其严重程度适用不同的表决规则。对死刑案件，需要裁判者一致同意方能作出死刑判决，对重罪案件则采取复杂多数原则，轻罪案件则可延续当前的简单多数原则，从而实现发现案件真相与提高诉讼效率的统一。

---

① 参见陈虎：《死刑案件证明标准改革之理论误区》，载《法学论坛》2010 年第 2 期。

② 参见陈虎：《死刑案件证明标准改革之理论误区》，载《法学论坛》2010 年第 2 期。

③ 参见杨宇冠：《死刑案件证明标准与程序要求》，载《人民检察》2008 年第 8 期；秦宗文：《死刑案件证明标准的困局与破解》，载《中国刑事法杂志》2009 年第 2 期；等等。

第二节　监督机制

一、判决书说理制度

法谚有云：“正义不但要伸张，而且必须以看得见的方式伸张。”① 在诉讼活动中，裁判者对事实的认定与法律的适用多表现为主观判断的过程，包含着较大的自由裁量因素，难以采用量化的标准进行测度。为保证法官的自由裁量权不被滥用，很大程度上只能通过一定的规则与程序进行制约，其中，权力行使过程与结果的公开化被认为是一种有效的方案。现代意义上的自由心证是公开心证。公开心证的重要体现是判决书说理制度。判决书说理即是要求法官在判决书中载明根据现有证据所作出的事实认定理由，这是对法官判断证据证明力的心理描述。判决书说理制度能够构成对裁判者自由心证的有效制约，也为当事人与社会对判决进行评价提供了直接对象，同时还是对自由心证结果正当性的有力辩护。日本有学者指出，附带理由的判决有（1）保障机能，防止审判机关的恣意性；（2）说明机能，可以让被告人明白被裁判的理由；（3）审查机能，在提出上诉的情况下，上诉审中可以审查原裁判是否得当。② 我国学者也对该制度在推动裁判者主观认识客观化方面的运作机理进行了分析：“判决理由的主要目的在于通过法官展现自己达到的心证内容和形成心证的根据来保证裁判的客观性。第一，表示判决理由的要求可以促使法官对自己的判断进行再次的审查和反省，案件判断过程中有无不合理的地方。第二，判决理由的明示给当事者提供了一个可能进行批判和反论的对象，使当事者能够理解

① ［美］伯尔曼著：《法律与宗教》，梁治平译，生活·读书·新知三联书店 1991 年版，第 48 页。

② 参见［日］田口守一著：《刑事诉讼法》，张凌、于秀峰译，中国政法大学出版社 2010 年版，第 333 页。

和核查法官的心证结论及心证过程。因此，判决理由一方面具有使当事者心服口服的说服作用，另一方面也方便了当事者在发现问题、提起上诉时构成上诉理由（日本上诉制度要求上诉必须根据法定理由）。第三，判决理由的表示使上诉审（能够）更容易明确争点，从而便利上诉审的审查。"①

判决书说理制度起源于英美法系国家。在英、美等国，该制度被看作是以将法官心证历程与判决形成过程公开的方式监控司法权运行、制约法官自由裁量权的程序设计。在美国，由于实行陪审团制度，由陪审团对事实问题作出裁决，而陪审团是民意的代表，体现的是上帝的声音（voice of God），故不需要对其裁决说明理由，只需在陪审团裁决书上简单载明有罪或者无罪，而由法官对法律意见部分进行充分的法理论述。② 在上诉审中，法官更注重对案件的论证与推理，以为下级法院与本法院后来的类似案件形成判例。故在英美法系国家，案件事实并不属于判决理由，而是与判决理由并列的判决书的组成部分。其判决理由主要是"司法意见中提出的为法院所适用的法律规则的部分，而适用是裁决当事人所提出的问题所要求的"。③ 此外，判决书还对并行意见与反对意见进行记载，认为这体现了法律反思精神的诉求。大陆法系受传统的法典主义影响，认为法官的职责在于引用法律，裁判文书的制作只需要简单说明其所认定的案件事实与使用的法律即可，而不需要以充足的理由支撑自己的判决结论。资产阶级革命后，大陆法系各国与地区陆续确立了判决书说理制度，将说明判决理由作为一项普遍的义务强使

---

① 王亚新：《刑事诉讼中发现案件真相与抑制主观随意性的问题》，载《比较法研究》1993年第2期。

② 在不实行陪审团审判的案件中，法官会对案件事实作较为详细的陈述，但较少对证据进行说明。

③ Edmund M. Morgan, *Introduction to the Study of Law*, 2nd ed. Chicago, 1948, p. 155.

法官接受。[1] 大陆法系判决理由范围较广，包括认定事实、适用法律以及定罪、量刑等方面。德国刑事诉讼法第267条规定，对被告人为有罪判决的，判决理由必须写明已经查明的、具有犯罪行为法定特征的事实；对程序参加人主张的刑法特别规定的排除、减轻或提高可罚性情节是否确定；所适用的刑法与对量刑有决定作用的相关情节；科处矫正与保安除非等。我国台湾地区刑事诉讼法第310条规定："有罪判决书，应于理由内，分别情形，记载下列事项：一、认定犯罪事实所凭之证据及其认定之理由。二、对与被告有利之证据不采纳者，其理由……"判决书说理制度常常与证据裁判原则相联系，一些国家与地区在立法中规定如法官未遵守判决书说理的要求，则将被视为违法证据裁判原则而导致法律上的后果。如我国台湾地区刑事诉讼法规定第379条规定的"判决不载理由或所载理由矛盾者……其判决当然违背法令"。日本刑事诉讼法规定有罪判决必须记载证据目录，"证据目录只要属于必须认定的犯罪事实，就必须表示"，而"从表示的证据目录看，认定是事实是不合理的，也是违法的"。[2]

在我国，尽管相关法律法规对裁判文书制作作出了一定要求，但总体上看，实践中判决书缺乏说理性的问题仍较为严重。在具体判决文书中对判决理由的阐释较为粗放与形式化。学者总结，我国刑事判决书字数一般在3000~5000字，而其中理由部分只占五分之一，而且基本是依据最高人民法院发布的样本格式进行的填充。[3] 判决书说理性的缺乏与我国当前法官文化、专业素质总体偏低的现实有一定关系，要求法官在判决书中普遍进行说理确实存在

① 参见［法］勒内·达维德著：《当代主要法律体系》，漆竹生译，上海译文出版社1984年版，第132页。

② ［日］田口守一著：《刑事诉讼法》，张凌、于秀峰译，中国政法大学出版社2010年版，第337页。

③ 参见彭海青：《论刑事判决书的说理》，载《湘潭大学学报（哲学社会科学版）》2007年第5期。

一定的难度。[1] 但是，鉴于判决书说理制度的重要功能，且随着社会发展与诉讼民主化进程的加快，强化法官对判决的论证有极大的必要性。因此，应当在借鉴成熟立法与实践经验的基础上，建立适合我国国情的判决书说理制度。首先，应在立法中明确规定："裁判（包括判决与裁定），应当附具理由。"其次，将判决理由区分为事实认定与法律适用两部分，加强对案件事实与证据的分析论证，充分展现法官的心证形成过程。此外，还可适当加强对判决的法理分析，并考虑在一些案件中将不同意见记载于判决书中；最后，还应明确违法规定的后果，如裁判中未说明理由或所载证据不足以支持裁判所认定之事实的，应视为无证据裁判，而对无证据裁判的情况，应明确其在程序法与实体法上的后果，对相关人员进行追责。

二、司法救济

裁判者证明标准适用错误势必会影响事实认定的准确性，造成事实认定错误，典型的表现为：（1）证据有较强的证明力，根据法律规定已经达到充分的程度，而由于裁判者对证明标准掌握过严而对相关事实未予以认定；（2）证据的证明力明显不足，而由于裁判者对证明标准掌握过宽，而轻率地认定了有争议的事实。当然，在上述两种情况之间，由于证明标准自身的模糊性与适用的主观性，还存在一些中间地带，需要仔细加以甄别与处理。对因裁判者违反证明标准导致裁判认定事实错误或证据不足的情况，当事人可以通过上诉寻求救济。

在大陆法系国家，被告人可就一审中的事实认定问题，包括认定有罪的事实证据不足或证据之间存在严重矛盾，而对被告人之有罪判定未到达证明标准提出上诉。上诉法院可对案件进行全面的重

① 参见万毅：《从"无理"的判决到判决书"说理"——判决书说理制度的正当性分析》，载《法学论坛》2004 年第 5 期。

新审理，对案件证据进行重新评价，适用法定证据标准对案件争议事实进行重新认定，而不受一审判决之限制。如日本刑事诉讼法中规定“事实误认”属于上诉的直接理由；判决理由与判决内容不一致的也是上诉的理由；在上告审中判定原审认定事实有错误的，可以通过再审程序进行救济。[①]

而在英、美等国，多将证据不足或存在矛盾、事实认定未达到法定证明标准问题作为法律问题看待，即将其归类用于对“排除合理怀疑”标准的适用问题。故如一审法院适用定罪证明表错误而导致一审认定事实错误的，当事人可就事实认定提出上诉，也可就主审法院对陪审团有关定罪证明标准的解释不当等法律问题提出上诉。如英国 1968 年《刑事上诉法》第 1 条规定，被定罪的人可向上诉法院就定罪提出上诉；上诉可以针对法律问题或者事实问题，或者针对二者同时提出。而对上诉理由则没有特别规定，只要求上诉人能够清楚表达其希望争辩的论点即可。但为了保证申请与上诉的成功，上诉的理由必须具体。上诉法院对上诉的案件采取事后审查制，通过审阅上诉材料、听取辩护律师意见等方式作出裁判。上诉法院必须首先考虑初审定罪是否“安全”或“令人满意”、初审法官是否在法律问题上作出了错误的裁定、审判中是否存在重大违规的情形等，然后进一步决定是否确实出现了错判。而《刑事上诉法》在 1995 年的修改中简化了上诉法院的裁判标准，规定其如认为定罪是“不安全”的，应当支持该上诉，否则应当驳回上诉；而对仅针对定罪的上诉，上诉法院则不得干预刑事法院的判决。而对定罪是否“安全”的判断标准则是主观的，取决于上诉审中法官对刑事法院有罪判决是否合理是否存在疑问。实践中，多数上诉理由会提出初审中出现了特定的法律或程序错误，再声明该定罪是“不安全”的。理论上，上诉人可以控诉证据不足

① 参见［日］田口守一著：《刑事诉讼法学》，张凌、于秀峰译，中国政法大学出版社 2010 年版，第 274 页。

以支持定罪为由提出上诉，但由于对证据证明力的判断属于陪审团的权限，上诉人很难通过攻击控方在审判中提供证据的质量的方式而使上诉审法官对定罪的安全性产生疑问。一般情况下，如审判中未发生法律错误，上诉人只有在极少的情况下才能够使上诉审法官认为可能发生了“不正义”的情况。因此，大多数针对定罪的上诉理由都是审判中的法律错误，如法官对陪审团的指示出现错误等。如上诉审法院最终认为初审定罪是“不安全”的，则应支持上诉、撤销定罪。而在美国，被告人对联邦地区法院有罪判决，可向原审法院申请重审，亦可向联邦上诉法院提出上诉，或者就定罪向法院申请人身保护令。[①] 受到有罪宣告的被告人向原审法院申请重审的理由包括原审违反了相关的程序规定或侵犯了被告人的宪法权利，以及有罪判决所依据的证据在证明力上不足以支持定罪。但是，以有罪证据证明力不足为由申请重审的，除非出现控方证人可信性被质疑、控方证据相互矛盾导致案件结论不确定等情形，法官一般不会批准此类重审申请。故在实践中，申请重审的成功率极低。因此，向联邦上诉法院提出上诉是更为常见的救济手段。根据法律规定，被告人对联邦地区法院有罪判决的定罪、量刑等部分，可向联邦上诉法院提出上诉，而其中定罪证据不充分则是上诉的理由之一。但在由陪审团审判的案件中，如被告人在初审中未提出直接判决无罪的申请，上诉法院将不会对有罪认定事实是否存在证据不足的问题进行审查；而如被告人在初审中提出了直接判决无罪的申请却被驳回的，可以以证据不足为由提出上诉，对此上诉法院必须加以审查，且审查时只能以控方在举证时提出的证据为依据进行判断。在由职业法官独任审判的案件中，不论被告人在初审中是否提出直接判决无罪的申请，上诉法院均可根据被告人的上诉对有罪

① 申请人身保护令属于刑事诉讼中的非常救济手段，只限于有罪判决以及生效而尚未执行完毕的案件。

认定是否存在证据不足的问题进行审查。[①] 联邦最高法院在判例中指出，应尽可能尊重初审的判断，上诉法院对此进行审查的标准是："从最有利于控方的角度审视证据，任何理性的事实审判中能否排除合理疑问地认定犯罪的基本要件。"[②] 因此，实践中如被告人仅对有罪认定证据不足提出上诉，而初审中没有其他程序性错误的，则上诉理由很难得到上诉法院的认可。上诉法院对上诉案件进行审理，经评议，分别作出维持原判、撤销原判、变更原判决的判决。撤销原判可付具理由发回重审，但由于定罪证据不充分而撤销原判的，不得发回重审。自 20 世纪初期"无害错误"规则[③]确立以来，联邦最高法院还将初审法律错误区分为"自动导致撤销原判的错误"[④] 与"必须受无害错误规则审查的错误"。而"法院关于排除合理怀疑的证明标准对陪审团的指示有缺陷"即属于"自动导致撤销原判决错误"的有限情形之一。[⑤]

我国刑事诉讼法对被告人的上诉理由并未进行限制，被告人自然可就证明标准适用错误提出上诉。检察机关认为证明标准适用存在错误的，亦可以此为理由提出上诉。根据《刑事诉讼法》第 255 条的规定，二审法院经审理认为原判决事实不清楚或者证据不足的，既可以在查清事实后改判，也可以发回原审人民法院重新审判。可见，立法对前述第二种证明标准适用错误的情形，即因对证

---

① See Stephen Saltzburg , Daniel Capra, *American Criminal Procedure*, *6th ed.*, West Group 2000, p. 1490.

② Jackson v. Virginia, 443 U. S. 307 (1979); Wright v. West, 505 U. S. 277 (1992).

③ 指上诉审法院在作出裁判时，应根据诉讼的全部记录，对不影响当事人实质性权利的技术性错误、缺陷、违规或例外情形，不应予以考虑。参见《美国联邦刑事诉讼规则》第 52 条第 1 款。

④ 上诉审法院只要认定初审法院审判中存在"自动导致撤销原判的错误"就必须撤销有罪判决。

⑤ 参见孙长永著：《探索正当程序——比较刑事诉讼法专论》，中国法制出版社 2005 年版，第 628 页。

明标准掌握过宽而在证据证明力明显不足的情况下做出事实认定的情况明确了救济措施。对第一种因对证明标准掌握过严而对应当认定的事实未予认定的，尽管立法中没有明确规定，但在实践中，应当可以通过检察机关的抗诉为二审或再审法院所认定，成为撤销原判决与改判的理由。

结　语

定罪证明标准不仅关系到案件的实体处理结果，更可能决定一个或者多个具体的人的切身权利，必须作为理论与立法研究的重点问题加以关注。我国对定罪证明标准的研究经过数十年的发展历程已经取得了诸多成果，而在立法上，2012 年刑事诉讼法修改中引入“排除合理怀疑”的表述即是实践经验与理论研究的合力成果。如何在新形势下正确理解与适用我国刑事诉讼法确立的定罪证明标准，并逐步对其本身与相关制度进行改良是需要认真思考的问题。

第一，需要明确，“事实清楚，证据确实、充分”的证明标准是从我国古代“明白”、“无疑”的定案要求逐步发展而来的，与我国独特的哲学基础、诉讼文化、证明模式相适应，属于历史的产物与司法经验的总结，有着深厚的理论与实践根据，符合我国民众的心理需求与表达习惯，有其合理性基础。改革定罪证明标准，并不必然需要取消“事实清楚，证据确实、充分”的表述。而“排除合理怀疑”标准作为对证明程度在主观方面的要求，能够有效弥补我国“事实清楚，证据确实、充分”标准过于客观化的缺陷，实现主客观相结合。但根据当前的整体环境，“排除合理怀疑”与我国印证证明模式下“证据确实、充分”的实质要求还存在一定差异性，并不能取代当前的标准，而只是作为“证据确实、充分”的解释，目的在于增强其可操作性。

第二，在定罪证明标准的层次性问题上，一方面，由于定罪标准即是可实现的证明之最高要求，故提高死刑案件证明标准的主张并不具有现实性，而应当通过严格适用证明标准与强化程序控制解决实践中存在的问题；另一方面，对适用简易程序的刑事案件的证明，由于程序的简化，要求证据的充分性在法理与实践中均不可行，故可以考虑直接适用主观方面的“排除合理怀疑”标准，并在条件成熟时取消对证据充分性的限制。

第三，在定罪证明标准的具体适用问题上，应当明确，对犯罪构成要件事实应当坚持严格证明，适用法定定罪证明标准，而对犯罪阻却事由及适用推定规则的事实之证明，则需要结合证明责任原理，加以区分与适用，对此，还需要在立法上进行逐步完善。

第四，针对司法实践中存在的问题，以及保障定罪证明标准正确适用的需求，除对其自身之明确性、可操作性进行改良外，还应当对相关制度与机制进行改革与完善。在证明模式问题上，我国的印证证明模式较典型的自由心证操作更为方便且内容更加可靠，但其排斥情理推断、对证据充分性的僵化要求却导致实践中的证明困难，进而引发了一系列问题，因此需要进行改良。而针对实践中定罪证明标准不能得到严格适用的问题，还应通过完善保障与监督机制加以解决。其中需要重点关注的是直接言词原则、有效辩护与司法独立问题。而其所涉及的我国司法实践中证人不出庭问题、被告人辩护权与辩护律师执业权利极易被侵犯以及法官制作判决极易受到不当干扰的现象，都应当尽快得到改善，并最终实现刑事司法整体的良性发展。

参考文献

一、著作类

（一）中文著作

1. 毕玉谦著：《民事证据法及其程序功能》，法律出版社 1997 年版。

2. 卞建林主编：《刑事证明理论》，中国人民公安大学出版社 2004 年版。

3. 卞建林主编：《刑事诉讼法学》，科学出版社 2008 年版。

4. 卞建林、谭世贵主编：《证据法学》（第 2 版），中国政法大学出版社 2010 年版。

5. 蔡墩铭著：《刑事诉讼法》（第 5 版），台湾五南图书出版股份有限公司 2002 年版。

6. 陈光中主编：《中华法学大辞典》，中国检察出版社 1995 年版。

7. 陈光中主编：《刑事诉讼法学（新编）》，中国政法大学出版社 1996 年版。

8. 陈光中、徐静村主编：《刑事诉讼法学》，中国政法大学出版社 1999 年版。

9. 陈光中主编：《〈中华人民共和国刑事诉讼法〉修改条文释义与点评》，人民法院出版社 2012 年版。

10. 陈光中：《构建层次性的刑事证明标准》，载陈光中主编：《诉讼法论丛》（第 7 卷），法律出版社 2002 年版。

11. 陈浩然著：《证据学原理》，华东理工大学出版社 2002 年版。

12. 陈朴生著:《刑事证据法》，台湾三民书局 1979 年版。

13. 陈朴生著:《刑事诉讼法实务》，台湾海天印刷厂有限公司 1992 年重订第 7 版。

14. 陈瑞华著:《刑事审判原理论》，北京大学出版社 1997 年版。

15. 陈瑞华著:《问题与主义之间——刑事诉讼基本问题研究》（第 2 版），中国人民大学出版社 2008 年版。

16. 陈瑞华主编:《刑事证据法学》（第 2 版），北京大学出版社 2014 年版。

17. 陈卫东、谢佑平主编:《证据法学》，复旦大学出版社 2005 年版。

18. 陈卫东著:《反思与建构：刑事诉讼的中国问题研究》，中国人民大学出版社 2015 年版。

19. 陈兴良著:《本体刑法学》，商务印书馆 2001 年版。

20. 陈一云主编:《证据法学》（第 2 版），中国人民大学出版社 2000 年版。

21. 储槐植、江溯著:《美国刑法》（第 4 版），北京大学出版社 2012 年版。

22. 刁荣华主编:《比较刑事证据法各论》，汉林出版社 1984 年版。

23. 樊崇义主编:《诉讼原理》，法律出版社 2003 年版。

24. 樊崇义等著:《底线：刑事错案防范标准》，中国政法大学出版 2015 年版。

25. 樊崇义等:《刑事证据前沿问题研究》，载何家弘主编:《证据学论坛》（第 1 卷），中国检察出版社 2000 年版。

26. 弓肇祥著:《真理理论》，社会科学文献出版社 1999 年版。

27. 顾培东著:《社会冲突与诉讼机制》，四川人民出版社 1991 年版。

28. 郭成伟点校:《大元通制条格》，中国政法大学出版社

1999 年版。

29. 郭志远著:《证明标准研究——以刑事诉讼为视角》，中国人民公安大学出版社 2010 年版。

30. 韩延龙著:《中华人民共和国法制通史》，中共中央党校出版社 1998 年版。

31. 何家弘主编:《证据调查》，法律出版社 1997 年版。

32. 何家弘主编:《外国证据法》，法律出版社 2003 年版。

33. 何家弘、刘品新主编:《证据法学》，法律出版社 2007 年版。

34. 何家弘、张卫平主编:《外国证据法选译》，人民法院出版社 2000 年版。

35. 何家弘:《西方证据法的历史沿革（代序）》，载《外国证据法选译》，人民法院出版社 2000 年版。

36. 何家弘:《司法证明的目的是客观真实，司法证明的标准是法律真实》，载陈光中、江伟主编:《诉讼法论丛》（第 7 卷），法律出版社 2002 年版。

37. 怀效锋点校:《大明律》，中国政法大学出版社 1999 年版。

38. 胡建萍:《证明标准问题司法实务考察》，载陈光中、江伟主编:《诉讼法论丛》（第 7 卷），法律出版社 2002 年版。

39. 黄东熊著:《刑事诉讼法》，台湾三民书局股份有限公司 1987 年版。

40. 江伟主编:《证据法学》，法律出版社 1999 年版。

41. 雷万来著:《民事证据法论》，瑞星图书股份有限责任公司 1997 年版。

42. 李浩著:《民事举证责任研究》，中国法制出版社 2000 年版。

43. 李学灯著:《证据法比较研究》，台湾五南图书出版有限公司 1992 年版。

44. 李玉华著:《刑事证明标准研究》，中国人民公安大学出版社。

45. 李玉华等著：《诉讼证明标准研究》，中国政法大学出版社 2010 年版。

46. 林山田著：《刑事程序法》（增订 2 版），台湾五南图书出版有限公司 1998 年版。

47. 林喜芬著：《转型语境的刑事司法错误论》，上海人民出版社 2009 年版。

48. 林钰雄著：《刑事诉讼法》，中国人民大学出版社 2005 年版。

49. 林钰雄著：《严格证明与刑事证据》，法律出版社 2008 年版。

50. 刘金友主编：《证据法学（新编）》，中国政法大学出版社 2003 年版。

51. 刘俊文点校：《唐律疏议》，中国政法大学出版社 1999 年版。

52. 龙宗智著：《相对合理主义》，中国政法大学出版社 1999 年版。

53. 龙宗智著：《证据法的理念、制度与方法》，法律出版社 2008 年版。

54. 龙宗智：《诉讼证明模式与证据审查评断》，载何家弘主编：《证据学论坛》（第 8 卷），中国检察出版社 2004 年版。

55. 马作武著：《中国古代法律文化》，暨南大学出版社 1998 年版。

56. 裴苍龄著：《证据法学新论》，法律出版社 1989 年版。

57. 齐树洁主编：《英国证据法新论》，厦门大学出版社 2011 年版。

58. 秦宗文著：《自由心证研究——以刑事诉讼为中心》，法律出版社 2007 年版。

59. 邱福军著：《刑事证明标准研究》，中国人民公安大学出版社 2012 年版。

60. 全国人大法制工作委员会刑法室：《关于修改中华人民共和国刑事诉讼法的决定：条文说明、立法理由及相关规定》，北京大学出版社 2012 年版。

61. 曲新久：《论刑事政策》，载陈兴良主编：《中国刑事政策检讨》，中国检察出版社 2004 年版。

62. 上海社会科学院法学研究所编译：《诉讼法》，知识出版社 1981 年版。

63. 沈达明著：《英美证据法》，中信出版社 1996 年版。

64. 侣化强著：《形式与神韵：基督教良心与宪政、刑事诉讼》，上海三联书店 2012 年版。

65. 司马云杰著：《文化社会学》，山东人民出版社 1987 年版。

66. 宋冰编：《读书：美国与德国的司法制度及司法程序》，中国政法大学出版社 1999 年版。

67. 宋世杰著：《证据学新论》，中国检察出版社 2001 年版。

68. 宋英辉主编：《刑事诉讼原理》，法律出版社 2003 年版。

69. 宋英辉、孙长永、刘新魁等著：《外国刑事诉讼法》，法律出版社 2006 年版。

70. 宋英辉主编：《刑事诉讼法学研究述评（1978—2008）》，北京师范大学出版社 2009 年版。

71. 苏力著：《法治及其本土资源》，中国政法大学出版社 1996 年版。

72. 孙长永著：《探索正当程序——比较刑事诉讼法专论》，中国法制出版社 2005 年版。

73. 孙长永、黄维智、赖早兴著：《刑事证明责任制度研究》，中国法制出版社 2009 年版。

74. 田涛、郑秦点校：《大清律例》，中国政法大学出版社 1999 年版。

75. 汪海燕、胡常龙著：《刑事证据基本问题研究》，法律出版社 2002 年版。

76. 汪建成著：《理性与现实——形势证据理论的新探索》，北京大学出版社 2006 年版。

77. 王进喜著：《美国〈联邦证据规则〉（2011 年重塑版）条解》，中国法制出版社 2012 年版。

78. 王以真主编：《外国刑事诉讼法学》，北京大学出版社 1999 年版。

79. 王敏远：《一个谬误、两句废话、三种学说》，载王敏远主编：《公法》（第 4 卷），法律出版社 2003 年版。

80. 王尚新：《刑事证据立法研究手记》，载何家弘主编：证据学论坛》（第 4 卷），法律出版社 2002 年版。

81. 王亚新著：《对抗与判定：日本民事诉讼的基本结构》，清华大学出版社 2002 年版。

82. 王兆鹏著：《美国刑事诉讼法》，台湾元照出版公司 2004 年版。

83. 魏晓娜：《排除合理怀疑之哲学基础与程序保障》，载陈光中、江伟主编：《诉讼法论丛》（第 6 卷），法律出版社 2001 年版。

84. 吴宏耀著：《诉讼证明理论》，法律出版社 2002 年版。

85. 伍延平、刘根菊等编：《刑事诉讼法学参考资料汇编》，北京大学出版社 2005 年版。

86. 巫宇甦主编：《证据学》，群众出版社 1987 年版。

87. 西北政法学院法制史教研室编印：《中国近代法制史资料选辑（1840——1949）》（第 3 辑），1985 年版。

88. 夏勤著：《刑事诉讼法释疑》，中华书局 1946 年版。

89. 熊秋红：《刑事证明对象再认识》，载王敏远主编：《公法》（第 4 卷），法律出版社 2003 年版。

90. 薛梅卿、叶峰著：《中国法制史稿》，高等教育出版社 1990 年版。

91. 薛梅卿点校：《宋刑统》，法律出版社 1999 年版。

92. 杨一平著：《司法正义论》，法律出版社 1999 年版。

93. 杨正万著：《死刑的程序控制》，中国人民公安大学出版社 2008 年版。

94. 叶自强：《从传统自由心证到现代自由心证》，载陈光中等主编：《诉讼法论丛》（第 3 卷），法律出版社 1999 年版。

95. 张建伟著：《证据法要义》，北京大学出版社 2009 年版。

96. 张晋藩著：《中国古代法律制度》，中国广播电视出版社 1992 年版。

97. 张军主编：《新刑事诉讼法法官培训教材》，法律出版社 2012 年版。

98. 张明楷著：《刑法学》（第 3 版），法律出版社 2007 年版。

99. 张志铭：《裁判中的事实认知》，载王敏远主编：《公法》第 4 卷，法律出版社 2003 年版。

100. 张子培主编：《刑事诉讼法教程》（第 2 版），群众出版社 1987 年版。

101. 中共中央马克思恩格斯列宁斯大林著作编译局编：《列宁选集》，人民出版社 1995 年版。

102. 中共中央马克思恩格斯列宁斯大林著作编译局编：《马克思恩格斯选集》（第 3 卷），人民出版社 1972 年版。

103. 周长军：《博弈、成本与制度安排》，载陈兴良主编：《中国刑事政策检讨》，中国检察出版社 2004 版。

104. 周密著：《宋代刑法史》，法律出版社 2002 年版。

105. 周叔厚著：《证据法论》（第 3 版），台湾三民书局 1995 年版。

（二）中文译著

1. ［德］哈贝马斯著：《在事实与规范之间：关于法律和民主法治国的商谈理论》，童世骏译，生活 · 读书 · 新知三联书店 2003 年版。

2. ［德］汉斯 · 普维庭著：《现代证明责任问题》，吴越译，法律出版社 2000 年版。

3. ［德］克劳斯·罗科信著：《刑事诉讼法》（第 24 版），吴丽琪译，法律出版社 2003 年版。

4. ［德］莱奥·罗森贝克著：《证明责任论》，庄敬华译，中国法制出版社 2002 年版。

5. ［德］托马斯·魏根特著：《德国刑事诉讼程序》，岳礼玲、温小洁译，中国政法大学出版社 2004 年版。

6. ［德］许乃曼：《论刑事诉讼的北美模式》，茹艳红译，载中国检察官协会 2008 年 6 月编印：《认罪案件程序改革国际研讨会论文集》。

7. ［法］卡斯东·斯特法尼、乔治·勒瓦索、贝尔纳·布洛克著：《法国刑事诉讼法精义》，罗结珍译，中国政法大学 1999 年版。

8. ［法］勒内·达维德著：《当代主要法律体系》，漆竹生译，上海译文出版社 1984 年版。

9. ［法］米海依尔·戴尔玛斯—马蒂：《刑事证据研究》，载樊崇义主编：《诉讼法学研究》（第 10 卷），中国检察出版社 2006 年版。

10. ［法］米歇尔·福柯著：《必须保卫社会：法兰西学院演讲系列（1976）》，钱翰译，上海人民出版社 1999 年版。

11. ［法］米歇尔·福柯著：《性经验史》，畲碧平译，上海人民出版社 2000 年版。

12. ［法］米歇尔·福柯著：《不正常的人：法兰西学院演讲系列（1974—1975）》，钱翰译，上海人民出版社 2003 年版。

13. ［美］埃德蒙·摩根著：《证据法之基本问题》，李学灯译，世界书局出版社 1982 年版。

14. ［美］爱伦·豪切斯泰勒·丝黛丽、南希·弗兰克著：《美国刑事法院诉讼程序》，陈卫东、徐美君译，中国人民大学出版社 2002 年版。

15. ［美］巴巴拉·J. 夏皮罗：《对英美“排除合理怀疑”主义之历史透视》，熊秋红译，载王敏远主编：《公法》（第4卷），法律出版社2003年版。

16. ［美］伯尔曼著：《法律与宗教》，梁治平译，生活·读书·新知三联书店1991年版。

17. ［美］伯纳德·施瓦茨著：《美国法律史》，王军等译，中国政法大学出版社2000年版。

18. ［美］博西格诺等著：《法律之门》，邓子滨译，华夏出版社2002年版。

19. ［美］布莱恩·福斯特著：《司法错误论》，刘静坤译，中国人民公安大学出版社2007年版。

20. ［美］道格拉斯·N. 胡萨克著：《刑法哲学》，谢望原等译，中国人民公安大学出版社2004年版。

21. ［美］菲尔·艾尔斯沃思：《态度与判决之间的步骤》，载里德·黑斯蒂：《陪审员的内心世界》，刘威、李恒译，北京大学出版社2006年版。

22. ［美］H. W. 埃尔曼著：《比较法律文化》，贺卫方、高鸿钧译，清华大学出版社2002年版。

23. ［美］汉密尔顿、杰伊、麦迪逊著：《联邦党人文集》，程逢如、在汉、舒逊译，商务印书馆1995年版。

24. ［美］拉里·劳丹著：《错案的哲学——刑事诉讼认识论》，李昌盛译，北京大学出版社2015年版。

25. ［美］理查德·A. 波斯纳著：《法理学问题》，苏力译，中国政法大学出版社1994年版。

26. ［美］理查德·A. 波斯纳著：《证据法的经济分析》，徐昕、徐昀译，中国法制出版社2004年版。

27. ［美］洛克斯·庞德著：《法理学》（第1卷），邓正来译，中国政法大学出版社2004年版。

28. ［美］罗纳德·J. 艾伦等著：《证据法——文本、问题与案例》，张保生等译，高等教育出版社 2006 年版。

29. ［美］罗·庞德著：《通过法律的社会控制·法律的任务》，沈宗灵、董世忠译，商务印书馆 1984 年版。

30. ［美］马丁·梅耶著：《美国律师》，胡显耀译，江苏人民出版社 2001 年版。

31. ［美］迈克尔·D. 贝勒斯著：《法律的原则——一个规范的分析》，张文显等译，中国大百科全书出版社 1996 年版。

32. ［美］迈克尔·沃尔泽著：《正义诸领域：为多元主义与平等一辩》，褚松燕译，译林出版社 2002 年版。

33. ［美］米尔吉安·R. 达马斯卡著：《比较法视野中的证据制度》，吴宏耀、魏晓娜等译，中国人民公安大学出版社 2006 年版。

34. ［美］米尔吉安·R. 达马斯卡著：《漂移的证据法》，李学军等译，中国政法大学出版社 2003 年版。

35. ［美］乔恩·R. 华尔兹著：《刑事证据大全》，何家弘等译，中国人民公安大学出版社 1993 年版。

36. ［美］乔恩·R. 华尔兹著：《刑事证据大全》（第 2 版），何家弘等译，中国人民公安大学出版社 2004 年版。

37. ［美］克列福德·吉尔兹：《地方性知识：事实与法律的比较透视》，邓正来译，载梁治平主编《法律的文化解释》，生活·读书·新知三联书店 1994 年版。

38. ［美］斯科特·普劳斯等著：《决策与判断》，施俊琦、王星译，人民邮电出版社 2004 年版。

39. ［美］斯科特·普劳斯等著：《决策与判断》，施俊琦、王星译，人民邮电出版社 2004 年版。

40. ［美］特伦斯·安德森、［美］戴维·舒姆、［英］威廉·特文宁合著：《证据分析》，张保生、朱婷、张月波等译，中国人民大学出版社 2012 年版。

41. ［美］唐·布莱克：《社会学视野中的司法》，郭星华等译，法律出版社 2002 年版。

42. ［美］梯利著，伍德增补：《西方哲学史》（增补修订版），葛力译，商务印书馆 1995 年版。

43. ［美］伟恩 · R. 拉费弗等著：《刑事诉讼法》，卞建林等译，中国政法大学出版社 2003 年版。

44. ［美］威廉 · 詹姆士著：《实用主义》，陈羽纶、孙瑞禾译，商务印书馆 1979 年版。

45. ［美］亚伦 · 德肖维茨著：《合理的怀疑——从辛普森案批判美国司法体系》，高忠义、候荷婷译，法律出版社 2010 年版。

46. ［美］约翰 · 罗尔斯著：《政治自由主义》，万俊人译，译林出版社 2000 年版。

47. ［美］约翰 · 亨利 · 梅丽曼著：《大陆法系》，顾培东、禄正平译，法律出版社 2004 年版。

48. ［美］约翰 · W. 斯特龙主编：《麦考密克论证据》（第 5 版），汤维建等译，中国政法大学出版社 2004 年版。

49. ［美］詹姆士 · Q. 惠特曼著：《合理怀疑的起源——刑事审判的神学根基》，佀化强、李伟译，中国政法大学出版社 2012 年版。

50. ［日］谷口安平著：《程序的正义与诉讼》（增补本），王亚新、刘荣军译，中国政法大学出版社 2002 年版。

51. ［日］光藤景皎：《自由心证主义的现代意义》，肖承海译，载樊崇义主编：《诉讼法学研究》（第 10 卷），中国检察出版社 2006 年版。

52. ［日］兼子一、竹下守夫著：《民事诉讼法》，白绿铉译，法律出版社 1995 年版。

53. ［日］千叶正士著：《法律多元——从日本法律文化迈向一般理论》，强世功等译，中国政法大学出版社 1997 年版。

54. ［日］松冈义正著：《民事证据论》，张之本译，洪冬英勘校，中国政法大学出版社 2004 年版。

55. ［日］松尾浩也著：《刑事诉讼法》（下卷），张凌译，金光旭校，中国人民大学出版社2005年版。

56. ［日］田口守一著：《刑事诉讼法学》，张凌、于秀峰译，中国政法大学出版社2010年版。

57. ［日］土本武司著：《刑事诉讼要义》，董璠舆、宋英辉译，台湾五南图书出版公司1997年版。

58. ［日］我妻荣等著：《新法律系辞典》，董璠舆等译，中国政法大学出版社1991年版。

59. ［日］西原春夫主编：《日本刑事法的形成与特色》，李海东等译，中国法律出版社、日本成文堂1992年版。

60. ［日］小林秀之著：《证据法》，弘文堂1996年版。

61. ［日］小野清一郎著：《犯罪构成要件理论》，王泰译，中国人民公安大学出版社2004年版。

62. ［苏联］安·扬·维辛斯基著：《苏维埃法律上的诉讼证据理论》，王之相译，法律出版社1957年版。

63. ［苏联］克列曼著：《苏维埃民事诉讼》，李衍译，法律出版社1957年版。

64. ［苏联］切里佐夫著：《苏维埃刑事诉讼》，中国人民大学刑法教研室译，法律出版社1955年版。

65. ［意］贝卡里亚著：《论犯罪与刑罚》，黄风译，中国大百科全书出版社1993年版。

66. ［英］彼得·斯坦、约翰·香德著：《西方社会的法律价值》，王献平译，中国法制出版社2004年版。

67. ［英］丹宁勋爵著：《法律的界碑》，刘庸安、张弘译，法律出版社1999年版。

68. ［英］J. C. 史密斯、B. 霍根著：《英国刑法》，李贵方等译，法律出版社2000年版。

69. ［英］J. W. 塞西尔·特纳著：《肯尼刑法原理》，王国庆、李启蒙等译，华夏出版社1989年版。

70. ［英］吉米·边沁著:《立法理论》，李贵方等译，中国人民公安大学出版社 2004 年版。

71. ［英］罗杰·科特威尔著:《法律社会学导论》，潘大松等译，华夏出版社 1989 年版。

72. ［英］罗纳德·沃克著:《英国证据法概述》，王莹文、李浩译，西南政法学院诉讼法教研室 1983 年印。

73. ［英］罗素著:《西方哲学史》，何兆武、李约瑟译，商务印书馆 1997 年版。

74. ［英］麦高伟、杰弗里·威尔逊主编:《英国刑事司法程序》，姚永吉等译，法律出版社 2003 年版。

75. ［英］麦康维尔:《英国刑事诉讼导言》，载中国政法大学刑事法律研究中心组织编译:《英国刑事诉讼法选编》，中国政法大学 2001 年版。

76. ［英］萨达卡特·卡德里著:《审判的历史——从苏格拉底到辛普森》，杨雄译，当代中国出版社 2009 年版。

77. ［英］伟恩·莫里森著:《理论犯罪学:从现代到后现代》，刘仁文等译，法律出版社 2004 年版。

二、外文著作

1. Adrian Keane et al. , *The Modern Law of Evidence*, 8th edition, Oxford University Press, 2010.

2. Alan Taylor, *Principle of Evidence*, Cavendish Publishing Ltd. , 2000.

3. Barbara J. Shapiro, *Beyond Reasonable Doubt and Probable Cause: Historical Perspectives on the Anglo-American Law of Evidence*, University of California Press, 1991.

4. Cross and Wilkins, *Outline of the Law of Evidence* (*Fifth Edition*), London Butterworth, 1980.

5. Edmund M. Morgan, *Introduction to the Study of Law* (*2nd*

ed.), Chicago, 1948.

6. James Bradley Thayer, *A Preliminary Treatise on Evidence at the Common Law*, Little, Brown, and Company, Boston, 1898.

7. Joel Samaha, *Criminal Procedure*, West/Wadsworth Publishing Company, 1993.

8. John H. Langbein, *The Origins of Adversary Criminal Trial*, Oxford University Press, 2003.

9. John Henry Wigmore, *Wigmore on Evidence* 37. 1. , (Peter Tillers rev. 1983).

10. Lord Templeman & Rosamund Reay, *Evidence* (*2nd edition*), Old Bailey Press, 1999.

11. Paul Roberts & Adrian Zuckerman, *Criminal Evidence*, Oxford University Priess, 2004.

12. P. D, *The Judge*, Oxford University Press, 1979.

13. Peter Gillies, *Law of Evidence in Australia* (*Second Edition*), Legal Books, 1987.

14. Peter Murphy, *A Practical Approach to Evidence* (*4th ed.*), Blackstone Press Limited, 1992.

15. Peter Murphy, *Murphy on Evidence* (*7th edition*), Blackstone Press Limited, 1997.

16. S. E Merve, E. W. Morkel, A. Paizes & A. St Q Skeen, *Evidence*, JUTA & CO. LTD. , 1983.

17. Stephen A. Saltzburg et al., *Criminal Law*: *Cases and Materials* (*2nd ed.*), LexisNexis 2000.

18. Richard May, B. A. , L. L. B. , *Criminal Evidence*, London Sweet & Maxwell, 1986.

19. Rupert Cross and Nancy Wilkins, *An Outline of the Law of Evidence*, Butterworths, 1980.

20. Stephen Saltzburg, Daniel Capra, *American Criminal Procedure*

(6*th ed.*), West Group 2000.

21. R. C. van Caenegem, *The Birth of the English Common Law* (2*nd ed.*), Cambridge University Press, 1988.

22. William Andrew Noye, *Evidence: Its History and Policies*, 1991.

23. Willian Searle Holdswoth, *A History of the English Law 7th ed.*, The Aberdeen University Press, 1956.

24. [日] 松尾浩也著:《刑事诉讼原理》,东京大学出版会1974年版。

25. [日] 高天卓尔著:《刑事诉讼法》,青林书院1984年二订版。

26. [日] 阿部纯二编:《学说判例刑事诉讼法》,青林书院新社1981年版。

27. [日] 山口厚著:《刑法总论》,有斐阁2007年第2版。

28. [日] 小林秀之著:《证据法》,弘文堂1996年版。

29. [日] 增田丰著:《刑事诉讼中事实认定的推论构造与真实发现》,劲草书房2004年版。

30. [日] 中川孝博著:《超越合理性怀疑的证明——刑事审判中证明标准的功能》,现代人文社2003年版。

三、论文类

(一) 中文论文

1. 卞建林:《直接言词原则与庭审方式改革》,载《中国法学》1995年第6期。

2. 卞建林、郭志媛:《论诉讼证明的相对性》,载《中国法学》2001年第2期。

3. 卞建林、郭志媛:《诉讼模式视角下的证明责任》,载《甘肃政法学院学报》2008年第6期。

4. 陈光中:《诉讼中的客观真实与法律真实》,载《检察日报》2000 年 7 月 13 日第 4 版。

5. 陈光中：《刑事证据制度与认识论》，载《中国法学》2001 年第 1 期。

6. 陈光中、陈海光、魏晓娜：《刑事证据制度与认识论——兼与误区论、法律真实论、相对真实论商榷》，载《中国法学》2001 年第 1 期。

7. 陈光中、李玉华、陈学权：《诉讼真实与证明标准改革》，载《政法论坛》2009 年第 2 期。

8. 陈光中、郭志媛：《非法证据排除规则实施若干问题研究——以实证调查为视角》，载《法学杂志》2014 年第 9 期。

9. 陈光中、郑曦：《论刑事诉讼中的证据裁判原则——兼谈〈刑事诉讼法〉修改中的若干问题》，载《法学》2011 年第 9 期。

10. 陈虎：《死刑案件证明标准改革之理论误区》，载《法学论坛》2010 年第 2 期。

11. 陈虎：《提高死刑案件证明标准：一个似是而非的命题》，载《中外法学》2010 年第 3 期。

12. 陈瑞华：《从认识论走向价值论——证据法理论基础的反思与重构》，载《法学》2001 年第 1 期。

13. 陈瑞华：《对证明标准问题的一点思考》，载《人民检察》2003 年第 5 期。

14. 陈瑞华：《非法证据排除的中国模式》，载《中国法学》2010 年第 6 期。

15. 陈瑞华：《刑事诉讼中的证明标准》，载《苏州大学学报（哲学社会科学版）》2013 年第 3 期。

16. 陈卫东、李训虎：《分而治之：一种完善死刑案件证明标准的思路》，载《人民检察》2007 年第 8 期。

17. 陈卫东：《刑事诉讼法证据制度修改的宏观思考》，载《法学家》2007 年第 4 期。

18. 陈卫东、刘计划：《关于完善我国刑事证明标准体系的若干思考》，载《法律科学》2001 年第 3 期。

19. 陈永生：《排除合理怀疑及其在西方面临的挑战》，载《中国法学》2003 年第 2 期。

20. 丁以生：《司法的精英化与大众化》，载《现代法学》2004 年第 2 期。

21. 杜宇：《犯罪构成与刑事诉讼之证明——犯罪构成程序机能的初步拓展》，载《环球法律评论》2012 年第 1 期。

22. 樊崇义：《客观真实管见——兼论刑事诉讼证明标准》，载《中国法学》2000 年第 1 期。

23. 樊崇义、吴宏耀：《论证据裁判原则》，载《法律应用研究》2001 年第 6 期。

24. 樊崇义、吴光升：《审前非法证据排除程序——文本解读与制度展望》，载《中国刑事法杂志》2010 年第 11 期。

25. 樊崇义、张小玲：《现代证据裁判原则若干问题探讨》，载《北京市政法管理干部学院学报》2002 年第 2 期。

26. 樊学勇：《司法公正与法官精英化》，载《法学家》2001 年第 3 期。

27. 冯亚东：《试论刑法中的持有性犯罪》，载《中国刑事法杂志》2000 年第 2 期。

28. 封利强：《论刑事证明标准的人权保障功能》，载《广西政法管理干部学院学报》2008 年第 1 期。

29. 何家弘：《论司法证明的目的和标准——兼论司法证明的基本概念和范畴》，载《法学研究》2001 年第 6 期。

30. 何家弘：《刑事证据的采纳标准和采信标准》，载《人民检察》2001 年第 10 期。

31. 何家弘：《司法证明标准与乌托邦——答刘金友兼与张卫平、王敏远商榷》，载《证据学论坛》2004 年第 6 期。

32. 何家弘：《论推定规则适用中的证明责任和证明标准》，载《中外法学》2008 年第 6 期。

33. 何家弘：《论司法证明的基本范畴》，载《北方法学》2007 年第 1 期。

34. 黄道：《怎样判断刑事诉讼中的证据》，载《华东政法学院学报》1956 年第 1 期。

35. 冀祥德：《刑事辩护准入制度与有效辩护及普遍辩护》，载《清华法学》2012 年第 4 期。

36. 劳东燕：《认真对待刑事推定》，载《法学研究》2007 年第 2 期。

37. 李昌林：《从制度上保证审判独立——以司法独立的国际标准为参照》，载《西南政法大学学报》2005 年第 3 期。

38. 李恩慈：《刑法中的推定责任制度》，载《法学研究》2004 年第 4 期。

39. 李建明：《刑事证据相互印证的合理性及其限度》，载《法学研究》2005 年第 6 期。

40. 李学宽、汪海燕、张小玲：《论刑事证明标准及其层次性》，载《中国法学》2001 年第 5 期。

41. 李训虎：《“排除合理怀疑”的中国叙事》，载《法学家》2012 年第 5 期。

42. 李玉萍：《量刑事实证明初探》，载《证据科学》2009 年第 1 期。

43. 林喜芬：《证明理性化与刑事定罪标准之调整——基于防控司法错误的视角》，载《法制与社会发展》2011 年第 1 期。

44. 刘根菊、黄新民：《从普通程序看我国刑事速决程序的构建》，载《法学评论》2005 年第 3 期。

45. 龙宗智：《试论我国刑事诉讼的证明标准》，载《法学研究》1996 年第 6 期。

46. 龙宗智：《“确定无疑”——我国刑事诉讼的证明标准》，载《法学》2001 年第 11 期。

47. 龙宗智：《推定的界限及适用》，载《法学研究》2008 年第 1 期。

48. 龙宗智：《印证与自由心证——我国刑事诉讼证明模式》，载《法学研究》2004 年第 2 期。

49. 龙宗智：《死刑案件证明标准的规定具有重要现实意义》，载《人民法院报》2010 年 6 月 7 日第 3 版。

50. 龙宗智：《中国法语境中的“排除合理怀疑”》，载《中外法学》2012 年第 6 期。

51. 龙宗智：《新刑事诉讼法实施：半年初判》，载《清华法学》2013 年第 5 期。

52. 刘金友：《实践是检验司法证明真理性的唯一标准——与何家弘教授商榷》，载《法学研究》2003 年第 4 期。

53. 马可、吕升运：《非法证据排除规则适用中的司法证明问题——以〈非法证据排除规定〉、2012 年〈刑事诉讼法〉修正案及司法解释为视角》，载《苏州大学学报》2014 年第 3 期。

54. 苗有水：《持有性犯罪与严格责任》，载《法律适用》1998 年第 5 期。

55. 聂立泽、苑民丽：《主客观相统一原则与行使证明标准的层次性研究》，载《法学评论》2011 年第 2 期。

56. 彭海青：《论刑事判决书的说理》，载《湘潭大学学报（哲学社会科学版）》2007 年第 5 期。

57. 秦策：《美国证据法上推定的学说与规则的发展》，载《法学家》2004 年第 4 期。

58. 秦宗文：《死刑案件证明标准的困局与破解》，载《中国刑事法杂志》2009 年第 2 期。

59. 宋英辉：《证据法学基本问题反思》，载《法学研究》2005 年第 6 期。

60. 苏力：《基层法院审判委员会制度的考察及思考》，载《北大法律评论》（第 1 卷），法律出版社 1999 年版。

61. 汤唯建、陈开欣：《试论英美证据法上的刑事证明标准》，载《政法论坛》1993 年第 4 期。

62. 万毅：《从“无理”的判决到判决书“说理”——判决书说理制度的正当性分析》，载《法学论坛》2004 年第 5 期。

63. 王晨光：《法官的职业化精英化及其局限》，载《法学》2002 年第 6 期。

64. 王俊民、沈亮：《论程序性辩护中的举证责任》，载《政治与法律》2008 年第 1 期。

65. 王敏远：《死刑案件的证明“标准”及〈刑事诉讼法〉的修改》，载《法学》2008 年第 7 期。

66. 王亚新：《关于自由心证原则历史和现状的比较法研究——刑事诉讼中发现案件真相与抑制主观随意性的问题》，载《比较法研究》1993 年第 3 期。

67. 吴洪淇：《从经验到法则：经验在事实认定过程中的引入与规制》，载《证据科学》2011 年第 2 期。

68. 谢登科：《论刑事简易程序中的证明标准》，载《当代法学》2015 年第 3 期。

69. 谢佑平：《诉讼文化——兼谈我国诉讼法制的现代化》，载《现代法学》1992 年第 5 期。

70. 熊秋红：《对刑事证明标准的思考——以刑事证明中的可能性和确定性为视角》，载《法商研究》2003 年第 1 期。

71. 杨宇冠：《死刑案件的证明标准与程序要求》，载《人民检察》2008 年第 8 期。

72. 姚莉：《刑事审判组织表决规则研究》，载《法学研究》2009 年第 1 期。

73. 易延友：《证据法学的理论基础》，载《法学研究》2004 年第 1 期。

74. 张斌：《论英美刑事证明标准的神学渊源及启示——以“怀疑”的道德蕴涵为中心》，载《清华法学》2009 年第 5 期。

75. 张建伟：《证据法学的理论基础》，载《现代法学》2002

年第4期。

76. 张建伟：《证明标准研究中的模糊视阈》，载《政法论坛》2005年第6期。

77. 张穹：《关于“严打”整治斗争中的法律适用问题》，载《检察日报》2001年7月23日第3版。

78. 张卫平：《证明标准建构的乌托邦》，载《法学研究》2003年第4期。

79. 朱捷：《“两个基本”原则之合理性分析》，载《检察日报》2001年9月27日第3版。

80. 朱孝清：《“两个基本”要坚持，但要防止误读和滥用》，载《检察日报》2014年5月14日第3版。

81. 赵晓秋：《刑辩律师突击光明之路》，载《法律与生活》2008年11月上半月刊。

82. 周亨元：《评刑事诉讼法学中高度盖然性的观点》，载《政法论坛》1995年第2期。

83. 周洪波：《刑事审判证明制度视野中的公诉法律原理》，载《西南民族学院学报》2008年第12期。

84. 周洪波：《客观证明与情理推断：诉讼证明标准视野中的证明方法比较》，载《江海学刊》2006年第2期。

85. 左卫民：《证明标准与刑事政策》，载《比较法研究》2006年第2期。

86. 左卫民、周洪波：《证明标准与刑事政策》，载《比较法研究》2006年第2期。

87. ［法］米歇尔·福柯：《治理术》，赵晓力译，载《社会理论论坛》1998年第8期。

88. ［美］Clermont，Sherwin：《证明度——比较法下之观点》，黄国昌译，载《法学丛刊》第188期。

89. ［美］Erik Lillquist：《论绝对确定性和死刑》，周苇译，张斌校，载《证据科学》2011年第6期。

90. ［美］M. A. 格伦顿等：《比较法律传统序论》，载《法学译丛》1987 年第 2 期。

91. ［英］乔纳森·科恩：《证明的自由》，何家弘译，载《外国法译评》1997 年第 3 期。

（二）外文论文

1. Alan D. Cullison, *Probability Analysis of Judicial Fact-Finding: A Preliminary Outline of the Subject Approach*, U. Tol. L. Rev., 1969.

2. Anthony A. Morano, *A Reexamination of the Development of the Reasonable Doubt Rule*, 55 B. U. L. Rev. Vol., 1975.

3. Charles R. Nesson, T*he Evidence or the Event? On Judicial Proof and the Acceptability of Verdicts*, 92 Harv. L. Rev., 1979.

4. Craig M. Bradley, *A (Genuinely) Modest Proposal Concerning the Death Penalty*, 72 Ind. L. J., 1996.

5. Ear G. Penrod, *The Guilty Plea Process in Indiana: A Proposal to Strengthen the Diminishing Factual Basis Requirement*, 34 Indianan Law Review, 2001.

6. Edmund M. Morgan, John MacArthur Maguire, *Looking Backward and Forward At Evidence*, Harvard Law Revies, Vol 50, 1937.

7. Edward W. Cleary, *Presuming and Pleading: An Essay on Juristic Immaturity*, Stanford Law Review, Vol. 12, 1959.

8. Elizabeth R. Jungman, *Note*, *Beyond All Doubt*, 91 Geo. L. J., 2003.

9. Erik Lillquist, *Recasting Reasonable Doubt: Decision Theory and the Virtues of Variability*, 36 U. C. Davis L. Rev. 85, 112 (2002).

10. Geoffrey P. Kramer & Doorean M. Koenig, *Do Jurors Understand Criminal Jury Instruction? Analyzing the Result of the Michigan Juror Comprehension Project*, 23 U Mich. J. L., 1990,

11. Hans - Heinrich Jescheck, *Principles of German Criminal Procedure in Comparison with American Law*, 56 Va. L. Rev., 1970.

12. Henry. A. Diamond, *Reasonable Doubt: to Define, or not to Define*, 90 Colum. L. Rev., 1990.

13. Jessica N. Cohen, *the Reasonable Doubt Jury Instruction: Giving Meaning to a Critical Concept*, 22 Am. J. Crim. L., 1995.

14. Jill Miller, *The Defense Team in Capital Cases*, 31 Hofstra L. Rev., 2003.

15. John Kaplan, *Decision Theory and the Fact-finding Process*, 20 Stan. L. Rev., 1968.

16. Jon O. Newman, *Beyond "Reasonable Doubt"*, 68 N.Y.U.L. Rev., 1993.

17. Jon O. Newman, *Beyond "Reasonable Doubt: An Argument Against Definition*, 108 Harv. L. Rev., 1995.

18. Jordan M. Steiker, *Improving Representation in Capital Cases: Establishing the Right Baselines in Federal Habeas to Promote Structural Reform Within States*, 34 Am. J. Crim. L., 2007.

19. Kerr, Atkin, Stasser, Meek, Holt & Davis, *Guilty Beyond a Reasonable Doubt: Effects of Concept Definition and Assigned Decision Rule on the Judgments of Mock Jurors*, 34 J. Personality & Soc Psychology, 1976.

20. Laurence H. Tribe, *Trial by Mathematics: Precision and Ritual in the Legal Process*, 84 Harv. L. Rev. 1329, 1971.

21. Leonard B. Sand & Danielle L. Rose, *Proof Beyond All Possible Doubt: Is There a Need for a Higher Burden of Proof When the Sentence May Be Death?* 78 Chi.-Kent L. Rev., 2003.

22. Margery Malkin Koosed, Averting Mistaken Executions by Adopting the Model Penal Code's Exclusion of Death in the Presence of Lingering Doubt, 21 B. ILL. U. L. Rev., 2001.

23. Mauro Cappelletti, "*Who Watches the Watchmen? - A Comparative Study on Judicial Independence*", in *Judicial Independence*,

1985 by Martinus Nijhoff Publisher.

24. Patricia G. Milanich, *Decision Theory and Standards of Proof*, 5 Law & Hum. Behav., 1981.

25. Paul H. Robinson, Criminal Law Defenses: A Systematic Analysis, 82 Colum. L. Rev., 1982.

26. Shimon Shetreet, "Judicial Independence: New Conceptual Dimensions and Contemporary Challenges", in Judicial Independence, 1985 by Martinus Nijboff Publishers.

27. Steven Schmidt, "The Need for Review: Allowing Defendants to Appeal the Factual Basis of a Conviction After Pleading Guilty", 95 Minnesota Law Review, 2010.

28. Steven D. Smith, the Effect of Presumption on Motions For Summary Judgment in Federal Court, UCLA Law Review, June, 1984.

29. Steve Sheppard, The Metamorphoses of Reasonable Doubt: How Changes in the Burden of Proof Have Weakened the Presumption of Innocence, 78 Notre Dame L. Rev., 2003.

30. The Harvard Law Review Association, *Reasonable Doubt: An Argument against Definition*, 108 Harv. L. Rev., 1995.

31. Whitney Cawley, *Raising the Bar: How Rompilla v. Beard Represents the Court's Increasing Efforts to Impose Stricter Standards for Defense Lawyering in Capital Cases*, 34 Pepp. L. Rev., 2007.

32. William Glaberson, *Killer's Lawyers Seek to Raise Standard of Proof for Death Penalty*, N. Y. Times, Jan. 11, 2004.

33. Willian Twining, *Evidence and Legal Theory*, 47 Mod. L. Rev., 1984.

34. William Twining, *Rethinking Evidence: Exploratory essays*, 1990.

四、词典法典

1. Black's Law Dictionary (Eighth Edition), Thomson West, 2004.

2. 《大不列颠百科全书》，中国大百科全书出版社 1999 年版。

3. 《现代汉语词典》（第 6 版），商务印书馆 2012 年版。

4. 《元照英美法辞典》，北京大学出版社 2013 年版。

5. 《中国大百科全书·法学卷》，中国大百科全书出版社 1984 年版。

6. 罗结珍译：《法国刑事诉讼法典》，中国法制出版社 2006 年版。

7. 卞建林译：《美国联邦刑事诉讼规则和证据规则》，中国政法大学出版社 1996 年版。

8. 李昌珂译：《德国刑事诉讼法典》，中国政法大学出版社 1995 年版。

五、判例

1. Apprendi v. New Jersey, 530 U. S. 466 (2000).

2. Bond's Case, 27 How. St. Tr. 523 (Ir. 1798).

3. Bullington v. Missouri, 451 U. S. 430 (1981).

4. Coffin v. United States, 156 U. S. 432 (1895).

5. Colorado v. Connelly, 479 U. S. 157, 107 S. Ct. 515, 93 L. Ed. 2d 473 (1986).

6. Commonwealth v. Webster, 59 Mass. 295, at 320 (1850).

7. Commonwealth v. Ferreira, 373 Mass. 116, at 130 (1977).

8. Finney's Case, 26 How. St. Tr. 1019 (Ir. 1798).

9. Gideon v. Wainwright, 372 U. S. 335 (1963).

10. In re Winship, 397 U. S. 359 (1970).

11. Jackson v. Virginia, 443 U. S. 307 (1979).

12. Lakeside v. Oregon, 435 U. S. 333, 341 (1987).

13. Lego v. Twomey, 404 U. S. 477, 92 S. Ct. 619, 30 L. Ed. 2d 618 (1972).

14. Martin v. Ohio, 480 U. S. 197, 297 (1977).

15. Massiah v. United States, 377 U. S. 201 (1964).

16. McCulloch v. State, 99 Nev. 72, at 75 (1983).

17. Miles v. United States, 103 U. S. 304, 312, 261, 26L. Ed. 481 (1881).

18. Miller v. Minister of Pensions, [1947]2 All E. R. 372.

19. Morgan v. State, 48 Ohio St. 371, at 376 (1891).

20. North Carolina v. Alford, 400 U. S. 25 (1970).

21. People v. Mateo, 2 N. Y. 3D 383 (2004).

22. Per Fenton Atkinson LJ in R v. Allan [1969]1 ALL E. R. 91.

23. Powell v. Alabama, 287 U. S. 45 (1932).

24. R. v. Summers (1952), 36, Cr. App. R. 14.

25. Siberry v. State, 133 Ind. 677, at 685(1893).

26. State v. Cohen, 108 Iowa 208, at 214 (1899).

27. State v. Crenshaw, 51 Ohio App. 2d 63 (1977).

28. State v. Wilson, N. J. L. 502, 506 (1793).

29. Strickland v. Washington, 466 U. S. 688 (1984).

30. United States v.Fatico,458 F.Supp.388,406(E.D.N.Y.1978).

31. U. S. v. Glass, 846 F. 2d 386 (1988).

32. United States v. Salerno, 481 U. S. 739 (1987).

33. U. S. v. Witt, 648 F. 2d 608, at 612 (9th Cir. 1981).

34. Victor v. Neblaska, 511 U. S. 1 (1994).

35. Woolmington v. Director of Public Prosecutions (1935) A. C. 462.

36. Wright v. West, 505 U. S. 277 (1992).

后　记

本书由2014年博士毕业论文修改改成。犹记当时完成毕业论文主体部分已是暮春，从开题到完稿，集中准备了近一年时间。选择定罪证明标准作为研究对象，对平日懒散的我来说，是一个挑战。选题的原因既是要对六年研究生学业作出总结，又有认真进行学术研究的决心。但在写作过程中才深刻感受到平时不注重知识积累的缺憾，以及拖延症造成的恶果，在写完结论的同时，恐惧感也上升到了顶峰。无论如何，终于完成了人生中第一篇十万字以上的文章，这期间累积的经验与感悟对此后的学习研究起到了很好的促进作用。而在接下来两年断断续续的修改过程中，又再次体会到自己的惰性与平时的钻研的不足，甚至不安，但也继续坚定了学术研究的道路。

感谢我的导师卞建林教授。八年来，老师的言传身教是我人生中最为宝贵的财富。从幼稚无知的本科生到可以独立思考的博士毕业生，老师不仅在学术研究上，还在为人处世方面，给予了悉心的指导与教诲。对能够继续留在老师身边工作、学习，我感到无比庆幸与感激。感谢杨宇冠教授、高伟佳老师以及诉讼法学研究院的各位老师，给予了我在学习、生活上无微不至的鼓励与帮助。感谢同门兄弟姐妹提供的学术支持与后勤保障，让我能够在舒适的环境中完成论文写作与修改。感谢我的家人，谢谢你们的理解与宽容，虽然没有能够做到一百分，但我会努力不再让你们失望。

总体而言，《定罪证明标准研究》已经初步完成，但由于能力与水平有限，还有很多问题与内容未能进行合理论述，需要进一步展开与探讨。希望在今后的研究过程中，能够逐步加以完善，特别是弥补在实证研究方面的空缺。

本书系 2011 计划国家司法文明协同创新中心项目成果，得到中国人民公安大学出版社的大力支持，特此感谢！

张 璐

2016 年 7 月 19 日于中国政法大学学院路校区